新能源汽车专业"岗课赛证"融通活页式创新教材

新能源汽车保养与故障诊断技术

组编　行云新能科技（深圳）有限公司
主编　杨秀芳　刘　锋　张永艳
参编　吴立新　郭振江　刘　秋
　　　钱建华　王　猛　卢浩漓

机械工业出版社

本书是按照新能源汽车相关专业"岗课赛证"融合方法编写的教材,主要内容包括了新能源汽车保养方法与故障诊断的准备工作、日常维护与定期保养方法、动力电池系统的保养与故障诊断方法、电机驱动系统的保养与故障诊断方法、充电系统的保养与故障诊断方法等方面的相关知识。

全书以"做中学"为主导,以程序性知识为主体,配以必要的陈述性知识和策略性知识,重点强化"如何做",将必要知识点穿插于各个"做"的步骤中,边学习、边实践,同时将"课程思政"融入课程的培养目标,在实训教学中渗透理论的讲解,使所学到的知识能够融会贯通,让学生具有独立思考、将理论运用于实践的动手能力,成为从事新能源汽车相关工作的高素质技能型专业人才。

本书内容通俗易懂,可作为职业院校新能源汽车运用与维修、新能源汽车技术、新能源汽车检测与维修技术等专业的教材,也可供从事相关专业工作的工程技术人员参考。

图书在版编目(CIP)数据

新能源汽车保养与故障诊断技术 / 行云新能科技(深圳)有限公司组编;杨秀芳,刘锋,张永艳主编. — 北京:机械工业出版社,2024.3(2025.1重印)
新能源汽车专业"岗课赛证"融通活页式创新教材
ISBN 978-7-111-75360-5

Ⅰ.①新… Ⅱ.①行… ②杨… ③刘… ④张… Ⅲ.①新能源-汽车-车辆保养-教材 ②新能源-汽车-故障诊断-教材 Ⅳ.①U469.7

中国国家版本馆CIP数据核字(2024)第054283号

机械工业出版社(北京市百万庄大街22号　邮政编码100037)
策划编辑:谢　元　　　　责任编辑:谢　元　丁　锋
责任校对:杨　霞　梁　静　封面设计:马精明
责任印制:邓　敏
中煤(北京)印务有限公司印刷
2025年1月第1版第2次印刷
184mm×260mm·18.25印张·401千字
标准书号:ISBN 978-7-111-75360-5
定价:65.00元

电话服务　　　　　　　网络服务
客服电话:010-88361066　机　工　官　网:www.cmpbook.com
　　　　　010-88379833　机　工　官　博:weibo.com/cmp1952
　　　　　010-68326294　金　书　网:www.golden-book.com
封底无防伪标均为盗版　机工教育服务网:www.cmpedu.com

新能源汽车专业"岗课赛证"融通活页式创新教材

丛书编审委员会

主 任　吴立新　行云新能科技（深圳）有限公司

副主任　吕冬明　机械工业教育发展中心
　　　　　李林超　深圳大学
　　　　　胡剑平　深圳市海梁科技有限公司
　　　　　穆　毅　深圳市海梁科技有限公司
　　　　　庞浩博　北京博伟东方科技有限公司

委　员　邹　晔　无锡职业技术学院
　　　　　高晓琛　淄博职业学院
　　　　　张立荣　淄博职业学院
　　　　　杨秀芳　扬州工业职业技术学院
　　　　　张　力　山东交通职业学院
　　　　　程　章　安徽交通职业技术学院
　　　　　郑丽萍　泉州职业技术大学

资源说明页

本书附赠 16 个富媒体资源。

获取方式：

1. 微信扫码（封底"刮刮卡"处），关注"天工讲堂"公众号。
2. 选择"我的"—"使用"，跳出"兑换码"输入页面。
3. 刮开封底处的"刮刮卡"获得"兑换码"。
4. 输入"兑换码"和"验证码"，点击"使用"。

通过以上步骤，您的微信账号即可免费观看全套课程！

首次兑换后，微信扫描本页的"课程空间码"即可直接跳转到课程空间，或者直接扫描内文"资源码"即可直接观看相应富媒体资源。

《新能源汽车保养
与故障诊断技术》
课程空间码

序

2021年10月，国务院办公厅印发《新能源汽车产业发展规划（2021—2035年）》，明确提出，深化"三纵三横"研发布局，提高创新能力。"三纵"是指纯电动汽车、插电式混合动力汽车、燃料电池汽车；"三横"是指动力电池与管理系统、驱动电机与电力电子、网联化与智能化技术，是新能源汽车的核心技术。在国家的产业规划与政策支持下，我国的新能源汽车产业蓬勃发展。2022年10月，党的二十大报告指出，建设现代化产业体系。坚持把发展经济的着力点放在实体经济上，推进新型工业化，加快建设制造强国、质量强国、航天强国、交通强国、网络强国、数字中国。这为推动新能源汽车发展、助力实体经济指明了方向。

2023年7月3日，随着一辆银色新能源汽车在广州驶下生产线，我国第2000万辆新能源汽车诞生，这标志着我国新能源汽车在产业化、市场化的基础上，迈入了规模化、全球化的高质量发展新阶段。从1995年我国第一辆新能源汽车"远望号"起步，到首个1000万辆的突破，历时27年；而从第1000万辆到第2000万辆下线，仅用时17个月。时间和数字的变化，展示了我国新能源汽车崛起的加速度，勾勒出我国汽车产业高质量发展轨迹。汽车被誉为"现代工业皇冠上的明珠"，是公认最能体现国家制造实力的重要标志之一。在燃油车时代，中国汽车工业努力从旁观者变成了参与者。随着百年汽车迈向电动化、智能化、网联化和共享化的"新四化"的新征程，我国敏锐捕捉全球汽车产业转型升级和绿色发展的主要方向，以前瞻性的战略判断和提前布局，成为新能源汽车领域的领跑者。

根据公安部统计，截至2024年6月底，我国新能源汽车保有量达2472万辆，呈高速增长态势，但售后维修领域的人才培养速度并没有跟上前端产业的发展。目前，中国有50万家汽车修理厂，真正能够维修新能源汽车的，还不到1万家。从事新能源汽修的技师，不仅要掌握维修原理，还必须要持有汽车维修工证和电工证。因此，传统燃油汽车的修理厂基本无法维修新能源汽车。《制造业人才发展规划指南》显示，到2025年，节能与新能源汽车的人才总量预计达到120万人，但人才缺口预计可达103万人。

比亚迪拥有一系列的核心技术，比如电池、电机、电控以及车身结构等技术，在燃料电池、氢能等领域，比亚迪也走在了行业的前列。2022年比亚迪新能源汽车销量186.3万辆，位居全球新能源汽车销量第一。行云新能作为搭接产业和教育的桥梁，自2015年就与比亚迪在院校中开展校企合作，最早将比亚迪新能源汽车技术、产品和人才培养标准引入院校中，并与比亚迪一起参与《汽车维修业经营业务条件 第1部分：汽车整车维修企业》《新能源汽车维修维护技术要求》两项国家标准制定。为解决新能源汽车行业人才短缺的现状，行云新能以比亚迪等新能源汽车企业技术、产品和岗位需求为根本，结合比亚迪的生产制造、检测维修、辅助研发设计等核心岗位的技能要求，开发出中—高—本（高技能）衔接的"新能源汽车全产业链人才培养技能树"，构建"岗课赛证"的综合育人体系，并以比亚迪"油转电"训练体系为基础，建立新能源汽车技能训练工作站培训体系，多元化解决新能源汽车售后维修领域人才短缺的难题。

为了响应高速发展的新能源汽车产业对素质高、专业技术全面、技能熟练的大国工匠、高技能人才的迫切需求，为了响应《国家职业教育改革实施方案》提出的"建设一大批校企'双元'合作开发的国家规划教材，倡导使用新型活页式、工作手册式教材并配套开发信息化资源"的倡议，行云新能科技（深圳）有限公司联合多名中职、高职、本科、技工技师类院校中具有丰富教学实践经验的汽车专业教师与比亚迪汽车工业有限公司合作，历时两年，共同完成了"新能源汽车专业'岗课赛证'融通活页式创新教材"的编写工作。

结合目前新能源汽车专业教材的设置特点，"新能源汽车专业'岗课赛证'融通活页式创新教材"包括《新能源汽车电学基础与高压安全》《新能源汽车构造》《新能源汽车电机及控制系统检修》《新能源汽车动力电池及管理系统检修》《新能源汽车电气技术》《新能源汽车充电技术》《新能源汽车保养与故障诊断技术》共七本。

多年的教材开发经验、教学实践经验、产业端工作经验使我们深切地感受到，教材建设是专业建设的基石。为此，本系列教材力求突出以下特点：

1）以学生为中心。活页式教材具备"工作活页"和"教材"的双重属性，这种双重属性直接赋予了活页式教材在装订形式与内容更新上的灵活性。这种灵活性使得教材可以依据产业发展及时调整相关教学内容与案例，以培养学生的综合职业能力为总目标，其中每一个能力模块都是完整的行动任务。按照"以学生为中心"的思路进行教材开发设计，将"教学资料"的特征和"学习资料"的功能完美结合，使学生具备职业特定技能、行业通用技能以及伴随终身的可持续发展的核心能力。

2）以职业能力为本位。在教材编写之前，我们全面分析了新能源汽车的整车设计端、制造端、销售端、售后服务端这四个产业端，根据新能源汽车企业对机电维修工、新车销售顾问、售后服务顾问、质检工程师等岗位的能力要求，对职业岗位进行能力分解，提炼出完成各项任务所应具备的知识和能力。以此为基础进行教材内容的选择和结构设计，学以致用，实现人才培养与社会需求的无缝衔接，真正体现工学结合的本质特征。同时，在内容设置方面，还尽可能与国家及行业相关技术岗位职业资格标准衔接，力求符合职业技能鉴定的要求，为学生获得相关的职业认证提供帮助。

3）以学习成果为导向。新能源汽车内含多个系统，涉及维护、保养、检修、更换、标定等多种工作任务，这使得相关专业的学生在学习过程中往往会感到无从下手。我们利用了活页式教材的特点来解决此问题。活页式教材是一种以模块化为特征的教材形式，它将一本书分成多个独立的模块，以某种顺序组合在一起，从而形成相应的教学逻辑。教材的每个模块都可以单独制作和更新，便于保持内容的时效性和精准性。通过发挥活页式教材的特点，我们将实际工作所需的理论知识与技能相结合，以工作过程为主线，便于学生在实际的操作过程中掌握工作所需的技能和加深对理论知识的认知。

总体而言，本系列活页式教材以学生为中心，以职业能力为本位，以学习成果为导向，让学生在教师指导下经历完整的工作过程，创设沉浸式教学环境，并在交互体验的过程中建构专业知识，训练专业技能，从而促进学生自主学习能力的提升。在学习任务中，以学习目标、知识索引、情境导入、任务分组、工作计划、进行决策、任务实施、评价反馈等环节为主线，帮助学生在动手操作和了解行业发展的过程中领会团结合作的重要性，培养执着专注、精益求精、一丝不苟、追求卓越的工匠精神。在每个能力模块中引入了拓展阅读，将爱党、爱国、爱业、爱史与爱岗教育融入课程中。为满足"人人皆学、处处能学、时时可学"的需要，本系列活页式教材还搭配了微课等数字化资源辅助学生学习。

虽然本系列教材的编写者在新能源汽车应用型人才培养的教学改革方面进行了一些有益的探索和尝试，但由于水平有限，教材中难免存在错误或疏漏之处，恳请广大读者给予批评指正。

丛书编委会

前　言

党的二十大报告指出："统筹职业教育、高等教育、继续教育协同创新，推进职普融通、产教融合、科教融汇，优化职业教育类型定位。"产教融合是培养智能网联汽车产业端所需的素质高、专业技术全面、技能熟练的大国工匠、高技能人才的重要方式，也是本教材体系建设的重要依据。

2007年，国家发展改革委发布了《产业结构调整指导目录（2007年本）》，新能源汽车正式进入国家发展改革委的鼓励产业目录。也正是从2007年开始，国内关于发展新能源汽车的呼声越来越高。乘着奥运会为新能源汽车带来的东风，2009年1月，科技部、财政部、国家发展改革委、工业和信息化部共同启动了"十城千辆"工程，通过提供财政补贴，计划用3年左右的时间，每年发展10个城市，每个城市推出1000辆新能源汽车开展示范运行，涉及这些大中城市的公交、出租、公务、市政、邮政等领域，力争使全国新能源汽车的运营规模到2012年占到汽车市场份额的10%。2010年5月31日，财政部、科技部、工业和信息化部、国家发展改革委联合印发了《关于开展私人购买新能源汽车补贴试点的通知》，论证后对符合条件的城市开展私人乘用车的试点，对购买插电式混合动力汽车和纯电动汽车的车主予以补贴。在政策的大力支持下，我国的新能源汽车产业蓬勃发展，新能源汽车产销量飞速增加。中国汽车工业协会公布的产销数据显示，2015年新能源汽车生产340471辆，销售331092辆，跃居世界第一。2020年9月，我国新能源汽车生产累计突破了500万辆，实现了《节能与新能源汽车产业发展规划（2012—2020年）》中提出的目标。2022年2月，我国新能源汽车生产累计突破了1000万辆。2023年7月3日，我国第2000万辆新能源汽车在广州正式下线。从2009年的"十城千辆"工程到第1000万辆新能源汽车的下线，我国用时13年，从第1000万辆新能源汽车下线到第2000万辆新能源汽车下线，我国仅用了1年零5个月的时间。新能源汽车产业的飞速发展也带来了人才紧缺的问题，教育部、人力资源和社会保障部、工业和信息化部2016年联合发布的《制造业人才发展规划指南》指出，到2025年，节能与新能源汽车的人才总量预计达到 120 万人，但人才缺口预计可达 103 万人，其中，新能源汽车维修领域将面临 80% 的人才空白。为了缓解新能源汽车领域的人才紧缺问题，开设新能源汽车运用与维修、新能源汽车技术、新能源汽车检测与维修技术等新能源汽车相关专业的职业院校越来越多，为了融合信息技术、贴合产业发展，促进中职、高职、职教本科类院校汽车类专业建设，特开发本教材。

本教材围绕新能源汽车相关专业"岗课赛证"综合育人的教育理念与教学要求，基于"学生为核心、能力为导向、任务为引领"的理念编写。在对新能源汽车技术人才岗位特点、1+X 职业技能等级证书和"校—省—国家"三级大赛体系进行调研的基础上，分析出岗位典型工作任务，进而创设真实的工作情景，引入企业岗位真实的生产项目，强化产教融合深度，从而构建整套系统化的课程体系。

全书分为掌握新能源汽车保养方法与故障诊断的准备工作、掌握新能源汽车的日常维护与定期保养方法、掌握动力电池系统的保养与故障诊断方法、掌握电机驱动系统的保养与故障诊断方法、掌握充电系统的保养与故障诊断方法、掌握新能源汽车综合故障诊断与排除方法这六个能力模块并下设 16 个任务。

能力模块		理论学时	实践学时	权重
能力模块一	掌握新能源汽车保养方法与故障诊断的准备工作	6	12	18.75%
能力模块二	掌握新能源汽车的日常维护与定期保养方法	6	11	17.71%
能力模块三	掌握动力电池系统的保养与故障诊断方法	4	8	12.50%
能力模块四	掌握电机驱动系统的保养与故障诊断方法	8	15	23.96%
能力模块五	掌握充电系统的保养与故障诊断方法	4	6	10.42%
能力模块六	掌握新能源汽车综合故障诊断与排除方法	4	12	16.66%
总计		32	64	100%

本书由扬州工业职业技术学院杨秀芳、江苏省盐城技师学院刘锋、常州交通技师学院张永艳主编；行云新能科技（深圳）有限公司吴立新、扬州工业职业技术学院郭振江、扬州工业职业技术学院刘秋、常州交通技师学院钱建华、常州交通技师学院王猛、百色职业学院卢浩漓参与编写。

本书配备简易版实训工单，如需详尽版实训工单，请任课老师在机工教育服务网（www.cmpedu.com）注册后免费下载。

由于编者水平有限，本书内容的深度和广度难免存在欠缺，欢迎广大读者予以批评指正。

编　者

活页式教材使用注意事项

 根据需要，从教材中选择需要夹入活页夹的页面。

 小心地沿页面根部的虚线将页面撕下。为了保证沿虚线撕开，可以先沿虚线折叠一下。注意：一次不要同时撕太多页。

 选购孔距为80mm的双孔活页文件夹，文件夹要求选择竖版，不小于B5幅面即可。将撕下的活页式教材装订到活页夹中。

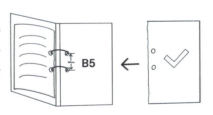

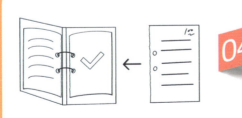 也可将课堂笔记和随堂测验等学习资料，经过标准的孔距为80mm的双孔打孔器打孔后，和教材装订在同一个文件夹中，以方便学习。

温馨提示：在第一次取出教材正文页面之前，可以先尝试撕下本页，作为练习

目　录

序

前　言

能力模块一　掌握新能源汽车保养方法与故障诊断的准备工作 / 001

任务一　完成高压安全防护准备 / 002

任务二　认知新能源汽车常用检修工具及设备 / 022

任务三　了解新能源汽车诊断设备的操作使用与故障诊断流程 / 050

能力模块二　掌握新能源汽车的日常维护与定期保养方法 / 073

任务一　了解新能源汽车维护的必要性与车主自行保养项目 / 074

任务二　完成新能源汽车店内日常维护项目 / 084

任务三　了解新能源汽车的保养周期与内容 / 098

能力模块三　掌握动力电池系统的保养与故障诊断方法 / 113

任务一　完成动力电池系统的保养 / 114

任务二　诊断与排除动力电池系统故障 / 131

能力模块四

掌握电机驱动系统的保养与故障诊断方法 / 151

任务一　检查与维护驱动电机 / 152

任务二　诊断与排除驱动电机过温故障 / 168

任务三　检查与维护驱动电机控制器 / 184

任务四　诊断与排除电机控制系统故障 / 204

能力模块五

掌握充电系统的保养与故障诊断方法 / 221

任务一　检查与维护车载充电机 / 222

任务二　诊断与排除充电系统故障 / 232

能力模块六

掌握新能源汽车综合故障诊断与排除方法 / 247

任务一　诊断与排除高压驱动组件故障 / 248

任务二　诊断与排除绝缘故障 / 266

参考文献 / 278

新能源汽车保养
与故障诊断技术

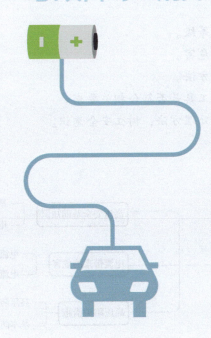

能力模块一
掌握新能源汽车保养方法与故障诊断的准备工作

任务一　完成高压安全防护准备

学习目标

- 了解新能源汽车的电压等级。
- 了解电流对人体带来的危害。
- 掌握高压作业时的防护方法。
- 能够正确检查个人防护工具是否符合相关要求。
- 了解新能源汽车起火的处理方法，树立安全意识。

知识索引

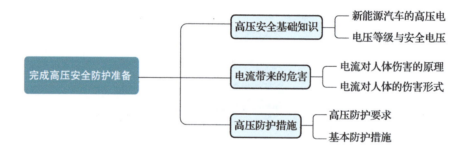

情境导入

很多维修技术人员谈到高电压电动汽车时，都会谈"压"色变。如果你现在被安排到新能源汽车的售后维修车间实习，主管要求你给其他人员培训如何使用高压防护措施，你会准备哪些内容进行培训呢？

获取信息

引导问题 1

请查阅相关资料，简述纯电动汽车高压电的存在形式。

_____

_____

_____

> **引导问题 2**
>
> 请查阅相关资料，简述电动汽车电压等级划分标准。
> _____
> _____
> _____

高压安全基础知识

一、新能源汽车的高压电

目前，主流的新能源汽车主要有 300V 和 500V 电压平台。这里的 300V 不是一个定值，电压在 300V 附近的新能源汽车都叫 300V 电压平台，电压在 500V 附近的新能源汽车都叫 500V 电压平台。新能源汽车采用高电压、低电流的控制方式以保证有足够功率驱动车辆行驶。比如：某新能源汽车的工作电压是 352V，属于 300V 电压平台，同级别的比亚迪 e5（2017 款）的工作电压高达 650V，属于 500V 电压平台。

1. 纯电动汽车的高压电

纯电动汽车的高电压系统分为直流高压电和交流高压电两种，储存在动力电池中的电以及动力电池高压母线端的电源都属于高压直流电。高压母线的电通过充配电总成后再分配到其他的高压部件，如：通过高压配电箱分配到电机控制器中，此时电机控制器会将高压直流电逆变成三相可调电压、可变频率的高压交流电。在车辆维修时，必须做好安全防护措施，防止触电伤害，但可依据高压电存在形式有所区分。新能源汽车高压电存在形式及主要高压电部件如图 1-1-1 所示。纯电动汽车高压电存在形式主要有三种。

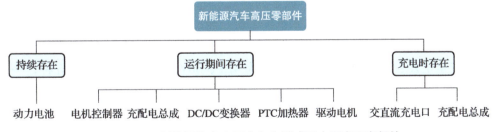

图 1-1-1 新能源汽车高压电存在形式及主要高压电部件

1）持续存在：由于动力电池始终存储有电能，无论车辆在任何情况下，不管满不满足动力电池的放电条件，动力电池内部都持续存在高压电。

2）运行期间存在：指的是点火开关打开，即车辆处于上电状态（仪表 OK 灯或 READY 灯点亮）时，存在高压电，主要分为以下两种类型。

①只要车辆处于上电状态就存在高压电，涉及部件主要包括新能源汽车的逆变器（如驱动电机控制器）、充配电总成、电动压缩机、DC/DC 变换器及与其相连的高压电缆。

②虽然车辆处于上电状态，但需要接通功能开关才会存在高压电，涉及高压部件

主要包括 PTC 加热器和驱动电机。

3）充电时存在：充电系统部件在车辆充电期间存在高电压，例如：交流充电时，交流充电口、充配电总成、动力电池及与其相连的高压电缆线都存在高压电。以比亚迪秦 EV 为例，充电时动力电池的温度随着时间的推移会逐渐升高，达到 35℃时，车辆会自动控制空调系统工作，此时电动空调压缩机会运行；当新能源汽车冷起动充电时（动力电池的温度低于 5℃时），空调系统会控制 PTC 进行动力电池加热，此时 PTC 也会存在高压电。

2. 插电式混合动力汽车的高压电

插电式混合动力汽车是在原有的燃油（或燃气）发动机系统中，增加由高压动力电池、高压控制电路和驱动电机组成的电力驱动系统，通过两个动力系统相互配合，达到高效、节能驱动车辆的目的。除与纯电动汽车相同的高压电存在形式及部件外，它的发电机系统也属于高压系统。如：比亚迪车系的 BSG（Belt-Driven Starter Generator，即利用带传动兼顾起动和发电的一体机）电机系统就属于高压系统。

二、电压等级与安全电压

1. 工业电压等级

电压等级是指电力系统及电力设备的额定电压级别系列。额定电压是电力系统及电力设备规定的正常电压，即与电力系统及电力设备某些运行特性有关的标称电压。电力系统各点的实际运行电压允许在一定程度上偏离其额定电压，在这一允许偏离范围内，各种电力设备及电力系统本身仍然能正常运行。

GB/T 156—2017《标准电压》中已经对大部分电压等级做出了规定。在 GB/T 156—2017《标准电压》中也提到 IEC 60038 是一项较特殊的基础标准，它在尊重各国标准电压体系的前提下，通过协商提供了以 50Hz 和 60Hz 为基本参数的两个标准电压系列，并在每个系列中综合提供了该系列的基本电压等级。各国可根据本国情况选择其中的标准电压系列和该系列的基本电压等级。我国一直采用 50Hz 的标准电压系列。

目前，我国将电压等级划分为以下 5 级。

1）安全电压：我国规定的安全电压为 42V、36V、24V、12V、6V 五种，一般情况下安全电压不超过 AC 36V、DC 50V。虽然 36V 以下的电压是安全的，但在潮湿的环境中，安全电压会下降到 24V 甚至 12V 以下。

2）低压：是指对地电压在 1000V 及以下的电压。交流系统中的单相 220V 和三相四线制的 380V/220V 中性点接地系统均属低压。

3）高压：是指任何高于 650V 的电压，这是美国的标准。按中国的法规，是指 1000V 以上的电力传输变电电压或 380V 以上的配用电电压，范围在 10~220kV 之间。

4）超高压：范围在 330~750kV 之间的电压。

5）特高压：一般指 AC 1000kV 或 DC 800kV 以上的电压。

2. 电动汽车电压等级

进行危险电压组件方面的工作时必须遵守安全规定。在国际上通过 ISO 标准给出了强制性安全规定,危险电压:25V 以上的交流电、60V 以上的直流电都具有危险性。在车辆制造标准中允许的最大接触电压(根据 ECE R100 标准)是 30V 交流电以及 60V 直流电。新能源汽车的电压一般在 300~650V 之间,虽然按照国家标准进行划分,应该属于低压范围,但是为了和传统车辆 12V 电源进行区别,我们通常都称为高电压。

GB 18384—2020《电动汽车安全要求》里面的 "4.电路的电压分级" 中明确规定,根据最大工作电压,将电气元件和电路分为以下几级,见表 1-1-1。

表 1-1-1 电压等级

电压等级	最大工作电压 /V	
	直流	交流
A	$0 < U \leq 60$	$0 < U \leq 30$
B	$60 < U \leq 1500$	$30 < U \leq 1000$

在汽车领域,特别是混合动力电动汽车、燃料电池电动汽车、纯电动汽车,高压电是指:直流电压大于 60V 且小于或等于 1500V;交流电压大于 30V 且小于或等于 1000V。一直提到的 B 级电压电路指的是大于 60V 的高压电路。

引导问题 3

请查阅相关资料,简述高压触电对人体造成的危害和影响。

_____
_____
_____

引导问题 4

请查阅相关资料,简述根据人体对电流的身体机能反应和电流对人体的伤害程度,触电电流的分类。

_____
_____
_____

引导问题 5

请查阅相关资料,简述电弧的危害。

_____
_____
_____

电流带来的危害

一、电对人体伤害的原理

人体细胞在有限范围内具有导电性,细胞内液体比例较高是导电的主要原因。如果接触带电部件,则电流可能流过人体。电是一种能量,是因为电子移动而产生的现象。当电流流过人体(图1-1-2)时,体内积累的能量越来越多,高压电流穿过人体时会切断神经系统发出的信号(甚至包括通向心脏的信号),导致内脏和组织被烧伤,影响人体功能,甚至危及生命。

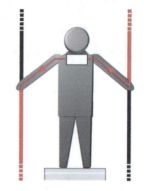

图1-1-2 电流流过人体

1. 触电效应

习惯于12V电力系统作业的汽车技术人员,纵使经验丰富也可能意识不到高压电气系统的特殊危害,高压触电的主要影响如下。

1)电击效应:电流低于导通限值时,人体会有相应的电击反应,从而容易因肢体不受控制和失去平衡而受伤。

2)热效应:电流导入、导出点处会发生烧伤和焦化,也会发生内部烧伤,可能导致肾脏负荷过大,甚至造成致命伤害。

3)化学效应:血液和细胞液成为电解液并被电解产生有害物质毒害,发生严重的中毒,中毒情况在几天后才能被发现,因此伤害极大。

4)肌肉刺激效应:所有的身体功能和人体肌肉运动都是由大脑通过神经系统的电刺激来控制的。如果通过人体的电流过高,肌肉开始抽搐,大脑再也无法控制肌肉组织。例如,握紧的拳头再也无法打开或者移动,即所谓的"电吸人"现象。如果电流经过了胸腔,肺会产生痉挛(呼吸停止),心脏的跳动节奏会被中断(心室纤维化颤动,无法进行心脏的收缩、扩张运动),从而发生死亡。

5)发生静态短路的热效应:设备急剧发热,会导致材料熔化,从而可能发生烧伤事故。

6)由于短路引起火花:金属很快熔化,产生飞溅的火花,飞溅出来的金属颗粒温度超过5000℃,可能引起烧伤以及严重眼睛伤害。

7)带电高压线路接通和断开时所产生的弧光:光辐射可能造成电光性眼炎。

2. 电流分类

根据人体对电流的身体机能反应和电流对人体的伤害程度,触电电流可分为感知电流、摆脱电流、心室颤动电流(也称致命电流)。

1)感知电流:感知电流指引起人感觉的最小电流。成年男性的感知电流约为1.1mA,成年女性的感知电流约为0.7mA。

2)摆脱电流:人触电后能自行摆脱电极的最大电流称为摆脱电流。对于不同的人,摆脱电流值也不相同。摆脱电流值与个体生理特征、电极形状、电极尺寸等因素有关。

成年男性平均摆脱电流约为 16mA，最小摆脱电流约为 9mA。成年女性平均摆脱电流约为 10.5mA，最小摆脱电流约为 9mA。

3）致命电流：致命电流指在较短时间内危及生命的最小电流。致命电流一般为 50mA。日常生活中一般电流不超过数百毫安，电击致死的主要原因是电流引起心室颤动。人体通电持续时间越长，能量积累越大，越容易引起心室颤动，生命就越危险。人体通过不同电流时的反应见表 1-1-2。

表 1-1-2　人体通过不同电流时的反应

电流大小 /mA	人体反应
0.6~1.5	手指开始感觉发麻且无感觉
2~3	手指感觉强烈发麻且无感觉
5~7	手指肌肉感觉痉挛且手指感觉灼热和刺痛
8~10	手摆脱电极已感到困难，有剧痛感（手指关节）
20~25	手迅速麻痹，不能自动摆脱电极，呼吸困难
50~80	呼吸困难，心房开始震颤
90~100	呼吸麻痹，几秒钟后心脏开始麻痹，停止跳动

二、电流对人体的伤害形式

能够最终对人体产生伤害的是电流，电流对人体的伤害有三种形式：电击、电伤和电磁场伤害。

1. 电击

电击是电流通过人体时造成的内部器官在生理上的反应和病变，如破坏人的心脏、神经系统、肺部的正常工作而造成伤害。电击对人体的危害程度，主要取决于通过人体电流的大小和通电时间长短。随着电流的大小不同，人体的反应也不同，如针刺感、击痛感、昏迷、心室颤动、呼吸困难或停止现象。人体触及带电的导线、漏电设备的外壳或其他带电体，以及雷击或电容放电，都可能导致电击事故，如图 1-1-3 所示。

图 1-1-3　电击事故

（1）通过人体的电流大小

外部电压一定时，通过人体的电流大小取决于人体电阻的大小，而人体电阻的大小取决于衣服厚度和材质、皮肤湿度、人体内路径的长度和类型等影响因素，还与触电者的年龄、性别、健康状况和精神状态有关。例如，电流流过的身体部位处衣服越厚、越干，则电阻值越大。如果皮肤上有水或雪，那么身体电阻就会下降。如果身体内电流经过的路径较短，那么电阻比电流流过较长路径时小。表1-1-3为针对人体内电流经过不同路径给出的电阻近似值，这些数值可能受上述因素影响。

表1-1-3 通过人体不同路径电阻大小

测试途径	电阻值/Ω
手—手	1080
手—脚	1015
双手—脚	500
手—胸	450
双手—胸	230
双手—脚底	300

对于大多数人来说，整个身体的总电阻值是很低的。有主动脉的地方（胸腔部位和躯干）电阻较低，因此，最大的危险发生在电流通过人体心脏时刺激心脏产生的异常颤振。例如，当一个288V直流电压穿过人体两手和心脏后（图1-1-4），我们可以通过欧姆定律粗略计算出通过人体的电流：人体电流 $I=U/R=288V/1080Ω=0.27A$。从结果可以看出，0.27A也就是270mA，这个电流值远远大于致命电流50mA，如果电流在心脏的滞留时间达到10~15ms，就会致命。

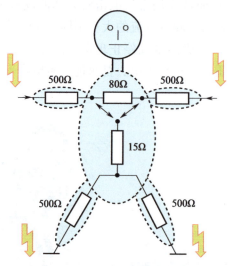

图1-1-4 人体基本电阻值

（2）通电时间对人体的影响

电流持续时间越长，体内积累电荷越多，伤害越严重。随着电击时间增加，人体与所接触带电体表面产生电解，加上人体汗液增多，人体电阻快速下降，流过身体的电流快速增加，电击危害加大。电击持续时间越长，中枢神经反应越强烈，电击危险性越大。心电图显示的心脏收缩与舒张之间约0.2s的时间是心脏易损期（易激期）。电击持续时间长必然与心脏易损期重合，使电击的危害加剧。

2. 电伤

电伤是电流的热效应、化学效应或机械效应对人体造成的局部伤害，包括电弧烧伤、烫伤、电烙印、皮肤金属化、电气机械性伤害、电光眼等不同形式的伤害。

（1）高压电弧

电弧是一种气体放电现象，是电流通过某些绝缘介质（如空气）时所产生的瞬间电火花。电弧是一种自持气体导电（电离气体中的电传导）现象，其大多数载流子为一次电子发射所产生的电子。触头金属表面因一次电子发射（热离子发射、场致发射或光电发射）导致电子逸出，间隙中气体原子或分子会因电离（碰撞电离、光电离和热电离）而产生电子和离子，电子或离子轰击发射表面又会引起二次电子发射。当间隙中离子浓度足够大时，间隙被电击穿而发生电弧现象（图1-1-5）。

图1-1-5 两个导体之间的电弧现象

发生在开关设备中的电弧简称为开关电弧。开关电器的基本功能就是能够在所要求的短时间内分合电路，即起所谓开关的作用。机械式开关设备是用触头来开断电路电流的，在大气中开断电路时，只要电压超过12V，被开断的电流超过0.25A，在触头间隙（也称弧隙）中就会产生一团温度极高、发出强光且能够导电的近似圆柱形的气体，这就是电弧，如图1-1-6所示。一直到电弧熄灭，触头间隙成为绝缘介质后，电流才被开断。

图1-1-6 带电拉隔离开关产生的电弧

1）电弧对人的主要危害如下。

①烧伤：如果人体靠近电弧或直接进入电弧内，则会因高温而导致严重烧伤，如图1-1-7所示。因此千万不要进入电弧内，只能在戴上防护手套的情况下握住导体作业。

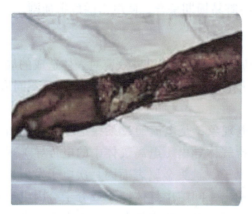

图1-1-7 电弧烧伤

②紫外线辐射：电荷载体碰撞不仅产生热量，而且还发射强紫外线。紫外线可能伤害眼睛，准确地说是造成视网膜受伤害。在这种情况下将其称为"电灼伤"。因此，切勿在未使用防护面具的情况下观看电弧。

③四周飞扬的微粒：电弧产生的高温不断将离子和电子从导体材料中拉出。此时较小的微粒也可能随之"逃出"，然后不受控制地飞向四周。通常情况下这些微粒温度非常高。一旦微粒溅到身上将会造成严重灼伤。

2）在未穿防护服（包括防护手套和护目镜）的情况下切勿靠近电弧。如果要在维修车间内面对电弧工作，则必须注意以下事项。

①必须通过指定的装备（例如高电压安全插头）关闭电源。

②远离电弧且不要直视电弧。

③如果必须靠近电弧，必须按焊接工作规定使用防护装备（防护服、护目镜、防护手套）。

（2）灭弧室

在电力系统中，开关分断电路时会出现电弧放电，直流电弧要比交流电弧难以熄灭。为此，业界专门设计出各种各样的灭弧室。灭弧室的基本类型如下。

1）采用六氟化硫、真空和油等介质。

2）采用气吹、磁吹等方式快速从电弧中导出能量。

3）迅速拉长电弧等。

电弧放电可用于焊接、冶炼、照明、喷涂等。这些场合主要是利用电弧的高温、高能量密度、易控制等特点。在这些应用中，都需使电弧稳定放电。目前的电子产品，如等离子电视、等离子显示器的显示原理也是依赖电弧放电。

电弧不单单只是对人有坏处，某些大型舞台的灯光师利用电弧放电原理而制造成七彩斑斓的电弧花，以装饰舞台。过去电弧在灯泡中作为光源使用，如今用于研究和焊接（钨惰性气体焊接）。

3. 电磁场伤害

电磁场生理伤害是指在高频磁场的作用下，人会出现头晕、乏力、记忆力减退、失眠、多梦等神经系统的症状。

所谓的电磁辐射就是能量以电磁波形式发射到空间的现象。交流电电流在导体内的流动会产生电场，电流在导体内变化会产生磁场，电场和磁场的交互变化产生电磁波，电磁波向空中发射或泄露的现象，称为电磁辐射。稳恒的直流电由于只产生电场不产生交变磁场，即使是超高压直流电，它也只会是电场强到使空气电离而发光，此时的光辐射是空气电离发出的，不是电流引发的电磁波。

经过测量，电动汽车内的电磁辐射的确存在，而且各个角落辐射值相差较大，辐射值最高的地方一般是中控台的触摸屏，为安全限值的3%。电机机舱内部辐射值仅为安全值的2%，几乎可以忽略不计。事实上，经过工程师们的努力，如今坐在电动汽车内受到的电磁辐射同普通汽车已经没有区别。

> **引导问题6**
> 请查阅相关资料，简述什么是电气安全距离。
> _____
> _____
> _____

> **引导问题7**
> 请查阅相关资料，简述高压电池着火时的灭火措施。
> _____
> _____
> _____

高压防护措施

一、高压防护要求

触电防护应包含防止人员与任何带电部件的直接接触，以及在带电部件出现基本绝缘故障的情况下的间接触电防护。对于A级电压的电路不要求提供触电防护。对于任何B级电压电路的带电部件，都应为人员提供危险接触的防护。直接接触防护应由带电部件的基本绝缘提供或由遮挡/外壳提供，或两者结合来提供。所有的防护及规定都是从安全的角度出发，防止人体及电气设备因触电或短路发生故障、造成事故。

在开始工作之前，技术人员就需要阅读、查看汽车厂家所有相关的维修信息。维修信息包括但不限于：解码仪数据，诊断程序，拆除和更换程序，电气布线图，技术服务公告和技术诀窍。如没有提前阅读维修信息，容易错过准备过程中的重要注意事项。

在给电动车检修时这类信息通常可通过以下途径获得。

1）该作业车辆的应急处理指南。

2）汽车制造商的维修信息（整车安全防护措施）。

3）原厂家的维修信息（特殊部件的安全防护措施）。

对新能源汽车的非高压部件（如制动系统、悬架系统和车身系统）进行维修时，不需要专业的安全防护措施。对高压系统上的高压组件进行维修时，就必须采取特别的防护措施。混合动力汽车和纯电动汽车的某些零部件可能有非常强的磁性。如果技术人员身上有植入体内或便携式医疗电子设备，如心脏起搏器（pacemaker）或心律转复除颤器（defibrillator），则必须向该医疗设备的制造商了解可能会有哪些不利影响，方能对混合动力汽车和纯电动汽车进行维护作业。在对混合动力汽车或纯电动汽车进行维护作业时，还需要与某些零部件保持足够的距离。可能对医疗设备形成干扰的汽车设备包括：汽车充电桩、车载式汽车充电机、远程发射器、无线钥匙的信号天线、永磁电机等。

对新能源汽车进行涉及高压电的使用、维护、检修等作业时，作业人员必须做好预防触电的措施。新能源汽车高压作业人员要求考取低压电工作业特种作业操作证。

二、基本防护措施

1. 安全距离

为了防止人体触及或过分接近带电体，或防止车辆和其他物体碰撞带电体，以及避免发生各种短路、火灾和爆炸事故，在人体与带电体之间、带电体与地面之间、带电体与带电体之间、带电体与其他物体和设施之间，都必须保持一定的距离，这种距离称为电气安全距离。电气安全距离的大小，必须符合有关电气安全规程的规定。

在实际中，通常要进行安全距离防护，采取必要措施，使人体与带电体之间保持一定的距离（即安全距离），以防止人体偶然触及或过分接近带电体而触电。

在具体条件下，确定防护间距的大小，应考虑日常工作或生活的安全需要。如在有人经常工作或经常停留的场所，应将带电体装在伸臂范围以外，而且伸臂时手臂的最外点（伸直的手指）与带电体之间应有一定距离。如果作业中使用长而大的工具，间距应适当加大。

2. 工作场所防护要求

为了保证维修过程的安全，在检修新能源汽车时，对维修检测工位（图1-1-8）有以下要求。

1）隔离。

2）内部配备足够亮度的灯光，工作区域的光照强度不应低于500lx（勒克斯，光照强度单位）。

3）配备消防设备设施，如干粉灭火器、消防栓和水枪等。

4）配备预防触电的设备设施，如为作业地面铺设绝缘垫，为工作电源做好绝缘和触电防护、配备安全接地线、安装触电保护器等。

5）为有触电危险的设备配备安全操作说明。

6）配备安全作业防护用具，如专用工作服、绝缘手套、绝缘鞋、护目镜、安全头盔、绝缘钩等。

7）配备安全绝缘工具，如绝缘扳手、绝缘套筒、绝缘尖嘴钳、绝缘旋具等。

8）配备急救器材（如除颤仪），以保障作业人员的生命安全。

图1-1-8　维修检测工位　　　　图1-1-9　个人防护指令标志

3. 个人防护措施

个人防护用品，即在劳动过程中为防御物理、化学、生物等有害因素伤害人体而穿戴和配备的各种物品的总称。需要使用到个人防护用品的区域均必须张贴指令性标识。指令标志的含义是强制人们必须做出某种动作或必须采取防范措施的图形标志。指令标志的基本形式是圆形边框加图形，如图1-1-9所示。

对于特定的诊断或维修作业，技术人员可能需要在暴露的高压零部件附近进行操作。如果有导电物体落到暴露的高压电路上，则可能会造成危险的短路事故。例如，在对混合动力汽车和纯电动汽车进行维修作业时，由于高压零部件暴露在外，技术人员应取下所有首饰或金属物体，如戒指、手表、项链，或工作徽章，并从衬衫和裤子口袋里取出金属物体，以避免这些物体滑落而造成弧闪隐患。并且，工作人员还必须将衣物上的金属物移除或遮盖住，以避免意外触电。个人防护用品可以分为一般劳动保护用品和特种劳动防护用品，主要的个人防护用具如图1-1-10所示。

图1-1-10　高电压作业个人防护用具

（1）手部的安全防护

为防止在作业时发生高压触电，需要检查并佩戴高压绝缘手套，如图 1-1-11 所示。如果混合动力汽车和纯电动汽车的维修作业中需要使用高压绝缘手套，技术人员必须先对手套进行检查、测试，然后才能在车辆上进行维修作业。高压绝缘手套适用于 500~36000V 的工作电压范围，经常使用的绝缘手套应至少每隔 6 个月就测试一次绝缘性能，偶尔使用的手套需在每次使用后测试绝缘性能是否良好。在任何情况下，保存在仓库中的绝缘手套应该每隔 12 个月就测试一次，间隔时间不能超过 12 个月。常见的绝缘手套规格有 12kV 绝缘手套、17kV 绝缘手套、20kV 绝缘手套、30kV 绝缘手套、35kV 绝缘手套和 40kV 绝缘手套。

图 1-1-11　高压绝缘手套

（2）眼部的安全防护

最常见的护目用具类型，例如带塑料侧护板的护目镜，是为了防止眼部受到撞击而设计的。无论在任何类型的混合动力或纯电动汽车上进行作业，技术员都必须佩戴相应标准的带侧护板的护目镜。然而对于其他危害的防护，例如化学品喷溅或溢出造成的化学烧伤，则需要更高级别的眼部防护才能达到。通常用于化学实验的全密闭型护目镜可以达到这样的要求，但是它在大多数电动汽车的保养和维修操作中并不常被使用到。技术员需参考汽车制造商提供的维修安全信息，来获取更精确的适用护目用具要求，如图 1-1-12 所示。

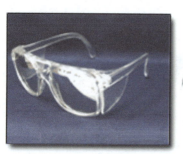 

a）带侧护板型护目镜　　　　　　b）全密闭型护目镜

图 1-1-12　眼部的安全防护

（3）头部的安全防护

为防止头部触电，最常见的安全防护用具是电绝缘安全帽（图1-1-13）。当在混合动力或纯电动汽车举升工位下方进行作业时，技术员必须佩戴相应标准的电绝缘安全帽。根据 GB 2811—2019《头部防护 安全帽》标准，带有电绝缘性能的特殊型安全帽按耐受电压大小分为 G 级和 E 级。G 级电绝缘测试电压为 2200V，E 级电绝缘测试电压为 20000V。并且电绝缘性能需按照 GB/T 2812—2006《安全帽测试方法》中规定的方法测试，G 级安全帽泄漏电流不应大于 3.0mA；E 级安全帽泄漏电流不应大于 9.0mA，当测试电压加大至 30000V 时，安全帽不应被击穿，不应发生燃烧现象。

（4）足部的安全防护

足部常见的危害因素有物体砸伤或刺伤、高低温伤害、化学性伤害、触电伤害与静电伤害等。无论在任何类型的混合动力或纯电动汽车上进行作业，技术员都必须穿相应标准的绝缘鞋，如图1-1-14所示。应根据工作环境或设备的电压选择相应等级的绝缘鞋。

图 1-1-13　电绝缘安全帽

图 1-1-14　绝缘鞋

（5）身体的安全防护

穿防静电的衣服，也可以提供额外的安全防护。因为触电通常都是和燃烧联系在一起的，所以在维修高压电时建议穿防静电的衣服。棉布材料的衣服都是非合成纤维的衣服，适合在维修高压电时穿着，如图1-1-15所示。而穿着合成纤维的衣服可能导致烧伤皮肤，因为这类材料在高温时会熔化，黏在皮肤上使伤害进一步加大。防静电工作服是指为防止服装上的静电积累，以防静电织物作为面料而缝制的工作服。

图 1-1-15　专用工作服

图 1-1-16　灭火器

4. 车辆着火防护工具

如果新能源汽车着火，可以使用常规的 ABC 干粉灭火器灭火，如图1-1-16所示。

这种灭火器设计使用于油或电路火灾。如果只是高压电池着火，则推荐使用二氧化碳灭火器，发生大面积或大的火灾时，持续的浇水也同样适用于熄灭高压电池火灾。但使用少量的水，如只用一桶，是危险的，实际上将加剧高压电池火灾的程度。电路着火也可以使用四氯化碳或1211灭火器进行灭火。

📖 拓展阅读

新能源汽车起火的根本原因是动力电池，不管是在行驶中还是在充电过程中，由于热失控导致动力电池自燃的事例，可以说比比皆是。可能许多人并不知道，纯电动汽车之所以起火，主要有两个方面的原因：一是充电起火，一是碰撞起火。

1. 充电起火

新能源汽车动力电池在充电的情况下，由于大电流充电，从而导致动力电池内部电流过高、过热的情况时有发生，若此时电池管理系统（BMS）的管理控制不足，就容易导致火灾发生。新能源汽车在平时充电的过程中，一定要选择智能充电桩，并且必须经常对新能源汽车动力电池进行保养和检测。一旦发现动力电池有任何异常，应马上到正规维修点进行维修处理。

2. 碰撞起火

这个原因也很简单，常见的场景是底盘被磕碰之后，动力电池包发生碰撞，或者车子发生交通事故之后，电池包受损，这些情况都有可能导致动力电池起火。因此新能源汽车车主在车祸发生后，不管底盘有没有磕破，为了人身安全着想都需要到正规4S店进行检查。

以上任何一种情况下发生汽车起火，都需要冷静处理，如果车上有灭火装置的话，首先考虑自行灭火，如果无法灭掉火源，要远离电动汽车，同时拨打119电话报警求助。在确保人身安全的情况下，将损失减到最少。

在消防灭火时，需要注意以下几点。

1）首先切断电源，保持安全距离。如果动力电池在充电过程中出现高热、表面鼓胀、冒烟等现象时，预示着该电池将很快发生自燃，甚至发生爆炸，车内人员应立即疏散离开，如果车门无法打开，可以从风窗玻璃处逃离，并保持安全距离。

2）采取降温灭火措施。与传统的燃油车自燃事故处置不同，电动汽车因锂离子电池引发的火灾，属于一种化学燃烧，最好的办法是降温冷却。锂离子电池中，锂以氧化物或盐的形式存在，对水具有较强的惰性，因此用水扑救是安全的。锂离子电池与锂金属电池如果处理不当，汽车锂电池持续处于高温下，会进一步促使化学反应加剧，此时电池内部温度将急速升高，电解质气体大量积聚，进而引发电池的爆炸，其威力和破坏性比电池平静自燃更可怕。因而，当火灾发生时，用消防车辆进行电池喷水冷却是最好的灭火方式。即使出现了明火，也要避免使用泡沫灭火器对电池部分喷射，因为喷出的泡沫附着在电池外围形成热绝缘体，从而加剧化学反应，产生更多的热量，更易发生爆炸。对于锂金属电池需要使用专用的 D 类灭火器。

3）在条件允许的情况下，迅速移开发生自燃的电池周围的可燃物，同时注意观察和防范火灾中出现的有毒气体、触电和爆炸等问题。锂电池发生自燃后，产生高温的电解质烟雾和蒸气，其密度大于空气，因此可以沿着地面迅速向周边扩散，引燃周围的可燃物，进而引起更大范围的火灾。

4）防止火灾扩散，及时进行交通疏导。当生活中遇到紧急危险时，要保持冷静，科学应对，平时进行必要的应急准备训练，可以在危险来临时最大程度地减少损失或伤亡。

任务分组

学生任务分配表见表 1-1-4。

表 1-1-4　学生任务分配表

班级		组号		指导老师	
组长		学号			
组员角色分配					
信息员		学号			
操作员		学号			
记录员		学号			
安全员		学号			
任务分工					
（就组织讨论、工具准备、数据采集、数据记录、安全监督、成果展示等工作内容进行任务分工）					

工作计划

按照前面所了解的知识内容和小组内部讨论的结果，制定工作方案，落实各项工作负责人，如任务实施前的准备工作、实施中主要操作及协助支持工作、实施过程中相关要点及数据的记录工作等，见表 1-1-5。

表 1-1-5　工作计划表

步骤	工作内容	负责人
1		
2		
3		
4		
5		
6		
7		
8		

进行决策

1. 各组派代表阐述资料查询结果。
2. 各组就各自的查询结果进行交流，并分享技巧。
3. 教师对各组的计划方案进行点评。
4. 各组长对组内成员进行任务分工，教师确认分工是否合理。

任务实施

> **引导问题 8**
>
> 扫描二维码，观看视频，简述检查高压安全个人防护工具的主要操作步骤和注意事项。
> _____
> _____

个人防护工具的
正确穿戴

根据所学的高压安全基础知识相关内容，完成高压安全个人防护工具的检查。实训准备见表 1-1-6。

表 1-1-6　实训准备

实训准备			
序号	设备及工具名称	数量	设备及工具是否完好
1	数字式万用表	1台	□是　□否
2	绝缘防护套装	1套	□是　□否
3	绝缘电阻测试仪	1套	□是　□否
质检意见	原因：		□是　□否

绝缘防护手套的使用检查见表 1-1-7。

表 1-1-7　绝缘防护手套的使用检查

序号	步骤		完成情况
	绝缘防护手套的使用检查		
1	目视检查绝缘防护手套，看外观是否有破损		已完成□ 未完成□
2	漏气检查	将手套从口部向上卷，稍用力将空气压至手掌及手指部分，检查上述部位有无漏气，如有则不能使用	已完成□ 未完成□
3	测量绝缘手套薄弱处的电阻	测量绝缘手套虎口处的绝缘电阻，最薄弱处的电阻值小于$1M\Omega$时，此绝缘防护手套禁止使用 绝缘电阻测试仪连接示意图 ⚠注意 a. 测量绝缘电阻时，请将两条测试表笔严格分开放置，勿将其绞放在一起 b. 请勿在高压输出状态短接两个测试表笔和高压输出之后再去测量绝缘电阻 c. 如果电池盖被打开，请不要进行测量 ⚠注意 ·在测试前，确定待测电路没有电存在，请勿测量带电设备或带电线路的绝缘 ·测试完毕，勿用手触摸电路，此时电路被存储了的电容可以引起电击 ·测试导线离开连接的电路，不能用手触摸，直到测试电压完全被释放 注意事项：进行设备验电、倒闸操作，拆装接地线等工作时必须佩戴绝缘手套。使用绝缘手套时应将上衣袖口套入手套筒口内，同时注意防止尖锐物体刺破手套	已完成□ 未完成□
4	绝缘防护手套的保养	绝缘手套使用完后应先去除脏污，然后涂抹滑石粉，避免粘连 注意事项：绝缘手套应存放在干燥、阴凉、通风的地方，并倒置在指形支架上或存放在专用的柜内，绝缘手套上不得堆压任何物品。绝缘手套不准与油脂、溶剂接触，合格与不合格的手套不得混放在一处，以免使用时造成混乱	已完成□ 未完成□
5	实训现场整理		已完成□ 未完成□
总结提升			
质检意见	原因：		已完成□ 未完成□

绝缘鞋与护目镜的检查见表 1-1-8。

表 1-1-8 绝缘鞋与护目镜的检查

序号	步骤		完成情况
	绝缘鞋与护目镜的检查		
1	绝缘安全鞋的使用检查	绝缘安全鞋的尺码要选择合适操作人的尺码，尺码太大容易脱落，尺码太小无法穿入。穿入绝缘安全鞋后，后脚跟处可以塞入一个食指为较合适的尺码	已完成□ 未完成□
2	测量绝缘安全鞋的电阻	测量绝缘安全鞋的对地电阻，使用绝缘电阻测试仪测量电阻，电阻值范围为 $100k\Omega \sim 100M\Omega$ 若测量的阻值不在上述范围内，则需要更换	已完成□ 未完成□
3	护目镜的检查	护目镜应该具有正面及侧面防护功能，可防止维修过程中产生的电火花及电池电解液飞溅对眼睛的伤害。镜面不允许有划痕，大小要适合佩戴者的脸型。护目镜要专人专用，禁止交换使用	已完成□ 未完成□
4	实训现场整理		已完成□ 未完成□
总结提升			
质检意见	原因：		已完成□ 未完成□

评价反馈

1. 各组代表展示汇报 PPT，介绍任务的完成过程。

2. 请以小组为单位，对各组的操作过程与操作结果进行自评和互评，并将结果填入综合评价表 1-1-9 中的小组评价部分。

3. 教师对学生工作过程与工作结果进行评价，并将评价结果填入综合评价（表 1-1-9）中的教师评价部分。

表 1-1-9　综合评价表

班级		组别		姓名		学号	
实训任务							
评价项目			评价标准			分值	得分
小组评价		计划决策	制定的工作方案合理可行，小组成员分工明确			10	
		任务实施	能够正确检查并设置实训工位			5	
			能够准备和规范使用工具设备			5	
			能够正确检查个人防护手套			20	
			能够正确检查绝缘鞋和护目镜			20	
			能够规范填写任务工单			10	
		任务达成	能按照工作方案操作，按计划完成工作任务			10	
		工作态度	认真严谨、积极主动，安全生产，文明施工			10	
		团队合作	小组组员积极配合、主动交流、协调工作			5	
		7S 管理	完成竣工检验、现场恢复			5	
			小计			100	
教师评价		实训纪律	不出现无故迟到、早退、旷课现象，不违反课堂纪律			10	
		方案实施	严格按照工作方案完成任务实施			20	
		团队协作	任务实施过程互相配合，协作度高			20	
		工作质量	能准确规范完成实训任务			20	
		工作规范	操作规范，三不落地，无意外事故发生			10	
		汇报展示	能准确表达、总结到位、改进措施可行			20	
			小计			100	
综合评分			小组评价分 × 50% + 教师评价分 × 50%				
总结与反思							

（如：学习过程中遇到什么问题→如何解决的/解决不了的原因→心得体会）

任务二　认知新能源汽车常用检修工具及设备

学习目标

- 了解新能源汽车检修常用的工具及设备。
- 了解新能源汽车检修常用的检测仪器。
- 掌握绝缘电阻测试仪的使用方法及注意事项。
- 掌握数字式万用表的使用方法及注意事项。
- 具备使用绝缘测试仪测量电压及电阻的能力。
- 了解7S标准的内涵，明确职业道德中的敬业精神在实际操作中的重要性。

知识索引

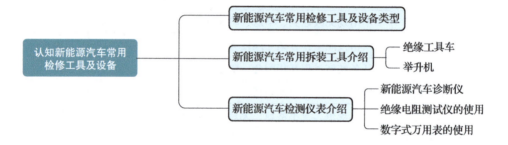

情境导入

进行新能源汽车维护和检修时，维修人员需要准备的工具有绝缘防护套装、数字式万用表、绝缘测试仪等。如果你是操作人员，你能演示如何正确使用这些检修工具和测量仪器吗？

获取信息

引导问题1

请查阅相关资料，简述在新能源汽车检修过程中可能用到的个人防护用品。

> **❓ 引导问题 2**
>
> 请查阅相关资料,简述在新能源汽车检修过程中可能用到的检测仪器。
>
> _____
> _____
> _____

新能源汽车常用检修工具及设备类型

新能源汽车维护和检修需要进入维修车间,为了保证检修质量以及安全事宜,汽车维修车间需要配备一些常用的设备和工具,如个人防护用品、检测仪器、测量仪器,以及专用检修设备等。不过有些车型和系统需要配备专用设备和专用工具,具体使用规范见对应车型的维修手册,表 1-2-1 是新能源汽车的常用检修工具及适用说明。

表 1-2-1 新能源汽车常用检修工具及适用说明

序号	名称	参考图例	适用说明
1	诊断仪		适用于新能源车辆故障诊断系统
2	绝缘手套		1. 执行标准:符合 GB/T 17622—2008 标准 2. 尺寸:根据人员手形尺寸选择 3. 绝缘等级≥10000V
3	绝缘套装		1. 安全帽 2. 绝缘服装
4	防酸碱手套		1. 执行标准:AQ 6102—2007 2. 由用于电工作业的丁腈橡胶材料制成 3. 防止电解液飞溅的耐碱橡胶 4. 尺寸:根据人员手形尺寸选择
5	绝缘鞋		1. 执行标准:根据 GB 21148—2020《足部防护 安全鞋》设计生产 2. 撕裂强力≥120N 3. 双密度 PU-PU 大底,耐磨、防油、防滑 4. 尺寸:根据人员脚掌尺寸选择 5. 有钢头 6. 绝缘等级≥10000V

（续）

序号	名称	参考图例	适用说明
6	护目镜		1. 执行标准：GB 14866—2006 2. 镜片采用 PC 材质，保护维修人员免受飞溅物、高热、紫外线等的伤害 3. 镜框采用柔韧性强的 PVC 材质，紧密贴合脸部
7	绝缘垫		1. 执行标准：DL/T 853—2015《带电作业用绝缘垫》 2. 绝缘等级 ≥ 10000V 3. 通过《谱尼测试》的环保认证 4. 维修高压部分时脚下铺垫，尺寸：1m×1m 5. 柳叶花纹，每个工位 2 张
8	测电笔		1. 非接触式，声光提示 2. 可测试电压范围：90~1000V 交流电压 3. 符合 IP54，IEC 1010 标准
9	数字钳形表		1. 分辨率：0.1A 2. 精度：2% ± 5digit（10~100Hz） 3. 电压测量：AC/DC 1000V（不同型号有所差异） 4. 电流测量：AC/DC 1000A（不同型号有所差异）
10	万用接线盒		1. 包含各种规格的"T"形线，能满足职业技能竞赛用新能源汽车各系统所有的熔丝、继电器、元器件插接测量之用，具有足够的通流能力和可重复插接使用的能力 2. 探针：测量方便，不破坏原车线束 3. 鳄鱼夹：用以作暂时性电路连接，锯齿状的夹口可以牢牢夹住零件，保证不会让零件松脱，个性化的绝缘设计，操作更安全 4. 表笔头：采用 PVC 硅胶线，表笔灵敏度高、精准、耐用，可直插电源表使用 5. 三通：测量性能高，使用方便 6. 测试线：满足车辆各种检测要求，可用于熔丝、继电器、元器件插接测量
11	绝缘电阻测试仪（俗称"兆欧表"）		1. 用于测试绝缘电阻 2. 输出电压：250V/500V/1000V 3. 测试电流：250V（$R=250$kΩ）1mA；500V（$R=500$kΩ）1mA；1000V（$R=1$MΩ）1mA 4. 绝缘电阻：250V：0.1~20MΩ；500V：0.1~50MΩ；0.1~100MΩ 5. 测试电压：AC 750V

（续）

序号	名称	参考图例	适用说明
12	壁挂式交流充电盒		1. 用于车辆充电、车辆充电故障检测 2. 电气指标：输入电压 220V 3. 输入频率：50Hz 4. 输出电压：220V 5. 输出电流：15A 15A 32A 32A 6. 输出最大功率：3.3kW 3.3kW 7.0kW 7.0kW 7. 待机功率：3W 3W 3W
13	三相交流电相序计		1. 相序检测电压使用范围：200~480V 2. 相序检测频率使用范围：20~400Hz 3. 用于三相正弦交流电源相序的顺、逆及断相检查 4. LCD 和蜂鸣器指示正相，反相和缺相
14	绝缘工具（工具箱）		1. 绝缘工具套装（包含有套筒工具组；扳手螺钉旋具工具组；扳手钳类工具组；接杆等） 2. 绝缘等级 ≥ 10000V 3. 通过 VDE 绝缘测试认证 4. 通过 GS IEC 60900—2012 认证 5. 每店配备一套，用于新能源车外出救援
15	绝缘工具（工具车）		1. 绝缘工具车套装（包含绝缘套筒工具托组套、T 形扳手工具托组套、绝缘螺钉旋具/钳子工具托组套、梅花扳手工具托组套、绝缘呆扳手工具托组套、气压表、水管套等） 2. 绝缘等级 ≥ 10000V 3. 通过 VDE 绝缘测试认证 4. 符合 DIN-EN/IEC 60900—2018 标准 5. 每个新能源工位配备一套，用于新能源车正常维修
16	410 制冷剂加注机		适用于空调系统制冷剂加注及检测
17	动力电池包举升机		适用于电池包的升降

（续）

序号	名称	参考图例	适用说明
18	手持式示波器		1. 带宽：20MHz 2. 通道：2 通道 3. 采样方式：普通采样、峰值检测、平均值 4. 实时采样率：100Msa/s 5. 输入耦合：直流、交流 6. 输入阻抗：1M±2% 与 20pF±5pF 串联 7. 探入衰减系数：1x.10x.100x.1000x 8. 最大输入电压：400V 9. 通道间的隔离度：50Hz（100∶1）、10MHz（25∶1） 10. 通道间时间延迟：150ps 11. 集示波器与万用表于一体 12. 万用表最大显示 4000 13. 万用表输入抗阻 10MΩ 14. 万用表最大输入电压：AC400V 有效值
19	专用蓄电池检测仪		适用于配置铅酸蓄电池的检测工具
20	制动液检测笔		适用于制动液含水成分检测
21	精密 0~7pH 试纸		1. 测试酸碱度、pH1~14 2. 分辨率：0.5pH 单位
22	吸水布	—	1. 吸收泄漏液体 2. 尺寸：1m×1m
23	绝缘胶布		1. 电压等级：1000V 2. 介电强度：1000V/mil（39.37kV/mm） 3. 绝缘电阻：＞10~12Ω

（续）

序号	名称	参考图例	适用说明
24	干粉灭火器		如果车辆起火，火势较小较慢，请使用干粉灭火器灭火，并立即拨打求救电话
25	高压警示牌		1. 0.3m×0.6m 2. 高强度 ABS 塑料 3. "危险 请勿靠近"高压标识
26	扭力扳手		1. 扭力扳手有三种类型：指针式扭力扳手、设定式扭力扳手、表盘或数显式扭力扳手 2. 拧紧力矩单位为 N·m
27	气压表/液压表		1. 气压表用于测量压力或真空 2. 测量气体或液体压力时，不同的回路需要使用适宜的专用工具 3. 大部分压力表均使用以 bar 为刻度单位的刻度盘
28	非接触交流电压探测		1. 指示灯：LED 灯 2. AC（50/60Hz） 3. 电压量程：200~1000V 4. 电池：2 节 1.5V 5. 用于检测设备是否存在电压，以 LED 灯亮来提示用户，内置强光手电筒，带 ON/OFF 按钮

（续）

序号	名称	参考图例	适用说明
29	数字式绝缘电阻测试仪		用于测试绝缘电阻 1. 输出电压：250V/500V/1000V 2. 测试电流：250V（$R=250\text{k}\Omega$）1mA；500V（$R=500\text{k}\Omega$）1mA；1000V（$R=1\text{M}\Omega$）1mA 3. 绝缘电阻：250V：0.1~20MΩ；500V：0.1~50MΩ；0.1~100MΩ 4. 测试电压：AC 750V
30	红外线测温仪		1. 测量范围：-30~350℃ /-50~550℃ 2. 精确度：±1.5% 或 ±1.5℃ 3. 物距比：12：1 4. 定位激光开 / 关选择 5. 背光灯开 / 关选择 6. 电源：9V 7. 通过测量物体表面辐射的红外能量来确定物体表面温度，适用于快速测量各种高温、有毒或难以接触的物体表面温度
31	充电检测仪		1. 常见的恒流恒压充电机分为循环式、浮充式和恒流恒压可调式三种方式 2. 智能循环式充电机：主要用于固定电压和容量的电池作动力的所有设备 3. 智能浮充式充电机：主要用于固定电压和容量的电池作浮充使用的机电设备 4. 可调电压型充电机：主要用于多组电池的充电
32	四轮定位仪		四轮定位仪有前束尺和光学水准定位仪、拉线定位仪、CCD 定位仪、激光定位仪、3D 影像定位仪等
33	汽车零件清洗机		用于汽车各零部件的清洗，如增压器、减振器零件，铝、铁、铜压铸件，缸体、壳体、活塞环、液压零件，压缩机零件等

（续）

序号	名称	参考图例	适用说明
34	液压千斤顶		起重量一般不超过3t，具体型号参见技术规格
35	剪式举升机		1. 采用剪式叠杆形式，电力驱动机械传动结构 2. 适用于大型车辆维修 3. 剪式举升机分为大剪、小剪举升机等
36	举升机		汽车检修常用的专用机械举升设备
37	电动扳手		用于拆卸力矩较大的紧固螺栓，力矩至少可达300N·m

 引导问题3

请查阅相关资料，举例说明新能源汽车检修工具中绝缘工具车包括哪些工具。

 引导问题4

请查阅相关资料，简述龙门举升机安装时对地面的要求。

新能源汽车常用拆装工具介绍

一、绝缘工具车

绝缘是指用不导电的物质（绝缘材料）将带电体隔离或包裹起来，以对触电起保护作用的一种安全措施。使用绝缘材料加工绝缘工具可以有效防止意外触电事故的发生。新能源汽车涉及高压的部分零件拆装必须使用绝缘工具车，工具车内的拆装工具必须装有耐压 1000V 以上的绝缘柄（有的耐压甚至达 10000V 以上）。一般包含绝缘套筒工具、T 形扳手工具、绝缘螺钉旋具类工具、钳子工具、其他辅助工具等。下面以市场上应用广泛，组件齐全的 BESITA 工具箱为例加以说明。

1. 套筒工具

如图 1-2-1 所示是一款 74 件 12.5mm 套筒工具组，包含的组件如下。

1）20 件 1/2" 米制六角套筒：8/9/10/11/12/13/14/15/16/17/18/19/20/21/22/23/24/27/30/32mm。

2）13 件 1/2" 米制六角长套筒：10/11/12/13/14/15/16/17/18/19/20/22/24mm。

3）20 件 1/2" 米制十二角套筒：8/9/10/11/12/13/14/15/16/17/18/19/20/21/22/23/24/27/30/32/mm。

4）4 件 1/2" 米制十二角长套筒：10/12/13/14mm。

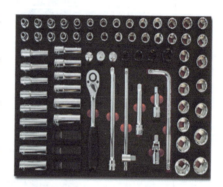

图 1-2-1　74 件套筒工具

5）4 件 1/2" 米制六角气动套筒：17/19/21/23mm。

6）3 件 1/2" 米制六角气动长套筒：17/19/21mm。

7）10 件套筒附件：专业快速脱落棘轮扳手、L 形手柄、万向接头、三用接头、接杆、T 形滑杆。

如图 1-2-2 所示是 143 件 10mm、6.3mm 套筒工具组，包含的组件如下。

1）40 件旋具头：六角、十二角、花型、转接头。

2）12 件 3/8" 米制 6 角套筒：8/9/10/11/12/13/14/15/16/17/18/19mm。

3）9 件 3/8" 米制 6 角长套筒：8/10/11/12/13/14/15/17/19mm。

4）8 件 3/8" 花形套筒：E8/E10/E11/E12/E14/E16/E18/E20。

5）21 件 3/8" 花形旋具套筒：六角、一字、十字、米字、花形。

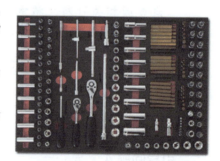

图 1-2-2　143 件套筒工具组

6）13 件 1/4" 米制 6 角套筒：4/4.5/5/5.5/6/7/8/9/10/11/12/13/14mm。

7）10 件 1/4" 米制 6 角长套筒：4/5/6/7/8/9/10/11/12/13mm。

8）9 件 1/4" 旋具套筒：六角、一字、十字、米字、花形。

9）14件套筒附件：快速扳手、接杆、转接头、套筒手柄。

10）7件1/4"花形旋具头：T10/T15/T20/T25/T27/T30/T40。

2. 扳手工具

如图1-2-3所示为36件扳手类工具组，包含的组件如下。

1）17件米制精抛光两用扳手：8/9/10/11/12/13/14/15/16/17/18/19/21/22/24/27/32mm。

2）6件米制精抛光双头呆扳手：8*10、10*12、12*14、14*17、17*19、19*21mm。

3）3件油管扳手：8*10、10*12、12*14mm。

4）8件米制精抛光双梅花扳手：8*10、10*12、12*14、13*15、13*16、14*17、16*18、17*19mm。

5）2件工业级棘轮两用扳手：10/12mm。

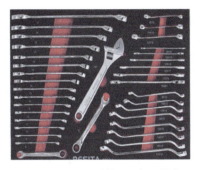

图1-2-3 36件扳手类工具组

3. 螺钉旋具类工具

如图1-2-4所示为22件螺钉旋具类工具，包含的组件如下。

1）14件螺钉旋具：3*75、5*100、6*38、6*150、PH0*75、PH1*100、PH2*38、PH2*150、PH2*300、T10*100、T15*100、T25*100、T20*220、T30*220。

2）4件穿心螺钉旋具：6*100、8*200、PH2*100、PH3*200。

3）4件油封拆除工具。

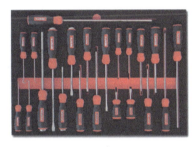

图1-2-4 22件螺钉旋具类工具

4. 钳子类工具

如图1-2-5所示为13件钳子类工具，包含的组件如下。

剥线钳、双色柄斜嘴钳6"、双色柄尖嘴钳6"、工业级双色钢丝钳8"、鲤鱼钳8"、孔用直嘴卡簧钳、孔用弯嘴卡簧钳、轴用直嘴卡簧钳、轴用弯嘴卡簧钳、圆口大力钳、胡桃钳、木柄圆头锤、防振锤45mm。

5. 其他辅助工具

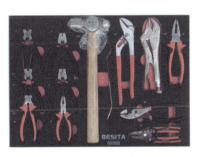

图1-2-5 13件钳子类工具

如图1-2-6所示为70件扳手工具及其他工具，包含的组件有：

1）9件加长球头内六角扳手：1.5/2/2.5/3/4/5/6/8/10。

2）9件加长中孔花形内扳手：T10/T15/T20/T25/T27/T30/T40/T45/T50。

3）10件五角星中空内扳手：TS10/TS15/TS20/TS25/TS27/TS27/TS30/TS40/TS45/TS50。

图 1-2-6　70 件扳手工具及其他工具

4）5 件样冲组套：扁铲 12mm、冲孔器 3mm、冲子 2#、钎头 5mm、销式冲子 4mm。

5）5 件断丝取出器：M3—M6、M6—M8、M8—M11、M11—M14、M14—M18。

6）3 件 1/2* 系列旋具套筒：M8*100mm、M18*100mm、T30*100mm。

7）11 件指针式扭力扳手、三爪扁脚滤清器扳手、汽车测电笔、轮胎充气表、双头气门芯扳手、塞尺、锌合金美工刀、卷尺、吹尘枪带插头、挠性拾取器。

8）7 件冷气、油管拆卸工具组套。

9）1 件 1/2" 系列气缸盖专用套筒：T52。

10）1 件氧传感器套筒：7/8"。

11）1 件机油底壳螺栓专用套筒：M16。

12）3 件 1/2" 系列火花塞套筒：21/16/14mm。

13）5 件 T 型六角套筒扳手：8/10/12/13/14mm。

二、举升机

1. 动力电池举升机

纯电动汽车的动力电池重量高达 400~500kg，拆装时必须使用动力电池举升机，如图 1-2-7 所示。

动力电池举升机配套双柱龙门举升机使用，顶部带绝缘垫，举升动力有液压动力、气动、电动等类型。

图 1-2-7　动力电池举升机

2. 剪式举升机

剪式举升机是用于汽车维修行业的汽车修理机械，靠液压系统驱动升降，也称液压举升机，在汽车维修养护中发挥着至关重要的作用，整车大修及保养，都离不开液压举升机，剪式举升机的外观如图 1-2-8 所示。剪式举升机分为大剪（子母式）、小剪（单剪）举升机，超薄系列举升机。小剪举升机主要用于汽车维修保养，安全性高，操作方便，挖槽后与地面相平。大剪举升机涌出比较多，是配合四轮定位仪的最佳设备，可以用于汽车维修，以及轮胎、底盘检修。大剪举升机可以挖槽，也可以直接安装在地面上。

能力模块一　掌握新能源汽车保养方法与故障诊断的准备工作

图 1-2-8　剪式举升机

3. 龙门举升机

龙门式双柱液压举升机属于双缸驱动液压双柱举升机，举升吨位有 3.2t、3.5t、4t、4.2t、5t、6t、8t 等。图 1-2-9 所示为龙门举升机外观图与结构图。

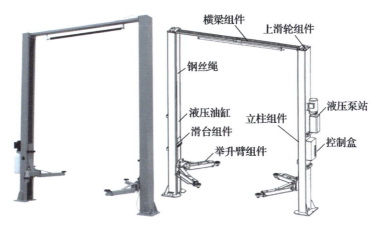

图 1-2-9　龙门举升机外观图与结构图

安装举升机时对地面有严格要求：不得在沥青、瓷砖等松、脆的地面上安装举升机，只可安装在混凝土地面上，并且混凝土不得有较大缺陷。混凝土的厚度不得小于 250mm，固化时间不得少于 7 天，表面平面度应在 10mm 以内，混凝土的强度不得小于 321MPa。如果举升机电源需从地下引入，在打地基时需预埋穿线管，穿线管的预埋和其他形式电源线的连接，必须遵守有关电线安装规定。

> **引导问题 5**
>
> 请查阅相关资料，简单阐述汽车诊断仪 MS908E 的作用以及零件组成。
>
> _____
> _____
> _____

引导问题 6

请查阅相关资料，简单阐述绝缘电阻测试仪的作用及注意事项。
_____
_____
_____

引导问题 7

请查阅相关资料，简单阐述数字式万用表的作用及注意事项。
_____
_____
_____

新能源汽车检测仪表介绍

一、新能源汽车诊断仪

MaxiSysTM 是道通科技研发的新一代汽车智能诊断系统。MS908E 使用 A9 四核 1.40GHz 处理器，配备 9.7in[⊖] LED 电容式触摸屏，基于全新的 Android 多任务操作系统，并应用 VCI 无线蓝牙连接方式，可更方便、快捷、高效地诊断汽车故障。如图 1-2-10 所示。基本结构说明如下。

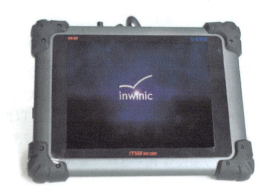

图 1-2-10　道通 MS908E

1. 道通 MS908E 汽车智能诊断仪

MS908E 的基本结构如图 1-2-11 所示。

⊖ 1in=25.4mm。

能力模块一　掌握新能源汽车保养方法与故障诊断的准备工作

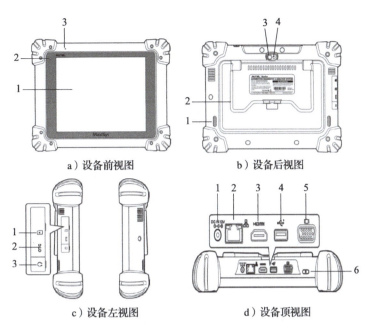

图 1-2-11　道通 MS908E 汽车智能诊断仪基本结构

道通 MS908E 汽车智能诊断仪图注说明见表 1-2-2。

表 1-2-2　道通 MS908E 汽车智能诊断仪图注说明

视图	图注号	功能
前视图（图 1-2-11a）	1	9.7in LED 电容式触摸屏
	2	光传感器 – 用于感测周围环境的亮度
	3	传声器
后视图（图 1-2-11b）	1	扬声器
	2	可折叠支架——从平板背面展开以 30° 角支撑设备，方便平稳摆放及免提浏览
	3	照相机镜头
	4	照相机闪光灯
左视图（图 1-2-11c）	1	迷你 SD 卡槽
	2	迷你 USB OTG 端口
	3	耳机插口
顶视图（图 1-2-11d）	1	电源插口
	2	网络连线插口
	3	HDMI（高清晰度多媒体连接插口）
	4	USB 端口
	5	VGA（视频图形阵列）端口
	6	锁屏 / 电源按钮 – 长按可开机 / 关机，短按可锁屏

2. 蓝牙诊断接口设备基本结构

蓝牙诊断接口设备基本结构如图 1-2-12 所示。

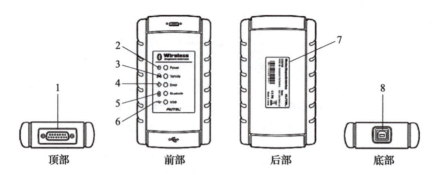

图 1-2-12　蓝牙诊断接口设备基本结构

蓝牙诊断接口设备图注说明见表 1-2-3。

表 1-2-3　蓝牙诊断接口设备图注说明

视图	图注号	说明
顶部	1	车辆数据接口
前部	2	电源指示灯—通电后绿灯持续点亮
	3	车辆指示灯—与车辆网络通信后绿灯闪烁
	4	故障指示灯—出现严重硬件故障时红灯持续点亮；执行软件/固件更新时红灯闪烁
	5	蓝牙指示灯—与 MaxiSys 平板诊断设备通过蓝牙连接通信时绿灯持续点亮
	6	USB 指示灯—通过 USB 连接线与 MaxiSys 平板诊断设备正确连接时绿灯持续点亮
后部	7	设备标识
底部	8	USB 端口

3. 诊断仪器配件——测试主线结构

如图 1-2-13 所示，VCI 设备可通过测试主线连接 OBD Ⅱ/EOBD 兼容车辆并获得供电。通过测试主线建立 VCI 设备与车辆之间的通信之后，VCI 设备可将接收到的车辆数据传送至 MaxiSys 平板诊断设备。

图 1-2-13　测试主线

4. 诊断仪器配件——诊断接口

OBD I 转接头用于连接非 OBD II 车辆诊断插座，根据所测试车辆的品牌型号选择合适的插头。常用诊断插头如图 1-2-14 所示。

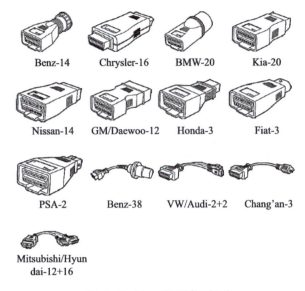

图 1-2-14　常用诊断插头

二、绝缘电阻测试仪的使用

绝缘测试仪适用于在各种电气设备的保养、维修、试验及检定中进行绝缘测试，俗称为兆欧表。绝缘测试仪主要分为绝缘电阻测试仪和绝缘耐压测试仪两种，如图 1-2-15 所示。该仪器主要是用于电子元器件、介质材料、电线、电缆等绝缘性能的测量。

a）绝缘电阻测试仪

b）绝缘耐压测试仪

图 1-2-15　绝缘测试仪

1. 绝缘电阻测试仪控制面板识别

以绝缘电阻测试仪为例，图 1-2-16 中所示的控制面板的图注说明见表 1-2-4。

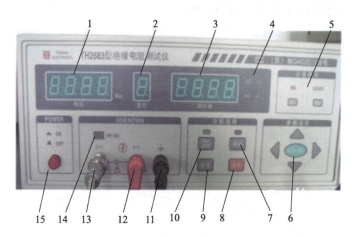

图 1-2-16　TH2683 型绝缘电阻测试仪控制面板

表 1-2-4　TH2683 绝缘电阻测试仪控制面板图注说明

图注号	名称	说明
1	电压显示窗口	显示测试电压设定值，单位为 V
2	量程显示窗口	显示当前量程段
3	测试值显示窗口	测试的绝缘电阻值，显示 4 位有效值
4	单位指示灯	显示当前电流及阻值单位
5	分选指示灯	NG 指示灯：不合格指示灯，低于设定值时点亮 GOOD 指示灯：正品指示灯，测试值高于上限时点亮
6	设定 / 确认键	设定：进入设定状态，上下键选择功能 确认：进入修改或设定状态完毕，确认退出
7	自动键	量程自动 / 手动切换按键，指示灯亮表示当前是量程自动状态，在测量时自动切换量程，否则在测试中使用上下键切换来改变量程
8	清零键	放电状态时，对仪器开路清零校正
9	放电键	测试返回放电状态
10	R/I 测试键	放电状态或设定状态下进入测试状态。测试状态下切换电阻 / 电流显示
11	接地端	接地屏蔽端
12	测试 "−" 端	电压输出端
13	测试 "+" 端	采样输入端
14	高压警示灯	提示当前 "−" 端有电压输出
15	仪器电源开关	控制电源

2. 绝缘电阻测试仪使用方法

1）检查仪器电源插头接插良好后，打开仪器面板的电源开关，预热 5~10min。

2）根据检验文件要求，设定相关的测试参数，步骤如下。

①电压设定：在电压项上按动"设定/确认"键，进入电压设定子菜单。此时通过"∧""∨"键调整所需的电压值，共10档（10~1000V）。按动"设定/确认"键设定完成，电压值将自动保存并返回菜单。

②电阻上下限设定：在极限2.LO或3.Hi上按动"设定/确认"键，进入设定状态。此时通过"〈""〉"键可左右移动选择位数和小数点，按动"∧""∨"键可改变光标所在位数的大小及改变小数点位置。设定好后按"设定/确认"键，仪器将自动保存设定参数。

③充电时间设定：可根据需要设定充电时间（一般为10s以内），如不需定时请设为000。

④蜂鸣开关设定：在5.bep上按动"设定/确认"键进入蜂鸣设定。可根据需要选择："NG"表示测试不合格时报警；"GOOD"表示测试合格时报警；"OFF"表示蜂鸣开关处于关闭状态。

3）参数设定完成后对测试仪器进行开路清零，具体步骤如下。

①在放电状态下插上"+"端测试线，开路并将测试线悬空（"−"端测试线取下）。

②按"清零"键，电压显示窗口显示开路信息，测试值显示窗口显示当前量程的零值，此时按动"∧""∨"键可选择其他量程的零值。

③再次按动"清零"键，开始对各量程逐一清零，清零成功显示"PASS"字样。清零失败时显示"FAIL"（当零值大于1mV时清零失败，主要原因应为未开路或测试线不标准，检查后重试）。

④清零完毕后各量程的零值自动保存，并返回放电状态。

4）进入测试：请按照图1-2-17所示方法连接被测件（带极性的被测件一定要按照正确的正负极连接）。

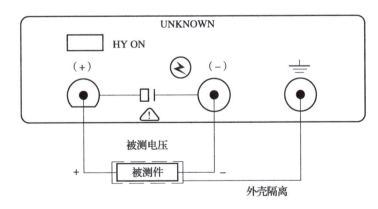

图1-2-17 测试原理图

5）按动"测试"键即进入测试状态或在测试类别（如阻抗或电流）间切换。

6）测试完成后按动"放电"键，仪器对被测件放电，同时高压指示灯熄灭，放电完成，此时方可取出被测器件。

7）如需继续测量同一产品，重复以上4~6步骤即可，无需测试请关闭仪器电源。

3. 注意事项

1）为了确保仪器测试精度，测试环境温度应在 10~30℃ 之间，湿度小于或等于 65%。

2）在仪器充电及测试过程中，仪器的测试端口和被测件均有较高的电压，不得用手直接接触测试端口及被测件。

3）请务必将有极性的被测件（电解电容等）按照 "+" "–" 极连接，否则会引起爆炸。测试完成后必须在放电几秒后才可取下，以防触电。

4）仪器不允许长时间短路，否则会损坏仪器。

5）当仪器发生意外情况，如：机内打火、冒烟、出现焦糊味等情况时，应立即切断电源，并及时上报。

三、数字式万用表的使用

将普通万用表进行升级，兼容了检测绝缘性的功能，改造成绝缘电阻万用表，该表既具备检测普通电压、电阻等功能，同时带有绝缘性检测功能；还有一些万用表在以上基础上，具有兼容钳流表的功能，如图 1-2-18 所示。

注意：新能源汽车维修所使用的数字式万用表必须满足 CAT-Ⅲ1000V 电压标准。同时要注意维修的新能源汽车的电压平台。如：维修车辆的动力电池电压为 352V，万用表量程应选择车辆最大工作电压的 1.5 倍。

图 1-2-18 数字式万用表

1. 数字式万用表的面板识别

在使用数字式万用表前，应先了解面板的按钮标识的含义，以图 1-2-18 为例，其控制面板功能描述见表 1-2-5。

表 1-2-5 数字式万用表控制面板功能描述

名称	描述
Power 键	表示电源开关
HOLD 键	表示锁屏按键
V- 或 DCV	表示直流电压档
V~ 或 ACV	表示交流电压档
A- 或 DCA	表示直流电流档
Ω	表示电阻档
⊳⊦	表 gmg 示二极管档，也称蜂鸣档
F	表示电容档
H	表示电感档
hFE	表示晶体管电流放大系数测试档
插孔	分别是：VΩ 孔，COM 孔，mA 孔，10A 孔或 20A 孔

2. 数字式万用表使用方法

1）测量直流电压、交流电压、电阻、电容、二极管、晶体管，检查线路通断时，将红表笔插入VΩ孔，黑表笔插入COM孔。测量mA级别的电流或μA级别的电流时，将红表笔插入mA电流专用插孔，黑表笔插入COM孔。测量高于mA级别的电流时，将红表笔插入10A或20A孔，黑表笔插入COM孔。COM孔也称公共端，是专门插入黑表笔的插孔。

2）测量电压的时候，适当选择好量程，如果是测量直流电压的话，就要打到直流电压档V-（DCV）；如果测量交流电压的话，就要打到交流电压档V~（ACV）。将红表笔插入VΩ孔，黑表笔插入COM孔，然后并联进电路测量电压，如果不知道被测信号有多大，则要选择最大量程测量。测量直流电的时候不用考虑正负极，因为数字表不像指针表，指针表测量直流信号测量反了，表针反打，数字表只是会显示符号，说明信号是从黑表笔进入。

3）测量电流的时候，根据被测电流大小不同，选择插孔，如果测量小电流就要将红表笔插入mA孔，黑表笔插入COM孔。将红表笔和黑表笔串联进电路中测量电流，如果测量出来显示"1"，说明过量程，则要增大量程测量。mA孔一般会设置一个200mA的熔丝，测量大电流的时候要将红表笔插入10A或20A孔，黑表笔插入COM孔，10A孔或20A孔一般不设计熔丝。测量大电流的时候，一定要注意时间，正确测量时间应该是在10~15s，如果长时间测量，电流档测量电路内的分流电阻，因过热而引起阻值变化，导致测量误差。

4）测量电阻的时候，首先要将万用表打到电阻档选择适当的量程，如果不知道被测电阻阻值有多大，则应该选择最大量程，然后将红表笔插入VΩ孔，黑表笔插入"COM"孔，接在电阻的两端，不分正负极，因为电阻没有正负极。如果测量中发现万用表显示"1"，则要使用最大档测量一遍，如果使用最大档测量该电阻阻值还是"1"，则说明该电阻开路。如果测量中发现电阻阻值为001，说明该电阻内部击穿。测量电阻的时候，首先短接表笔测出表笔线的电阻值，一般在0.1~0.3Ω之间，阻值不能超过0.5Ω，否则说明9V电池也就是万用表电源电压偏低，或者刀盘与电路板接触松动，测量的时候不要用手去握表笔金属部分，以免接入人体电阻，引起测量误差。

5）测量二极管的时候要使用二极管档，数字表二极管档VΩ和COM孔的开路电压为2.8V左右，将红表笔插入VΩ孔，黑表笔插入COM孔，将红表笔接二极管正极，黑表笔接二极管负极，测量出正向电阻值，反之测量二极管的反向电阻值。因为在数字表里红表笔接触内部电池正极，带正电，而黑表笔接触内部电池负极，带负电，正好跟指针表相反，在指针表里电阻档红表笔接触内部电池负极，黑表笔接触内部电池正极。如果正向电阻值为300~600Ω，反向电阻值为1000Ω，则说明二极管是好的；如果正反向电阻值均为"1"，说明二极管开路；如果正反向电阻值均为001，说明二极管击穿；如果正反向电阻值差不多，则说明二极管质量差。

3. 使用注意事项

1）如果无法预先估计被测电压或电流的大小，则应先拨至最高量程档测量一次，再视情况逐渐把量程减小到合适位置。测量完毕，应将量程开关拨到最高电压档，并关闭电源。

2）满量程时，仪表仅在最高位显示数字"1"，其他位均消失，这时应选择更高的量程。

3）测量电压时，应将数字式万用表与被测电路并联。测量电流时，应将数字式万用表与被测电路串联。测直流量时不必考虑正、负极性。

4）当误用交流电压档去测量直流电压，或者误用直流电压档去测量交流电压时，显示屏将显示"000"，或低位上的数字出现跳动。

5）禁止在测量高电压（220V以上）或大电流（0.5A以上）时换量程，以防止产生电弧，烧毁开关触点。

6）当显示"£""BATT"或"LOW BAT"时，表示电池电压低于工作电压。

📖 拓展阅读

通常新能源汽车检修完成后，维修人员需要对现场的设备和工具进行整理，应严格按照 7S 标准完成现场整理，7S 标准的具体内容如下。

一、整理

1）按照车间区域划分进行作业，电气、分装、总装测试都必须在规定的区域内作业，避免跨区作业，分装完毕的部件统一存放在分装区域，制作完的成品必须存放在测试区，测试完毕的设备清理后运至成品区。

2）货架上的标准件、接头、螺母、垫片、卡套，各种零件等应去掉包装按照类别、型号、大小分别盛放在相应的料盒内有序排列整齐并避免混放，多余的零件应及时退库。

3）工作台上的零部件应摆放合理，台面无油污、杂质，包装及时清理，工作完毕后保持台面整洁。

4）下脚料、各种碎屑、废弃的抹布、多余的工具和个人用品应及时清理出生产现场。

5）车间各工位、设备前后、通道左右、厂房上下、工具箱内外，车间的各个死角都要彻底搜寻和清理，达到现场无不用之物。

二、整顿

1）货架上盛放标准件、接头、零件的物料盒应将所盛物料的型号标示清楚，根据其用途和工作场所存放在相对应的货架以方便取用，并做到合理、美观，长期定位存放。

2）车间可移动设备每次用完应清理干净并及时归位到存放区域，每日下班前进行日常保养，并填写保养记录。

3）急救箱、水杯用完之后保持桌面整洁，物品摆放整齐。

4）地面、设备等标示破损后应及时通知相关人员进行更换。

三、清扫

1）每天下班前 15min 对地面、货架、消防栓、电控箱、窗台、卫生间、过道等进行整理清洁，做到以上表面无油污、杂质、垃圾等，垃圾箱及时清理。

2）每天对设备进行保养，一旦发现有异常应及时处理，如果自己解决不了，应及时通知相关人员进行维修，保证设备总是处在能用的状态。

3）对于非打扫时间内任意地点出现的垃圾杂物等，应随手清理，始终保持干净明亮的工作环境。

四、清洁

1）随时保持生产现场卫生，工作完毕后随即将设备、台面、地面清扫干净，工具、设备及时归位以方便他人取用。

2）将工作完毕剩余的原料、零部件等归位到相应的货架和料盒并摆放整齐，零部件包装及时处理。

3）保持良好的工作秩序与工作现场，发现异常及时处理。

五、素养

1）严格遵守公司规章制度和劳动纪律，养成良好的工作作风并持之以恒，不断提升自己，锻炼自身各方面能力。

2）工作时间内不做与工作无关的事情，严禁吸烟、嬉笑打闹。

3）学习理解企业文化，与同事真诚协作、交流沟通，形成良好的工作氛围。

4）在工作中总结经验与同事共享，互相帮助、取长补短、互通有无、共同进步。

六、安全

1）上班期间穿戴劳保鞋、工作服、手套，使用角磨机、砂轮时应佩戴防护眼镜，使用焊机时佩戴防护面罩。

2）操作设备时应严格按照安全操作规程作业，避免因操作不当产生不必要的损伤。

3）使用各类工具（如呆扳手，螺钉旋具等）时应严谨操作，避免因操作不当造成人员和设备的损伤。

4）关注工作中产生的安全隐患，提高安全意识，工作中互相关照。

5）每天下班前检查窗户和电源是否关闭，确保车间财产的安全。

七、节约

1）掌握总结正确合理的工作方法，提高效率。对于多人参与的设备项目应进行合理分工，保证工作质量和效率。

2）对现场的各类设备、零部件等进行合理布局摆放，最大限度地节省空间，增加作业面积。

3）加强主人翁意识、养成随手关灯、关水的良好习惯，对于较长时间不用的电灯、计算机、取暖设施等电器，应及时关闭。

4）对于工作完毕剩下的物料等应考虑其应用价值，切勿随意丢弃，正确对待企业的资源,物尽其用。

车间 7S 工作是各个车间认可的工作标准,严格执行 7S 标准可以提高工作效率、降低生产成本,并结合车间实际情况对车间物料摆放、卫生清理、设备保养、产品质量、生产安全、工作方法与习惯、物料使用等方面进行总结,不断完善 7S 管理,为高质量产出奠定基础。

任务分组

学生任务分配表见表 1-2-6。

表 1-2-6 学生任务分配表

班级		组号		指导老师	
组长		学号			
组员角色分配					
信息员		学号			
操作员		学号			
记录员		学号			
安全员		学号			
任务分工					
(就组织讨论、工具准备、数据采集、数据记录、安全监督、成果展示等工作内容进行任务分工)					

工作计划

按照前面所了解的知识内容和小组内部讨论的结果,制定工作方案,落实各项工作负责人,如任务实施前的准备工作、实施中主要操作及协助支持工作、实施过程中相关要点及数据的记录工作等。

工作计划表见表 1-2-7。

表 1-2-7　工作计划表

步骤	工作内容	负责人
1		
2		
3		
4		
5		
6		
7		
8		

进行决策

1. 各组派代表阐述资料查询结果。
2. 各组就各自的查询结果进行交流，并分享技巧。
3. 教师对各组的计划方案进行点评。
4. 各组长对组内成员进行任务分工，教师确认分工是否合理。

任务实施

引导问题 8

查阅相关资料，简述绝缘测试仪的使用方法。

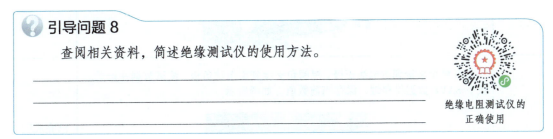

绝缘电阻测试仪的正确使用

根据所学的新能源汽车常用检修工具及设备的内容，正确使用绝缘测试仪测量电压和电阻。

实训准备见表 1-2-8。

表 1-2-8　实训准备

实训准备			
序号	设备及工具名称	数量	设备及工具是否完好
1	绝缘测试仪	1 台	□是　□否
2	绝缘防护套装	1 套	□是　□否
3	绝缘工具套装	1 套	□是　□否
质检意见	原因：		□是　□否

正确使用绝缘测试仪的方法见表 1-2-9。

表 1-2-9　正确使用绝缘测试仪

序号	步骤	完成情况
1	利用绝缘测试仪测试直流电压，将鳄鱼夹连接到测试笔上，将连接好的黑表笔插入 COM 输入端，红表笔插入电压 V 孔。如图所示 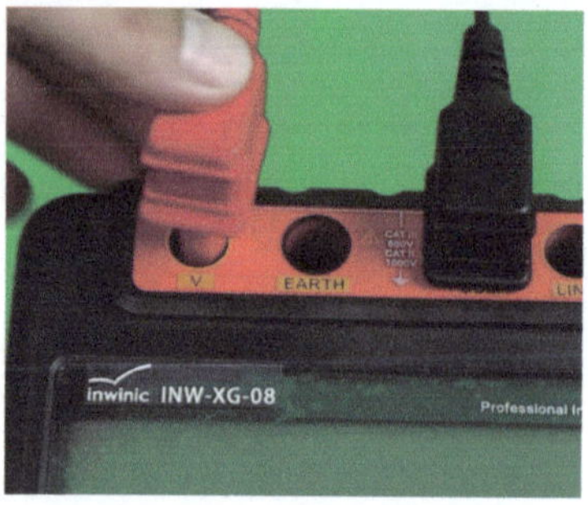	已完成□ 未完成□
2	按 "ON/OFF" 档位，将绝缘测试仪打开，选择 DCV-ACV 档位，调至直流档位。如图所示 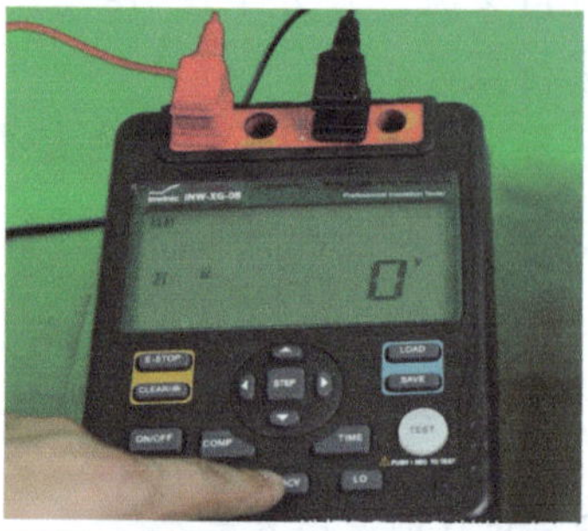	已完成□ 未完成□
3	将红鳄鱼夹接到蓄电池正极，黑鳄鱼夹接到蓄电池负极，测试数据并记录。按下 SAVE 数据保存键，保存当前数值。如图所示 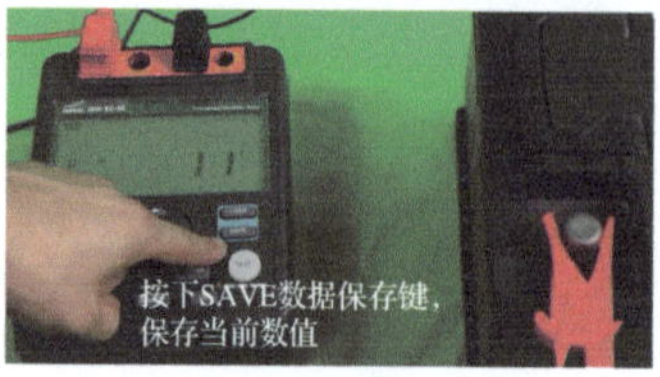	已完成□ 未完成□
4	进行交流电压的测试，将鳄鱼夹换成红黑表笔，用红黑表笔测试交流电压。如图所示 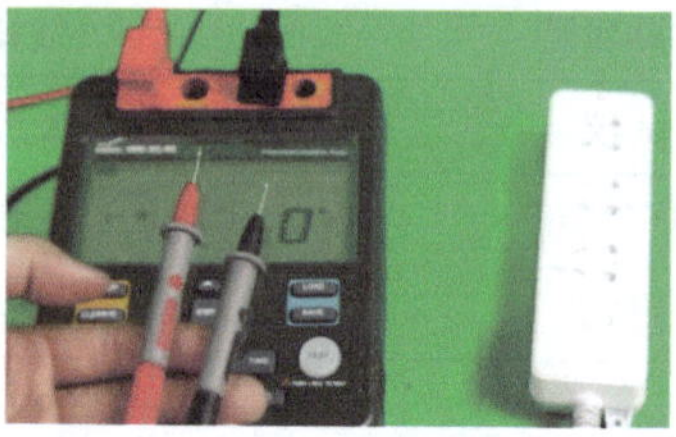	已完成□ 未完成□

（续）

序号	步骤	完成情况
5	选择 DCV-ACV 档位，调至交流档位，可以看到屏幕的直流符号切换成交流符号。如图所示 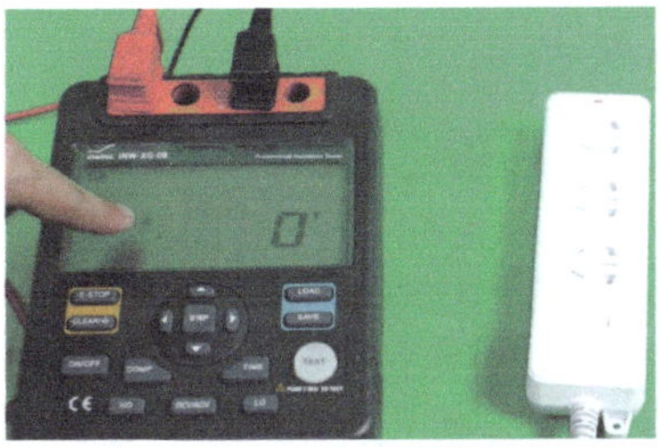	已完成□ 未完成□
6	测试交流电压，屏幕显示交流电压数值 237V，按下数据保存键，保存当前数据。如图所示 	已完成□ 未完成□
7	进行绝缘电阻的测量，连接同色的测试线与鳄鱼夹，将红测试线插入 LINE 端口，将黑测试线插入 EARTH 端口，如图所示 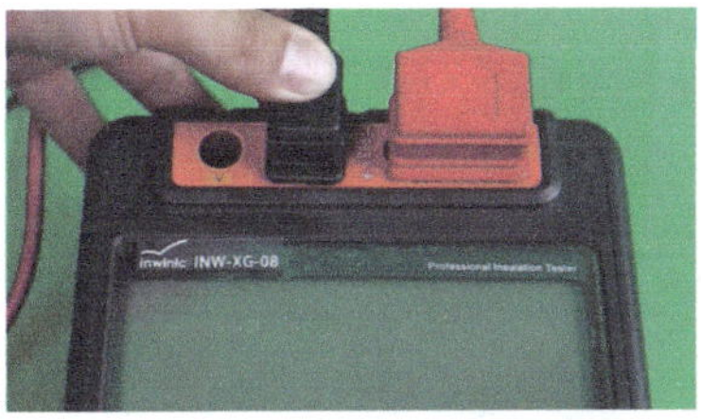	已完成□ 未完成□
8	将红鳄鱼夹夹到被测物体的绝缘层，黑鳄鱼夹夹到金属部分，打开绝缘测试仪，选择 1000V 耐压值，首先是连续测试模式，按 TIME 按键，调至连续测试模式。此时屏幕无定时值。如图所示 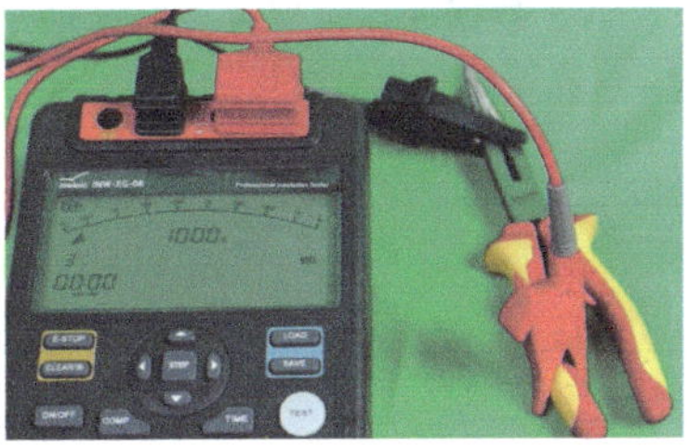	已完成□ 未完成□

（续）

序号	步骤	完成情况
9	按下 TEST 测试键，测试键红灯发亮。再次按测试键，红灯熄灭，结束测量。按下 SAVE 数据保存键，保存数值。屏幕显示的数值为该绝缘工具的绝缘电阻值 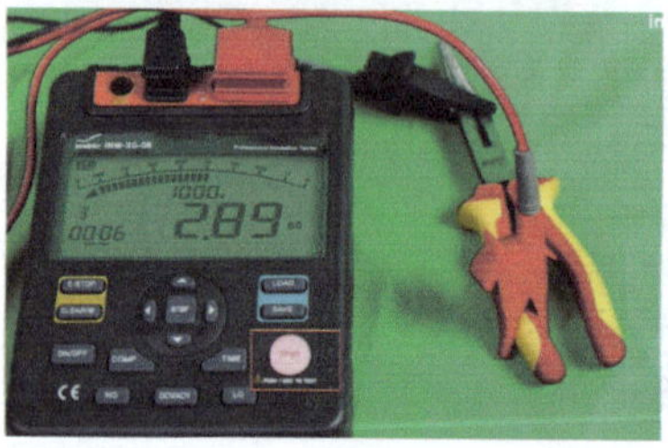	已完成□ 未完成□
10	进行定时器测量绝缘电阻，按下 TIME 键，调至定时测量模式，此时屏幕上显示 TIME1 和定时数值。用左键、右键和 STEP 键设置时间为 10s，设置完毕后，按下 TEST 测试键，屏幕上 TIME1 标志闪烁，到设定时间后，自动结束测量。测量出的数值为该绝缘工具的绝缘电阻。TEST 测试键红灯自动熄灭。按下 SAVE 数据保存键保存数据。如图所示 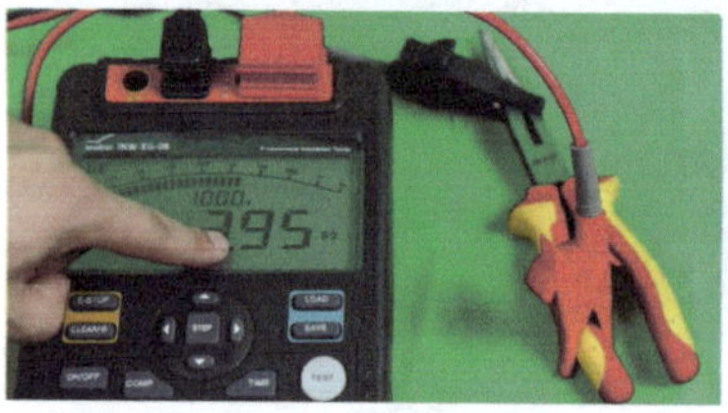	已完成□ 未完成□
11	进行极化指数测量绝缘电阻，按下 TIME 键，屏幕上显示 TIME1 和定时器的标志符号。用左键、右键和 STEP 键将 TIME1 时间设置为 6s，设置完毕后，再按 TIME 键，在屏幕上显示 TIME2、定时数值标志、PI。如图所示 	已完成□ 未完成□
12	调节 TIME2 至 15s，按下测试键，在 TIME1 设定时间到达之前，屏幕上 TIME1 标志闪烁。在 TIME2 设定时间到达之前，TIME2 标志闪烁。TIME2 测试结束后，屏幕显示 PI 数值。左右键循环显示 TIME2 绝缘阻值和 TIME1 绝缘阻值、极化指数，按下 SAVE 数据保存键保存测试结果	已完成□ 未完成□
13	实训现场整理	已完成□ 未完成□
总结提升		
质检意见	原因：	已完成□ 未完成□

评价反馈

1. 各组代表展示汇报 PPT，介绍任务的完成过程。
2. 请以小组为单位，对各组的操作过程与操作结果进行自评和互评，并将结果填入表 1-2-10 中的小组评价部分。
3. 教师对学生工作过程与工作结果进行评价，并将评价结果填入表 1-2-10 中的教师评价部分。

表 1-2-10　综合评价表

班级		组别		姓名		学号	
实训任务							
评价项目		评价标准			分值		得分
小组评价	计划决策	制定的工作方案合理可行，小组成员分工明确			10		
	任务实施	能够正确检查并设置实训工位			5		
		能够准备和规范使用工具设备			5		
		能够正确使用绝缘测试仪测试电压			20		
		能够正确使用绝缘测试仪测试电阻			20		
		能够规范填写任务工单			10		
	任务达成	能按照工作方案操作，按计划完成工作任务			10		
	工作态度	认真严谨、积极主动，安全生产、文明施工			10		
	团队合作	小组组员积极配合、主动交流、协调工作			5		
	7S 管理	完成竣工检验、现场恢复			5		
		小计			100		
教师评价	实训纪律	不出现无故迟到、早退、旷课现象，不违反课堂纪律			10		
	方案实施	严格按照工作方案完成任务实施			20		
	团队协作	任务实施过程互相配合，协作度高			20		
	工作质量	能准确规范完成实训任务			20		
	工作规范	操作规范，三不落地，无意外事故发生			10		
	汇报展示	能准确表达、总结到位、改进措施可行			20		
		小计			100		
综合评分		小组评价分 ×50% + 教师评价分 ×50%					
总结与反思							
（如：学习过程中遇到什么问题→如何解决的/解决不了的原因→心得体会）							

任务三 了解新能源汽车诊断设备的操作使用与故障诊断流程

学习目标

- 掌握新能源汽车解码仪的使用方法。
- 掌握新能源汽车的故障诊断流程。
- 了解新能源汽车诊断信息的格式。
- 了解新能源汽车的维修内容。
- 能够正确排除诊断仪与全车模块不能通信的故障。
- 了解"纯电动汽车维护、检测、诊断技术规范",不抱侥幸心理,为自己与他人的安全负责。

知识索引

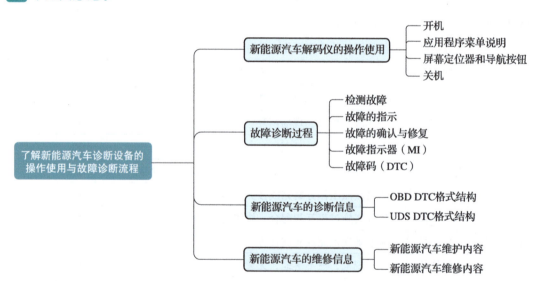

情境导入

一辆比亚迪秦 EV 纯电动汽车,客户反映遥控钥匙无法解锁车辆,使用机械钥匙解锁,踩下制动踏板,按下起停开关,仪表黑屏无显示,喇叭可正常工作。连接诊断仪后,发现诊断仪与车辆所有模块均不能通信。你能用诊断仪诊断出全车模块不能通信的故障吗?

获取信息

引导问题 1

请查阅相关资料,简述道通 MS908E 汽车智能诊断仪的功能。

_____
_____
_____

新能源汽车解码仪的操作使用

道通 MS908E 汽车智能诊断仪是一款方便、快捷、高效的诊断汽车故障的解码器,诊断程序通过 VCI 设备与车辆连接,可读取车辆系统工作状态,进行故障码读取、数据流查看以及动作测试和数据标定等。诊断程序可连接访问多个电控系统模块,如:VCU、PEU、BMS、BCM 等相关核心部件。使用设备前,应确保设备内置电池电量充足或已连接直流电源。

一、开机

按下平板诊断设备顶部左侧的【锁屏/电源】按钮开启设备。系统启动后将显示锁定屏幕,按住并拖曳小圆圈至外圈边缘解锁屏幕,系统将显示 MaxiSys 程序菜单,如图 1-3-1 所示。

图 1-3-1 开机画面

二、应用程序菜单说明

应用程序菜单详细说明见表 1-3-1。

表 1-3-1 道通诊断仪应用程序菜单详细说明

程序图标	名称	说明
	诊断	运行及执行汽车诊断程序

（续）

程序图标	名称	说明
	维修保养	在"维修保养"中列举了所有常见的功能，点击功能图标，进入车型后，可对车型进行快速保养复位
	防盗	防盗功能
	高级辅助驾驶服务	ADAS（高级辅助驾驶系统）产品及相关软件云服务产品
	更新	查看，下载并安装 MaxiSys 系统的最新更新软件
	功能查询	在"功能查询"中列举了所有常用功能，可以通过查询功能名称来获取操作路径
	维修站管理	用于编辑和保存维修站信息及用户信息，同时查看测试车辆的历史记录
	远程操控	通过运行 TeamViewer 远程控制软件程序以接收远程支持
	一键截屏	长按图标，可一键保存当前界面的数据
	数据管理	用于浏览和管理已保存的数据文件
	VCI 管理	建立并管理与 VCI 设备的蓝牙通信连接
	支持	登录线上"支持"平台，连接道通公司在线服务点，进行同步通信操作
	快速链接	提供关联网站书签，快速获取产品相关的更新、服务、支持以及其他信息
	示波器	具有示波器的功能，可以用来测量总线信号
	培训	存储和播放关于设备使用或车辆诊断技巧的技术教程和培训视频
	MaxiFix	登录 MaxiFix 线上数据库，查询和浏览海量通用的维修技巧和参考信息

三、屏幕定位器和导航按钮

屏幕定位器和导航按钮的详细说明如图 1-3-2 所示。

能力模块一　掌握新能源汽车保养方法与故障诊断的准备工作

图 1-3-2　屏幕定位器和导航按钮的详细说明

1—返回上一界面　2—主页键　3—最近使用程序　4—Chrome 浏览器　5—照相机
6—显示与声音　7—多任务快捷按钮　8—VCI　9—MaxiSys 快捷键　10—维修保养

四、关机

关闭 MaxiSys 平板诊断设备前必须终止所有车辆通信。如果 VCI 设备与车辆处于通信中，关机时会显示一条警告信息。通信时强制关机可能会导致一些车辆的电控模块出现问题。请在关机前退出诊断应用程序。

关闭 MaxiSys 平板诊断设备方法如下。

- 按住【锁屏/电源】按钮。
- 点击【确定】后系统将在几秒钟内关闭。

引导问题 2

请查阅相关资料，简述故障的确认和修复的差异。

_____
_____
_____

引导问题 3

请查阅相关资料，简述 OBD 系统在检测到故障之后的处理方式。

_____
_____
_____

故障诊断过程

一、检测故障

一旦 OBD 系统检测到有与计算机相连接的动力系统故障，包括任何能实现检测功能的相关传感器电路连通状态不正常，就会认为发生了故障。

二、故障的指示

OBD 系统在检测到故障之后将会根据故障的状态进行如下处理。

1）以相应的方式点亮、闪烁或熄灭故障指示器。

2）对 ECU 内部添加、更新和删除故障相关信息，这些信息可以被标准诊断仪通过标准诊断接口读取。

三、故障的确认与修复

OBD 系统对故障的处理因故障状态的不同而不同。为了对故障的状态进行更好地理解，必须明确故障确认和故障修复两个概念。

1）故障确认：是指从故障首次被 OBD 系统检测出来，到被系统认定从而按照相应策略触发 MI 的过程，一个故障在被确认之前称为偶发故障，在确认之后称为已确认故障。

2）故障修复：是指 OBD 系统在故障被排除之后检测到故障已经不存在。故障修复也有一个确认过程，对于偶发故障，OBD 检测到故障被修复后会直接清除故障记录。对于已认定修复的故障，OBD 系统会依据相应的故障处理策略，对故障指示器和故障内存进行相应操作。

四、故障指示器（MI）

MI 是一个故障指示器，当与车载诊断系统连接的任何零部件或车载诊断（OBD）系统本身发生故障时，它能清楚地提示汽车的驾驶人员。MI 一般是一个可以在仪表板上显示且形状符合相应标准的指示灯。

五、故障码（DTC）

根据美国联邦政府的一项标准法规要求，OBD 系统必须具有识别可能存在故障的区域的功能，并以故障码的方式将该信息储存在电控单元储存器内，SAE 和 ISO 对诊断故障码进行了标准化，OBD DTC 格式结构采用五个字符组成，如 B2622、C1226、P0101 等故障码，关于故障码的具体解析见本教材后续内容。

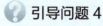 引导问题 4

请查阅相关资料，简述故障码显示的两种格式。

> **引导问题 5**
>
> 请查阅相关资料，写出 B0039-10、C0031-23、U20B400 故障码的含义。
>
> _____
>
> _____
>
> _____

新能源汽车的诊断信息

OBD 系统在汽车运行过程中实时监测发动机电控系统、高压系统及车辆的其他功能模块的工作状况，如发现汽车的工况异常，则根据特定的算法判断出具体的故障，并以诊断故障码（Diagnostic Trouble Codes，DTC）的形式存储在系统内的存储器中。以道通 MS908E 汽车智能诊断仪为例，电池子网通信故障码（DTC）如图 1-3-3 所示，它是由 3 个字节组成的（U20B100）。故障码的格式有两种：OBD DTC 格式结构（2 字节）和 UDS DTC 格式结构（3 字节）。

图 1-3-3　读取电池子网通信故障码

一、OBD DTC 格式结构

OBD DTC（参考 ISO 15031）使用两个字节，根据 SAE J2012-DA 解码。

示例：0143（十六进制）的动力系统DTC应显示为P0143。故障码结构见表1-3-2。

表 1-3-2　故障码结构（2 字节）

2 字节 DTC	DTC High Byte								DTC Low Byte							
DTC 十六进制值：0x0143	0	0	0	0	0	0	0	1	0	1	0	0	0	0	1	1
显示字符	第 1 个字符		第 2 个字符		第 3 个字符				第 4 个字符				第 5 个字符			
	P		0		1				4				3			

OBD DTC 5 个字符的定义如下：

1）第 1 个字符长度为 2 个 Bit（Bit15~14），表示故障所属系统，字符具体含义见表 1-3-3。

表 1-3-3 Bit（Bit15~14）字符显示说明

Bit15~14	显示字符	System 系统
00	P	动力总成（Powertrain）
01	C	底盘（Chassis）
10	B	车身（Body）
11	U	网络和车辆集成（Network and vehicle Integration）

注：字母数字代号为"B0""B1""B2""B3""C0""C1""C2""C3""P0""P1""P2""P3""U0""U1""U2""U3"，分别对应四组车身、四组底盘、四组动力总成、四组网络和车辆集成故障码。部分可用数字序列（"B0""C0""P0""P2""P3""U0"和"U3"的部分），保留用于本次或未来更新分配的统一代码。

2）第 2 个字符长度为 2 个 Bit（Bit13~12），表示故障类型。字符具体含义见表 1-3-4。

表 1-3-4 Bit（Bit13~12）字符显示说明

Bit13~12	显示字符	System 系统
00	0	ISO/SAE 标准定义的故障码
01	1	制造商自定义的故障码
10	2	ISO/SAE 预留
11	3	ISO/SAE 预留

3）第 3 个字符长度为 4 个 Bit（Bit11~8），表示车辆系统域（Area of vehicle system），按照 4 个 Bit 解析成 1 个 16 进制字符，用于标识特定的车辆区域。

4）第 4~5 个字符长度为 8 个 Bit（Bit11~8），分别按照 4 个 Bit 解析成 2 个 16 进制字符。在任何区域内，显示字符 4 和 5 最多允许 256 个代码定义。

二、UDS DTC 格式结构

UDS DTC（ISO 14229）使用三个字节，两个最高有效字节（DTC High Byte 和 DTC Middle Byte）根据实施的诊断协议指定的 DTC 格式标识符 = 0x00 或 0x04 进行解码；最低有效字节（DTC Low Byte）根据 SAE J2012-DA 故障类型字节（FTB）表进行解码。UDS DTC 故障码结构见表 1-3-5。

表 1-3-5 UDS DTC 故障码结构（3 字节）

DTC High Byte				DTC Middle Byte				DTC Low Byte			
0x9		0x2		0x3		0x4		0x1		0x1	
1 0 0 1		0 0 1 0		0 0 1 1		0 1 0 0		0 0 0 1		0 0 0 1	
B		1 2		3		4		1		1	

1）第一位是字母，表示故障所属系统，有以下四种情况：
00 P   Powertrain：动力系统故障
01 C   Chassis：底盘故障
02 B   Body：车身故障
03 U   Network：网络故障
2）第二位是数字，表示故障类型，有以下四种情况：
00 0   ISO/SAE 标准定义的故障码
01 1   制造商自定义的故障码
10 2   ISO/SAE 预留
11 3   ISO/SAE 预留
3）第三位是数字，表示故障所属的子系统，以动力系统为例（P 开头的故障码），有以下几种情况：
0：表示燃油和空气计量辅助排放控制整个系统
1：表示燃油和空气计量系统
2：表示燃油和空气计量系统（喷油器）
3：表示点火系统
4：表示排气控制系统
5：表示巡航、怠速控制系统
6：表示与控制单元有关
7、8：表示传动系统控制等
4）最后两位也是数字，表示具体故障对象和类型。
5）DTC Low Byte 字段描述故障种类和子类型，该部分内容定义见 SAE J2012-DA FTB。它满足以下 3 个组合原则：DTC 故障类型字节中无任何附加描述（无 DTC 故障类别名称和无 DTC 故障子类型），一般记作 00（十六进制）；DTC 故障类型字节中有附加描述（有 DTC 故障类别名称和无 DTC 故障子类型），例如 DTC（803910）：B0039-10 为电气故障；DTC 故障类型字节中有附加描述（有 DTC 故障类别名称和有 DTC 故障子类型），例如 DTC（403123）：C0031-23 左前轮速度传感器信号低。

引导问题 6

请查阅相关资料，简述新能源汽车维护保养的内容。

引导问题 7

请查阅相关资料，简述新能源汽车重点维修项目有哪些。

新能源汽车的维修信息

一、新能源汽车维护内容

汽车维护保养是指定期对汽车相关部分进行检查、清洁、补给、润滑、调整或更换某些零件的预防性工作，又称汽车维护。汽车维护保养的目的是保持车容整洁，消除隐患，预防故障发生，减缓劣化过程，延长使用周期。

新能源汽车保养主要的维护项目是三大件：电池、电机和电力系统，其次是底盘保养，油液、空调系统、制动系统、刮水器、轮胎等易损件的检查与更换，对冷却系统、制动系统、传动系统、悬架的常规保养和传统汽车差不多。具体要求可见各汽车制造厂商维护手册。

二、新能源汽车维修内容

新能源汽车通常维修项目为制动系统检查、空调系统检查、充电系统检查、底盘部分检查、车身部分检查、动力电池系统检查、冷却系统检查、转向系统检查等 9 大项及附加项，共计近 50 个小项检修内容。维修过程有以下三个特点。

1. 检修电路结构复杂

新能源汽车的内在结构设计和传统燃油汽车相比有很大差异，因此在检修时，尤其是电路结构比较烦琐时，在维修之前务必要做好一系列检查工作，找到故障的位置和根源，明确后续开展维修工作的方向。例如，当新能源汽车处于静止状态时，应检查其真空泵、控制器，可以踩动踏板，仔细观察真空泵的运作情况，以及控制单元的工作是否正常；对真空管路的密封性进行检查，重点观察管路连接处有没有破损、老化、漏气、漏油等现象，保证软管和车身零件之间有足够的安全距离；细致检查车内电路，明确线路有没有老化、粘连、破损、接线开裂等现象，一旦发现问题必须先断电后处置，预防发生更严重的故障；在完成维修工作之后对新能源汽车的胎压、制动系统和灯光等进行常规性的检查，保证车辆安全行驶。

2. 借助汽车故障诊断仪诊断

汽车故障诊断仪在新能源汽车的维修与保养中得到广泛应用，即在维修工作中通过电子设备对新能源汽车故障进行全面的检测，并采取科学的维修技术与方法做到不拆车诊断。例如，维修人员应用汽车故障诊断仪对全车故障做出检测，确定故障以后征求车主的维修意见，据此制定维修方案，根据维修资料对故障车辆进行检查。通过电子诊断技术对新能源汽车进行检查时不需要拆车，可以在最短时间里确定发生故障的位置以及原因，提高新能源汽车维修效率，同时缩短维修车辆的时间。

3. 安全防护措施准备到位

由于动力电池的特殊性，在进行新能源汽车检修时，维修人员应做到持证上岗，做好自身防护，注意高压触电危险，避免电池过充电、过放电操作。

📖 拓展阅读

近些年来，新能源汽车特别是纯电动汽车的推广应用力度持续加大，推广使用规模不断扩大，纯电动汽车保有量持续增长，加强纯电动汽车售后维护的规范管理，确保纯电动汽车运行技术状况良好，是行业管理部门、生产企业、维修企业及社会的普遍诉求。交通运输部发布了推荐性行业标准《纯电动汽车维护、检测、诊断技术规范》（JT/T 1344—2020），自 2021 年 2 月 1 日起施行。该标准的发布实施为纯电动汽车的安全维护、规范维护等提供了技术支撑，对加强维修人员对纯电动汽车维护规范性的认识，提高纯电动汽车维护规范化水平等具有积极意义。通过对纯电动汽车运行使用情况进行充分调研，分析纯电动汽车使用过程中的常见故障，结合纯电动汽车结构特殊性及产品推广应用实际，此标准从加强纯电动汽车使用安全、保障维护作业人员安全、提高车辆使用效率、延长车辆使用寿命等角度提出了规范性要求。

此标准特别明确了纯电动汽车高压系统维护的有关安全要求，旨在指导维护人员做好安全防护，强化维护作业的安全意识和规范性。它从作业环境、应急设备、作业人员、人员防护、车辆状态等 5 个方面提出了要求，具体如下。

● 作业场地应干燥，并设置警示隔离区和警示牌，确保维护作业过程人员安全。

● 要求在作业区域配备消防及高压防护应急设备，用于紧急情况下对人或车采取应急救助措施。

● 基于行业普遍做法，明确维护作业人员应取得电工特种作业操作证，并经专业培训合格后上岗，以确保作业人员充分掌握高压系统部件的维护安全基础知识。

● 要求高压系统维护应由 2 人及以上作业人员协同操作，确保意外情况下能及时发现和处置。

● 要求维护作业人员应做好安全防护，穿戴安全防护装备，在维护作业前对车辆进行有效断电，确保维护作业过程中的绝缘安全。此外，对于车辆维修保养手册规定有其他操作安全和故障防护特殊要求的，还应遵循主机厂相关规定要求，旨在要求维护人员进一步通过汽车生产企业的维护技术资料，全面掌握相关作业安全要求。

此标准的执行给行业从业人员以正确的指向，同时也要求从业人员务必严格践行标准。无论是新能源汽车企业还是专业维修技术人员，应始终牢记行业新能源汽车操作章程，不抱侥幸心理，将"生命至上"原则牢记心中，既是对他人生命和自我生命的负责，也是对社会和家庭的一种负责任的态度。

任务分组

学生任务分配表见表 1-3-6。

表 1-3-6　学生任务分配表

班级		组号		指导老师	
组长		学号			
组员角色分配					
信息员		学号			
操作员		学号			
记录员		学号			
安全员		学号			
任务分工					
（就组织讨论、工具准备、数据采集、数据记录、安全监督、成果展示等工作内容进行任务分工）					

工作计划

按照前面所了解的知识内容和小组内部讨论的结果，制定工作方案，落实各项工作负责人，如任务实施前的准备工作、实施中主要操作及协助支持工作、实施过程中相关要点及数据的记录工作等。

工作计划表见表 1-3-7。

表 1-3-7　工作计划表

步骤	工作内容	负责人
1		
2		
3		

（续）

步骤	工作内容	负责人
4		
5		
6		
7		
8		

进行决策

1. 各组派代表阐述资料查询结果。
2. 各组就各自的查询结果进行交流，并分享技巧。
3. 教师对各组的计划方案进行点评。
4. 各组长对组内成员进行任务分工，教师确认分工是否合理。

任务实施

引导问题 8

查阅相关资料，扫码观看故障诊断仪的连接与使用过程，简述操作过程中的重点及注意事项。

故障诊断仪的连接与使用

根据所学的新能源汽车诊断设备的操作使用过程，完成连接与使用故障诊断仪的过程，并填写实训工单。

实训准备见表 1-3-8。

表 1-3-8 实训准备

实训准备			
序号	设备及工具名称	数量	设备及工具是否完好
1	道通解码仪	1台	□是 □否
2	数字式万用表	1台	□是 □否
3	绝缘防护套装	1套	□是 □否
4	绝缘工具套装	1套	□是 □否
5	比亚迪秦 EV 整车	1辆	□是 □否
质检意见	原因：		□是 □否

故障码、数据流读取及动作测试见表1-3-9。

表1-3-9 故障码、数据流读取及动作测试

序号	步骤		完成情况
1	车辆工位、设备、工具准备	1. 将车辆安全停放在举升工位 2. 配套安全防护设备 3. 配套日常检查常用工具	已完成□ 未完成□
2	道通MS908E汽车智能诊断仪连接	将测试主线与VCI连接	已完成□ 未完成□
3		将USB线与VCI连接	已完成□ 未完成□
4		将USB线与平板显示器连接	已完成□ 未完成□
5		将测试主线连接到车辆OBDⅡ诊断接口 注意：车辆需处于下电状态，否则有可能造成诊断仪损坏	已完成□ 未完成□

（续）

序号	步骤		完成情况
6	道通 MS908E 汽车智能诊断仪连接	将测试主线连接到车辆 OBDII 诊断接口 注意：确定与车辆成功配对	已完成□ 未完成□
7	使用诊断设备读取车辆参数信息–故障码的读取	1. 确定与车辆成功配对 2. 打开诊断仪电源开关	已完成□ 未完成□
8		滑动解锁触摸键将屏幕解锁	已完成□ 未完成□
9		在屏幕上点击"MaxiSyS"键	已完成□ 未完成□
10		在屏幕上点击"诊断"键	已完成□ 未完成□

（续）

序号		步骤	完成情况
11	使用诊断设备读取车辆参数信息 – 故障码的读取	在此界面上选择需要诊断的车型，点击"比亚迪"	已完成□ 未完成□
12		1. 确认车辆连接 VCI 2. 确认点火开关打开 3. 建立通信后点击确定	已完成□ 未完成□
13		在此界面上选择需要诊断的车型，点击"秦 EV"	已完成□ 未完成□
14		在此界面上选择控制单元（也可选择自动扫描）	已完成□ 未完成□

（续）

序号		步骤	完成情况
15	使用诊断设备读取车辆参数信息–故障码的读取	在此界面上选择需要检测的模块，比如动力网电池管理器（400）	已完成□ 未完成□
16		1. 在屏幕上点击"MaxiSyS"键 2. 在屏幕上点击"诊断"键	已完成□ 未完成□
17		在此界面上选择需要登录的系统—读取故障码	已完成□ 未完成□
18		1. 进入该系统后，界面显示当前车辆存在的故障码 2. 返回上一界面，可以清除故障码	已完成□ 未完成□
19		数据流的读取［以动力网电池管理器（400）为例］	已完成□ 未完成□

（续）

序号	步骤		完成情况
20	使用诊断设备读取车辆参数信息–故障码的读取	在此界面上选择数据流，点击进入	已完成□ 未完成□
21	动作测试或其他功能	在此界面中，可以选择动作测试功能	已完成□ 未完成□
22		进入动作测试界面后可以对相关元器件实施动作测试功能	已完成□ 未完成□
23	实训现场整理		已完成□ 未完成□
总结提升			
质检意见	原因：		已完成□ 未完成□

解码器与诊断接口无法通信故障诊断见表 1-3-10。

表 1-3-10　解码器与诊断接口无法通信故障诊断

序号	步骤	完成情况
1	起动车辆后发现仪表无任何显示，第一反应为全车无电，通过按压喇叭识别声音响度，可初步判断低压蓄电池电压是否正常，可先检查前舱低压线束及低压蓄电池电压。本着故障诊断流程从简到繁的原则，首先使用诊断仪进行诊断，发现诊断仪与全车模块不能通信	已完成□ 未完成□
2	诊断仪与全车模块不能通信的主要原因有诊断仪故障、DLC接口故障、低压电池亏电等，如图所示 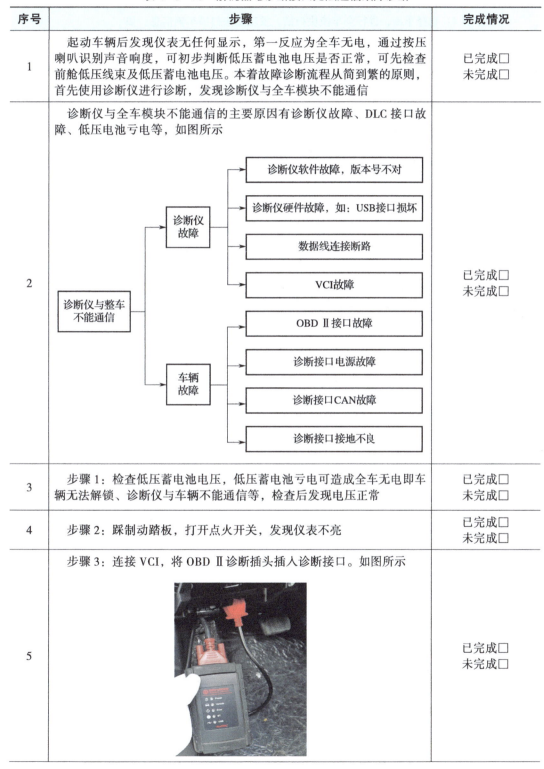	已完成□ 未完成□
3	步骤1：检查低压蓄电池电压，低压蓄电池亏电可造成全车无电即车辆无法解锁、诊断仪与车辆不能通信等，检查后发现电压正常	已完成□ 未完成□
4	步骤2：踩制动踏板，打开点火开关，发现仪表不亮	已完成□ 未完成□
5	步骤3：连接VCI，将OBDⅡ诊断插头插入诊断接口。如图所示	已完成□ 未完成□

（续）

序号	步骤	完成情况
6	步骤4：选择车型，进行全车模块扫描，发现无法扫描车辆信息。如图所示 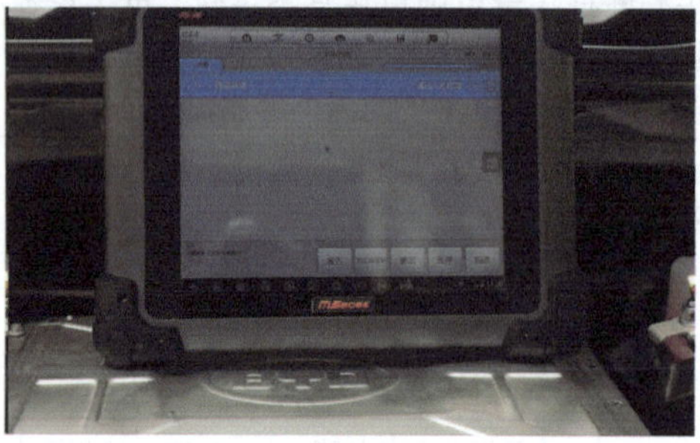	已完成☐ 未完成☐
7	步骤5： 1. 诊断仪的VCI的"power"灯不亮，查询电气原理图，如图所示 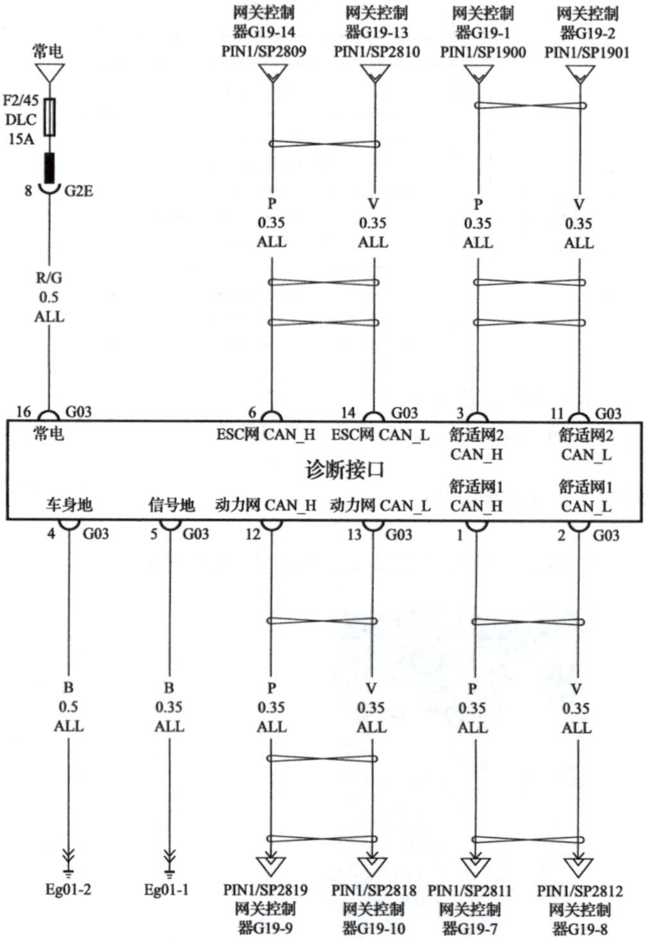	已完成☐ 未完成☐

（续）

序号	步骤	完成情况
7	2.测量诊断接口 G03 16# 与 GND 的电压为 0V，标准值为 12V。如图所示 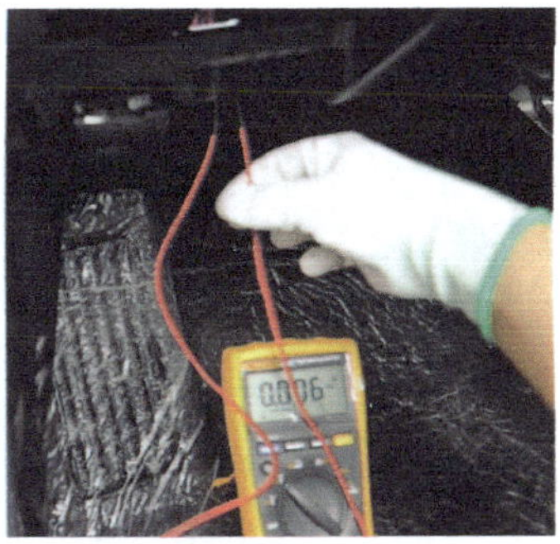	已完成□ 未完成□
8	步骤6：关闭点火开关，断开蓄电池负极，用万用表测量 G03 12# 与 13# 之间的电阻值，标准值为 60Ω。如图所示 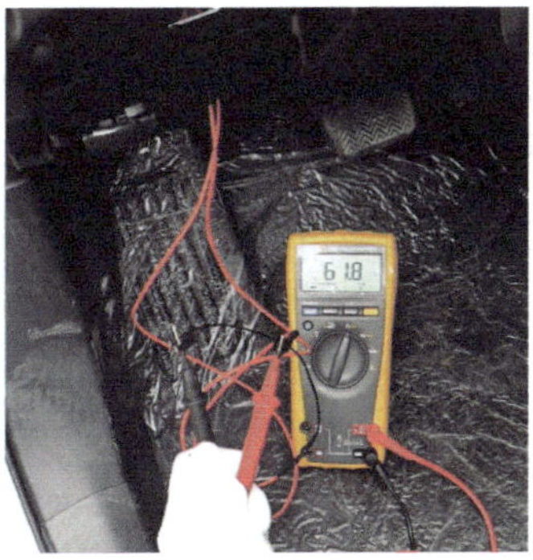	已完成□ 未完成□
9	步骤7： 1.安装蓄电池负极，测量熔断器插片上下两端电压，上端测量有电，下端测量无电。正常情况下，上下端的电压标准值为 12~13V。如图所示 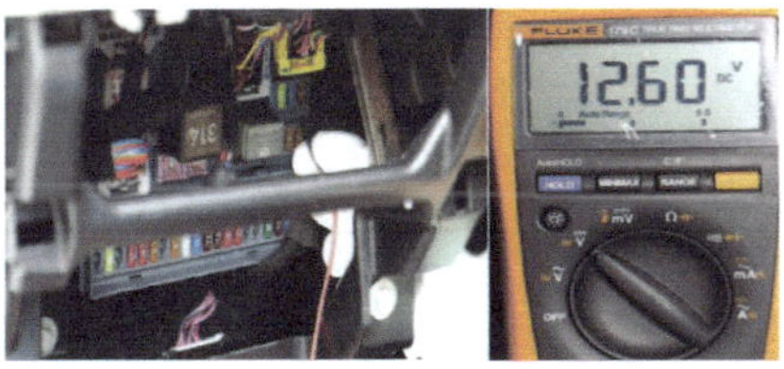 2.测量熔断器插片上端电压，如图所示  3.测量熔断器插片下端电压	已完成□ 未完成□

（续）

序号	步骤	完成情况
10	故障排除：更换 F2-45 熔断器插片，如图所示。故障排除，全车模块扫描 	已完成□ 未完成□
11	故障总结： 故障点：F2-45 熔断器插片损坏 结论：F2-45 熔断器插片损坏，引起诊断接口故障，导致诊断仪与诊断接口无法正常通信。在新能源汽车中，出现诊断仪与车辆不能通信故障，一般我们首先考虑的是 DLC 接口是否成功连接，VCI 指示灯是否点亮，大部分诊断仪的 VCI 与诊断仪使用无线蓝牙连接，在诊断时需确认蓝牙是否连接正常，也可使用数据线连接排查蓝牙是否存在连接问题	已完成□ 未完成□
12	实训现场整理	已完成□ 未完成□
总结提升		
质检意见	原因：	已完成□ 未完成□

评价反馈

1. 各组代表展示汇报 PPT，介绍任务的完成过程。

2. 请以小组为单位，对各组的操作过程与操作结果进行自评和互评，并将结果填入表 1-3-11 中的小组评价部分。

3. 教师对学生工作过程与工作结果进行评价，并将评价结果填入表 1-3-11 中的教师评价部分。

表 1-3-11 综合评价表

班级		组别		姓名		学号	
实训任务							
评价项目		评价标准				分值	得分
小组评价	计划决策	制定的工作方案合理可行，小组成员分工明确				10	
	任务实施	能够正确检查并设置实训工位				5	
		能够准备和规范使用工具设备				5	
		能够正确连接故障诊断仪				20	
		能够正确使用故障诊断仪				20	
		能够规范填写任务工单				10	
	任务达成	能按照工作方案操作，按计划完成工作任务				10	
	工作态度	认真严谨、积极主动、安全生产，文明施工				10	
	团队合作	小组组员积极配合、主动交流、协调工作				5	
	7S 管理	完成竣工检验、现场恢复				5	
		小计				100	
教师评价	实训纪律	不出现无故迟到、早退、旷课现象，不违反课堂纪律				10	
	方案实施	严格按照工作方案完成任务实施				20	
	团队协作	任务实施过程互相配合，协作度高				20	
	工作质量	能准确规范完成实训任务				20	
	工作规范	操作规范，三不落地，无意外事故发生				10	
	汇报展示	能准确表达、总结到位、改进措施可行				20	
		小计				100	
综合评分		小组评价分 ×50% + 教师评价分 ×50%					
总结与反思							

（如：学习过程中遇到什么问题→如何解决的/解决不了的原因→心得体会）

新能源汽车保养
与故障诊断技术

能力模块二
掌握新能源汽车的日常维护与定期保养方法

任务一　了解新能源汽车维护的必要性与车主自行保养项目

🎯 学习目标

- 了解新能源汽车检查保养的重要性。
- 了解新能源汽车车主自行检查保养项目。
- 能够对新能源汽车车身外观进行检查。
- 能够对新能源汽车天窗和车门进行检查。
- 了解比亚迪售后部门的服务理念，感受比亚迪的企业文化。

知识索引

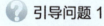

了解新能源汽车维护的必要性与车主自行保养项目
├── 汽车检查保养的必要性
└── 车主自行检查保养项目介绍

情境导入

小李有一辆2020款的比亚迪秦EV白色电动汽车。开了一年以后，他把车送到4S店进行常规保养，接待他的4S店店员一看到车辆就发现车身刮痕比较多，经询问，原来是车主平时用河水洗车较多导致车身刮痕，请问店员该如何指导该车主进行日常维护呢？

获取信息

❓ 引导问题1

请查阅相关资料，简述汽车进行经常性维护的意义。

_____
_____
_____

> **引导问题 2**
>
> 请查阅相关资料，简述汽车维护保养定义。
>
> _____
> _____
> _____

汽车检查保养的必要性

汽车维护保养是根据各种车型的设计要求、车辆不同的使用情况，以及各种零件的磨损规律，把磨损程度相近的项目集中起来，在其正常磨损期内进行清洁、检查、润滑、紧固、调整和校验等一系列的汽车检查维护工作。

在现实生活中，由于驾驶人员对汽车的维护意识淡薄，易因冷却液浓度下降使其防冻和冷却效果下降，可能会导致散热器的水道产生水垢后堵塞，进而使整个冷却系统的冷却效能下降，令电机和控制器内的 IGBT 模块温度居高不下，最终导致电机高温退磁。同样，在充放电过程中切忌过度充电、过度放电和充电不足，这些都会缩短动力电池寿命。因此，应根据保养里程进行检查、保养，保证电池的工作状态正常，以防止意外事故的发生。总而言之，对汽车进行经常性维护是非常有必要的，具有以下意义。

1）减缓汽车零部件的磨损速度，预防故障发生。

2）延缓汽车技术状况变坏的速度，降低因汽车故障造成的汽车停歇概率，从而提高汽车运输的产量和经济收入，同时减少因出现故障而需支付的大量汽车修理费用。

3）延长"三电"和汽车的大修里程，实现了"三电"和汽车的全寿命无大修，提高汽车投资效益。

4）提高汽车行驶的安全性，可以减少或避免交通事故，以及降低事故造成的人员伤亡和财产损失的风险，使得汽车运行保持良性循环。

> **引导问题 3**
>
> 请查阅相关资料，简述新能源汽车车主检查冷却液时需要注意的事项。
>
> _____
> _____
> _____

> **引导问题 4**
>
> 请查阅相关资料，简述新能源汽车车主检查风窗玻璃刮水器时需要注意的事项。
>
> _____
> _____
> _____

车主自行检查保养项目介绍

以全新比亚迪秦 EV 为例，车主自行检查保养时需严格按照用户手册完成一些比较简单的保养项目，许多其他保养项目必须由合格的技术人员使用专用工具完成。在自行保养车辆时，车主须特别小心，注意避免直接接触车辆部分带有高压或高压电流的电路和零部件，避免腐蚀性液体如冷却液和制动液溅入眼睛，避免刮水器刮伤身体部位等事项。根据汽车使用情况或规定里程，检查保养项目如下。

1）冷却液液位检查——应在每次充电时检查散热器冷却液液位。液位应在冷却液储液罐的"MAX"（最高刻度线液位）和"MIN"（最低刻度线液位）标记线之间，若冷却液不足，需前往比亚迪汽车授权服务店处添加，应始终使用与原厂相同规格的冷却液，不同品牌和型号的冷却液不能混合使用。

2）风窗玻璃洗涤液检查——应每月检查一次储液罐中洗涤液的存量，因天气不好而频繁使用洗涤液时，应在每次充电时检查洗涤液存量。添加优质的风窗玻璃洗涤液，可以提高除污能力，并能防止洗涤液在寒冷天气中冻结，切勿向风窗玻璃洗涤器储液罐内注入醋水溶剂。

3）风窗玻璃刮水器——每月检查一次刮水器状况，定期更换刮水器刮片，建议半年更换一次。如果刮水器不能刮净风窗玻璃，应检查其是否有磨损、龟裂或其他损伤。注意：请勿用刮片去刮除风窗玻璃表面上结的冰，应该使用专用的刮冰器。请勿在脏污、有油污或有蜡的风窗玻璃表面刮刷。请保持玻璃表面干净，请勿刮刷玻璃表面的灰尘、砂粒、昆虫和异物等。洗车后应该用纯净水漂洗刮片，请勿直接用水枪冲洗刮片，防止水压过大损坏刮片。刮片胶条材质为合成橡胶，属于易损件，各种车辆的使用环境和驾驶员使用习惯均可能会对刮片造成损坏，所以为了保证刮片的使用寿命和汽车行驶安全，应定期检查和保养刮片。

4）制动液液位——每月检查一次液位。液位在储液罐的"MAX"（最高刻度线液位）和"MIN"（最低刻度线液位）标记线之间，则符合要求。如果液位处于或者低于下限 MIN 标记，则需要检查制动系统是否有渗漏以及制动摩擦片是否磨损。制动液应依照定期保养表中规定的行驶时间与里程数进行更换。若制动液不足，需前往比亚迪汽车授权服务店处添加，务必使用与原厂相同规格的制动液，不同型号的制动液不能混合使用。

5）车灯——每月检查一次前照灯、示宽灯、尾灯、高位制动灯、转向信号灯、雾灯、制动灯及牌照灯的状况。若前照灯内侧、外后视镜中的转向信号灯内侧出现雾气，可能是因为空气湿度很高或者车辆与四周环境之间的温度差较大，驾驶时开启前照灯或转向灯，灯内的水雾在行驶一小段时间后应消失。若灯具内部有明显积水，建议将车辆开往比亚迪汽车授权服务店进行检修。

6）空调系统——每周都应检查空调装置的运转情况。定期检查散热器以及空调冷凝器，清除积塞在其前表面的树叶、昆虫及尘土。这些堆积物会阻碍气流，从而降低制冷效果，建议联系比亚迪汽车授权服务店处理。在天气寒冷的月份，应至少每周开动一次空调，每次至少 10min，这是为了让制冷剂内所含的冷冻润滑油循环。如果空调系统的制冷效果不如以前，建议到比亚迪汽车授权服务店检修。无论何时检修空调系统，都应要求检修站保证使用制冷剂再循环设备。该设备可回收制冷剂进行再利用，将制冷剂释放于大气中会污染环境。

7）车窗——检查玻璃升降是否顺畅、有无异响；检查玻璃是否破损、是否有明显污迹；检查车窗的密封胶条是否有弹性或老化。

8）天窗——检查维护天窗时，首先按动天窗按钮打开天窗，观察天窗是否能够正常开启；接着，检查天窗密封胶条是否老化、是否有弹性，滑轨是否有杂物，如胶条老化则需要进行更换，如有杂物需要进行清理；最后，要进行天窗排水孔检查，检查方法是通过往天窗排水孔倒水，看排水是否畅通，如果排水不畅通，则可能是排水管出现了堵塞，需要对排水管进行疏通或是更换。

9）制动踏板——检查制动踏板是否操作自如。

10）电子驻车开关——检查开关功能是否完好。

11）蓄电池——每月检查一次电池的状况以及端子的腐蚀状况。

12）轮胎——每月检查一次轮胎胎压。检查胎面的磨耗状况及是否嵌有异物。

13）风窗玻璃除霜装置——每月都应在使用暖风装置和空调时，检查除霜装置出风口。

14）车门——检查行李舱盖及其他所有的车门（包括后排车门）是否开关自如、上锁牢固。

15）喇叭——检查喇叭是否正常。

此外，如果需要长期（一个月以上）停放车辆，应做好适当准备，这样有助于防止车况恶化，并易于重新使用车辆：按时充电；彻底清洗、干燥车身外表；清扫车辆内部，确保地毯、地席等完全干燥；释放驻车制动，将变速杆设置在驻车档；略微打开一扇车窗（如果是室内存放）；断开蓄电池负极；将前刮水器臂用折叠的毛巾或布片垫起，使其不与风窗玻璃接触；为减少粘黏，应在所有车门密封处喷上硅酮润滑剂，并且在与车门密封条相接触的油漆表面涂上车身蜡。使用由棉布之类的"多孔材料"制成的透气覆盖物覆盖车身。如有可能，应定期起动车辆（最好每月一次）。如果车辆停放了一年或更长的时间，建议到比亚迪汽车授权服务店做一次全车保养。

拓展阅读

比亚迪精诚服务品牌建立于2006年，秉承了比亚迪汽车所有售后人"精于勤，诚于心"的服务理念。唐代名医孙思邈在《大医精诚》一文中论述了有关医德的两个问题：第一是精，即要求医者要有精湛的医术，习医之人必须"博极医源，精勤不倦"；第二是诚，即要求医者要有高尚的品德修养，有"见彼苦恼，若已有之"感同身受的真诚之心。比亚迪汽车售后人把孙思邈"大医精诚"的理念引入汽车售后行业，将比亚迪精诚服务品牌定位为"专业、真诚"。比亚迪精诚服务坚信精湛的服务技术源于专业和勤奋，真诚的服务态度来自责任与用心。一直以来比亚迪始终致力于为比亚迪汽车用户及其爱车提供高水准的售后服务。

精诚服务　超长质保周期

目前在售的比亚迪新能源车均享有 6 年或 15 万 km 的超长质保周期,核心零部件保修期 8 年或 15 万 km,动力电池电芯终身保修。即便是已经停售了的燃油车也享受 4 年或 10 万 km 质保,相比同级别车型有着更长的质保周期。比亚迪厂商敢于给出如此承诺,也是对于自己的产品质量有自信、有担当。

售后服务　贴心负责

比亚迪目前在全国范围内有着超过 600 个售后服务网点,全年 365 天、全天 24 小时,用户随时随地都能享受到比亚迪官方提供的最快捷、最专业的救援服务。专业严谨,从未懈怠,这就是比亚迪为用户提供的精诚服务。对于售后维修保养,比亚迪坚持用一以贯之的负责态度和贴心服务,为客户提供全方位、高品质、无担忧的维修保养服务。售后服务质量有保证,在比亚迪汽车公司规定的使用条件和期限内,如发生因设计、制造、装配及材料等原因造成的各类故障及性能不满足要求的问题,比亚迪汽车销售公司将无偿提供技术服务,使顾客车辆恢复功能,达到性能要求,确保顾客正常使用。

纯正备件　品质保障

比亚迪针对车辆售后维修和保养时所使用的零配件均遵循与原车零部件同源生产、采用相同的检验标准的原则,这样才能最大程度上确保用户在使用车辆时的行驶安全和保障整车性能品质。选择官方授权的指定维修点可以为用户省时省心,让维修保养时所用的零配件、装配工序得到保障。

官方指导　车辆保养

在比亚迪官网以及小程序上,都会定期更新关于爱车养护知识的图文以及视频,从车型上的亮点功能如何使用,到车辆保养知识都应有尽有。比如比亚迪许多车型都搭载了手机 NFC 解锁车辆的功能,关于这个功能如何正确使用和注意事项等,都会由官方给出详细的解说。作为车企官方,产品属性当然还是他们才最了解,因此通过网络把这些功能的使用方式传递给用户,让用户日常用车时也能体验到高科技的便利。除此之外,关于新能源车的养护和使用也有许多方面是需要用户注意的,比如充电桩安装与使用、冬季用车注意事项等,在爱车养护知识区里为用户提供了专业全面的养护知识和服务。不仅有关于车辆产品自身的一些使用技巧,还有一些非常实用的"干货"知识,像后视镜角度的正确调节、低能耗驾驶车辆的技巧等。这些官方指导知识对于车主来说都是非常实用的,能够帮助车主养护好自己的爱车。

任务分组

学生任务分配表见表 2-1-1。

表 2-1-1　学生任务分配表

班级		组号		指导老师	
组长		学号			
组员角色分配					
信息员		学号			
操作员		学号			
记录员		学号			
安全员		学号			
任务分工					
（就组织讨论、工具准备、数据采集、数据记录、安全监督、成果展示等工作内容进行任务分工）					

工作计划

按照前面所了解的知识内容和小组内部讨论的结果，制定工作方案，落实各项工作负责人，如任务实施前的准备工作、实施中主要操作及协助支持工作、实施过程中相关要点及数据的记录工作等。

工作计划表见表 2-1-2。

表 2-1-2　工作计划表

步骤	工作内容	负责人
1		
2		
3		
4		
5		
6		
7		
8		

进行决策

1. 各组派代表阐述资料查询结果。
2. 各组就各自的查询结果进行交流，并分享技巧。
3. 教师对各组的计划方案进行点评。
4. 各组长对组内成员进行任务分工，教师确认分工是否合理。

任务实施

引导问题 5

查阅相关资料，简述检查与维修电动天窗系统过程中的注意事项是什么。

_____

_____

电动天窗系统的检查与维修（秦 EV）

根据所学的新能源汽车维护的相关知识与技能，检查与维修电动天窗系统，填写实训工单。

实训准备见表 2-1-3。

表 2-1-3　实训准备

实训准备			
序号	设备及工具名称	数量	设备及工具是否完好
1	数字式万用表	1 台	□是□否
2	绝缘防护套装	1 套	□是□否
3	绝缘工具套装	1 套	□是□否
4	常规工具套装	1 套	□是□否
5	比亚迪秦 EV 整车	1 辆	□是□否
质检意见	原因：		□是□否

行李舱盖检查表见表 2-1-4。

表 2-1-4　行李舱盖检查表

步骤	操作	记录	完成情况
1	检查行李舱盖与铰链之间的连接情况	正常□　松动□　损坏□　其他：	已完成□未完成□
2	检查行李舱内的照明灯	正常□　损坏□　其他：	已完成□未完成□
3	检查行李舱盖能否正常使用	能□　否□　其他：	已完成□未完成□
4	行李舱若不能正常开启，其原因是：		已完成□未完成□
5	实训现场整理		已完成□未完成□
总结提升			
质检意见	原因：		已完成□未完成□

充电口检查表见表 2-1-5。

表 2-1-5　充电口检查表

步骤	操作	记录	完成情况
1	检查交流充电口盖	正常□　松动□　其他：	已完成□未完成□
2	检查交流充电口充电枪能否正常插入	能□　否□	已完成□未完成□
3	检查直流充电口盖	正常□　松动□　其他：	已完成□未完成□
4	检查直流充电口充电枪能否正常插入	能□　否□	已完成□未完成□
5	实训现场整理		已完成□未完成□
总结提升			
质检意见	原因：		已完成□未完成□

车门检查表见表 2-1-6。

表 2-1-6　车门检查表

步骤	操作	记录	完成情况
1	检查车门铰链的连接处	正常□　松动□　其他：	已完成□未完成□
2	检查车门的限位状况	正常□　异常□ （具体为：　　　）	已完成□未完成□
3	检查车门指示灯状态	正常□　异常□ （具体为：　　　）	已完成□未完成□
4	检查车门下坠状况	正常□　下坠□ （下坠程度：　　）	已完成□未完成□
5	实训现场整理		已完成□未完成□
总结提升			
质检意见	原因：		已完成□未完成□

车身漆面检查表见表 2-1-7。

表 2-1-7　车身漆面检查表

步骤	操作	记录	完成情况
1	漆面氧化	无□　有□（位置：　　　）	已完成□未完成□
2	交通膜	无□　有□（位置：　　　）	已完成□未完成□
3	龟裂	无□　有□（位置：　　　）	已完成□未完成□
4	水痕纹	无□　有□（位置：　　　）	已完成□未完成□
5	褪色	无□　有□（位置：　　　）	已完成□未完成□
6	蚀痕	无□　有□（位置：　　　）	已完成□未完成□
7	划痕	无□　有□（位置：　　　）	已完成□未完成□

（续）

步骤	操作	记录	完成情况
8	频繁的洗车或漆面美容导致车身漆面受损	无□ 有□（位置：　　　）	已完成□ 未完成□
9		实训现场整理	已完成□ 未完成□
总结提升			
质检意见	原因：		已完成□ 未完成□

车窗、天窗的检查表见表2-1-8。

表2-1-8 车窗、天窗的检查表

步骤	操作和记录	完成情况
1	观察车窗玻璃有无破损、玻璃是否有刮花等明显问题，并进行相关记录	已完成□ 未完成□
2	对左前、左后、右前、右后的车窗进行升到顶、降到底的操作，观察其是否能够正常顺畅升降、升降过程中有无异响，如有问题，进行相关记录	已完成□ 未完成□
3	打开车窗，检查左前、左后、右前、右后的车窗密封胶条是否老化、破损，关闭车窗，查看车窗的密封性是否良好，如有问题，进行相关记录。检查车窗的密封条状态，根据车型和实际使用状况决定是否需要对密封胶条涂抹润滑剂	已完成□ 未完成□
4	观察天窗是否有明显损坏，启动天窗，查看天窗开启过程是否顺畅、有无异响，滑轨是否通畅，并进行检查结果的记录	已完成□ 未完成□
5	检查天窗密封胶条是否老化、破损，关闭天窗，查看天窗密封性是否良好，如有问题，进行相关记录。检查天窗的密封条状态，根据车型和实际使用状况决定是否需要在密封胶条上涂抹润滑剂（一般2~3个月涂抹一次）	已完成□ 未完成□
6	检查天窗的排水口是否堵塞，通过往天窗排水孔倒水，检查排水是否畅通，如果排水畅通，可以看到排水孔正常出水。如果排水不畅通，则可能是排水管出现了堵塞，需要进行排水管的疏通或是更换，检查的结果需要进行记录	已完成□ 未完成□
7	检查天窗电动机，断开天窗电动机控制P05插接器	已完成□ 未完成□
8	测量线束端插接器各端子间的电压或电阻（测量条件及结果对照天窗电动机控制正常值表格）	已完成□ 未完成□
9	检查左前车窗开关，首先断开车窗开关T05插接器	已完成□ 未完成□
10	测量线束端插接器各端子间的电压或电阻。测量条件及结果对照左前车窗控制正常值表格	已完成□ 未完成□
11	实训现场整理	已完成□ 未完成□
总结提升		
质检意见	原因：	已完成□ 未完成□

📝 评价反馈

1. 各组代表展示汇报 PPT，介绍任务的完成过程。
2. 请以小组为单位，对各组的操作过程与操作结果进行自评和互评，并将结果填入表 2-1-9 中的小组评价部分。
3. 教师对学生工作过程与工作结果进行评价，并将评价结果填入表 2-1-9 中的教师评价部分。

表 2-1-9　综合评价表

班级		组别		姓名		学号	
实训任务							
评价项目		评价标准				分值	得分
小组评价	计划决策	制定的工作方案合理可行，小组成员分工明确				10	
	任务实施	能够正确检查并设置实训工位				5	
		能够准备和规范使用工具设备				5	
		能够正确确定电动天窗系统的故障点				20	
		能够正确排除电动天窗系统的故障				20	
		能够规范填写任务工单				10	
	任务达成	能按照工作方案操作，按计划完成工作任务				10	
	工作态度	认真严谨、积极主动，安全生产，文明施工				10	
	团队合作	小组成员积极配合、主动交流、协调工作				5	
	7S 管理	完成竣工检验、现场恢复				5	
		小计				100	
教师评价	实训纪律	不出现无故迟到、早退、旷课现象，不违反课堂纪律				10	
	方案实施	严格按照工作方案完成任务实施				20	
	团队协作	任务实施过程互相配合，协作度高				20	
	工作质量	能准确规范完成实训任务				20	
	工作规范	操作规范，三不落地，无意外事故发生				10	
	汇报展示	能准确表达、总结到位、改进措施可行				20	
		小计				100	
综合评分		小组评价分 ×50% + 教师评价分 ×50%					
总结与反思							

（如：学习过程中遇到什么问题→如何解决的/解决不了的原因→心得体会）

任务二　完成新能源汽车店内日常维护项目

学习目标

- 了解新能源汽车"严酷使用条件"的定义。
- 掌握新能源汽车的日常维护项目。
- 具备检查和更换冷却液的能力。
- 具备检查和更换电动冷却液泵的能力。
- 了解与新能源汽车相关的职业认证,对自己的职业生涯进行初步规划。

知识索引

完成新能源汽车店内日常维护项目
- 新能源汽车"严酷使用条件"定义
- 新能源汽车的日常维护项目

情境导入

小李是一名比亚迪秦 EV 汽车网约车驾驶员,由于长期出行,行驶时间过长,电机出现过热现象,仪表显示单体电池温度过高的警告,小李将车送至指定售后点,经维修人员检查后,发现冷却液循环效果不佳、电动冷却液泵动力不足等情况,经维修方案讨论,车主决定更换冷却液和冷却液泵。如果你是维修人员,你能完成相关操作吗?

获取信息

引导问题 1

请查阅相关资料,简述新能源汽车"严酷使用条件"定义。

_____
_____
_____

> **? 引导问题 2**
>
> 请查阅相关资料，简述秦 EV 用户手册说明中是如何定义新能源汽车"严酷使用条件"的。
>
> _____
>
> _____
>
> _____

新能源汽车"严酷使用条件"定义

为了满足用户对新能源汽车高质量的使用要求，汽车制造商需要对车辆进行全面测试和验证，确保其能够在各种极端条件下正常运行。这包括对电池、电机、电控系统等关键部件进行耐久性测试，以确保汽车在长时间使用后仍能正常工作。

一般新能源汽车"严酷使用条件"是指在极端的天气条件下，如高温、低温、高海拔等环境中，能够正常运行并保持良好的性能。同时，严酷的使用条件还包括路况不良、高强度使用、长时间连续工作等情况。

不同车型，对"严酷使用条件"设定的程度和范围有所差异。参考全新秦 EV 用户手册说明，新能源汽车"严酷使用条件"是指：

- 经常在多尘的地区行驶或经常暴露在含盐分的空气中。
- 经常在颠簸的路面、有积水的路面或山路上行驶。
- 在寒冷地区行驶。
- 频繁地使用制动器、经常紧急制动。
- 经常作为牵引拖车使用。
- 作为出租汽车使用。
- 在 32℃ 以上的温度下，在交通拥挤的市区行驶，行驶时间超过总行驶时间的 50%。
- 在 30℃ 以上的温度下，以 120km/h 以上的车速行驶，行驶时间超过总行驶时间的 50%。
- 经常超载行驶。

> **? 引导问题 3**
>
> 请查阅相关资料，简述新能源汽车日常维护的重点。
>
> _____
>
> _____
>
> _____

新能源汽车的日常维护项目

与传统汽车比较，新能源汽车是用动力电池驱动的，日常维护中省略机油、传动带常规保养，重点对电池、电机等进行养护，相对而言新能源汽车的维护保养更简单。表 2-2-1 是秦 EV 日常维护项目，注意：新能源汽车日常维护项目需要专业人士操作，以免不正当操作损坏汽车部件或发生触电危险。

表 2-2-1　秦 EV 汽车日常维护项目与操作步骤

维护项目	操作步骤
车辆外观检查	检查全车漆面、前后风窗、左右车窗、前后灯表面是否完好
安装缝隙检查	检查车顶装饰条是否粘贴良好，车门、舱盖、灯具各处安装缝隙是否均匀，有无明显的过渡阶差
内饰检查	确保门内侧、门框、转向盘、仪表台、变速杆、中央扶手箱、座椅、地毯、车顶内饰等安装可靠，无划伤，无脏污，车内无杂物、无缺件、无漏装
诊断仪测试检查	连接诊断仪，读取车辆故障码，清除故障码，再起动车辆，重新读取是否有故障码出现 查看系统版本号，确认是否需要更新或升级
动力电池检查	1）检查动力电池托盘有无裂纹、碰撞、挤压 2）拔出动力电池低压插头，查看针脚有无松动，有无烧蚀 3）佩戴高压绝缘手套，拔下动力电池高压插头，查看高压插头有无烧蚀 4）使用绝缘测试仪测试高压输入、输出口对车身的绝缘性，测量值应在 100MΩ 以上
前驱总成检查	检查驱动电机及其控制器各固定点，检查螺栓是否松动，线束和接插件是否存在松动、老化、破损、腐蚀等现象
冷却液更换	参照对应的维修手册，对冷却系统进行冷却液的检查与更换
电动冷却液泵检查和更换	参照维修手册，对冷却系统进行电动冷却液泵的检查与更换
制动液更换	参照对应的维修手册，对制动系统进行制动系统排气
更换变速器油（壳牌齿轮油 S3-ATF-MD3）	参照维修手册中关于前驱动力系统总成的拆卸与维修、变速器的拆卸与维修的内容，更换变速器油
检查 EPS 搭铁处是否有异物或者被烧蚀	R-EPS：车辆升起，拆下电机下护板，检查 REPS 搭铁是否牢固或被烧蚀 C-EPS：拆下左 A 柱内饰护板，检查 CEPS 搭铁是否牢固
检查 EPS 接插件是否松动，接插件引脚是否被烧蚀	R-EPS：车辆升起，拆下发动机下护板，重新插拔接插件，检查接插件是否松动，引脚是否被烧蚀 C-EPS：拆下转向管柱罩，重新插拔接插件，检查接插件是否松动，引脚是否被烧蚀
检查 EPS ECU 外观是否被腐蚀（C-EPS）	R-EPS：车辆升起，拆下发动机下护板，检查 REPS ECU 外观是否被腐蚀 C-EPS：拆下转向管柱罩，检查 CEPS ECU 外观是否被腐蚀

（续）

维护项目	操作步骤
检查 EPS ECU 和电机连接处是否有异物或者被腐蚀	R-EPS：车辆升起，拆下发动机下护板，检查 REPS ECU 与电机连接处是否有异物或被腐蚀 C-EPS：拆下转向管柱罩，检查 CEPS ECU 与电机连接处是否有异物或被腐蚀
安全气囊模块及 ECU、传感器	1）检查仪表气囊故障指示灯，上电后故障指示灯亮 3s 后应熄灭，如果故障指示灯常亮，需要检修安全气囊系统 2）拆下组合开关罩，检查螺旋电缆输入小线接插件是否固定好，如未固定，需要固定好 3）拆下杂物箱，检查前排乘员安全气囊接插件是否固定好，如未固定，需要固定好 4）检查座椅下方座椅侧安全气囊（装有时）接插件是否固定好，如未固定，需要固定好 5）检查安全气囊附近是否放置物品，如果有，需要取下 6）检查座椅是否装有座椅套（装有座椅侧气囊时），如果有，需要取下
高压线束的检查	1）检查高压电缆的铺设是否遵循横平竖直原则，有无 S 形走线、生拉硬拽、缠绕绞扭等现象 2）检查高压电缆的铺设是否与车辆低压线束（包括信号线束）交叉并行，如并行应检查与低压线束及信号线束间隔是否大于 150mm；检查在一些信号线上（如 CAN 通信线）使用的磁环是否完好 3）检查高压电缆是否沿车架铺设，如有悬空处，检查固定线缆两端的固定抱箍是否可靠，线缆是否呈半弧形固定 4）检查高压电缆的固定抱箍是否可靠，过孔处的防护是否完好 5）检查高压电缆进入各设备接线盒处是否呈半弧形接入，进入设备接线盒的固定点是否可靠 6）为防止雨水进入设备接线盒，应确保高压电缆进入设备接线盒的位置固定在低于进入口处。如无法避免高于接线盒，进入口应在固定完电缆后打胶密封。注意：胶应涂抹在进入口处的外部 7）检查高压电缆的外部防护层是否有破损或扭绞，如果出现破损或扭绞，必须重新做好防护和捋顺扭绞，如外部防护破损严重，则必须更换该电缆
动力电池标定	使用诊断仪特殊功能，根据电池出厂参数标定 SOC
充电口检查	1）车辆熄火（退电至 OFF 档），整车解锁，打开充电口舱盖及充电口盖 2）目视检查充电口塑料绝缘壳体外观有无热熔变形，严重的热熔变形将影响正常使用，需要更换处理 3）目视检查充电口内部以及端子内部有无异物，有异物的需要使用高压气枪排出异物，无法排出且影响正常使用的需更换处理 4）目视检查充电口端子簧片及底部是否变黑，变黑的需要更换处理 5）目视检查充电口端子簧片及底部是否变黄，如变黄请打开后背门，打开左后侧围检修口排查充电口尾部电缆是否烧黑及变形（需使用辅助照明仔细观察），如变黄且伴随尾部电缆外层变黑则需更换处理 6）目视检查端子簧片是否断裂，断裂的需要更换处理 7）超过质保期的充电口需自费更换（不更换的需告知客户使用安全隐患以及连带充电枪损失）
检查高效滤清器（装有时）	拆掉前排乘员的杂物箱，将空调箱体滤网的护板拆下，将滤网抽出，检查滤网上是否有树叶、石头等杂物，是否有较多灰尘，如有，则需要更换滤网
检查 PM2.5 测试仪滤网（装有时）	拆掉 PM2.5 测试仪的吸气接头，将滤网取出，检查滤网上是否有较多灰尘，如有，则需要更换高效滤网

（续）

维护项目	操作步骤
检查静电过滤器（装有时）	拆掉前排乘员的杂物箱，将空调箱体滤网的护板拆下，将静电过滤器滤网抽出，检查滤网上是否有较多灰尘，气孔是否有脏堵，如有，则需要更换滤网
检查普通滤网（空调）	拆掉前排乘员的杂物箱，将空调箱体滤网的护板拆下，将空调滤网抽出，检查滤网上是否有树叶、石头等杂物，是否有较多灰尘，如有，则需要更换滤网
更换空调滤网	拆掉前排乘员的杂物箱，将空调箱体滤网的护板拆下，将滤网抽出，检查滤网上是否有较多灰尘，如有，则需要更换高效滤网
检查灯具灯泡、LED 是否点亮正常	依此打开每个灯具开关，检查每个灯具是否全部点亮，有无灯泡或 LED 不亮
检查前照灯调光功能是否正常	1）打开近光灯，车辆停在平地对着墙或其他屏幕，保证可以看到近光明暗截止线的光型 2）调节前照灯高度调节开关档位至 0 档，近光光线高度调至最高 3）调节前照灯高度调节开关档位至最高档，近光光线高度调至最低 4）调节前照灯高度调节开关档位至 0 档，近光光线高度调至最高；调节过程中观察光线移动有无卡滞或停顿

拓展阅读

根据《新能源汽车产业发展规划（2021—2035）》，2025 年中国新能源汽车销量占比 20%，假设 2025 年汽车年销量 2500 万辆，可以大致推断 2025 年新能源汽车保有量将达到 2000 万辆（年均复合增长率 25%）。仅新能源汽车保险维修市场规模将接近 3000 亿元。据教育部预测，到 2025 年，国内新能源汽车专业人才缺口将达数百万人。新能源汽车"风口"强劲，但相应的配套服务、经销商、售后维保体系还处于布局加速阶段，对于站在车企背后的汽车后市场企业来说，这无疑是发展的新方向、新机遇。

为了实现我国汽车后市场"新能源化"转型，解决专业人才短缺和新能源维修专业技术问题，国家相关部门与行业权威机构企业相继推出一些培训措施。

国家应急管理部培训中心应急培函〔2020〕29 号通知文件部署，举办新能源汽车从业人员安全培训班，《新能源汽车从业人员安全培训合格证书》是新能源汽车行业唯一一本由国家应急管理部门颁发的新能源汽车操作安全证书。

中国汽车工业协会、宁德时代等行业权威机构开展了《新能源（纯电动）汽车检测维修技师》《动力电池检测与维修》等专业技能培训，这是我国目前新能源汽车行业技术最权威、行业认可度最高的新能源汽车检测维修技能证书。此类培训为新能源主机厂、保险公司、检测维修企业、二手车企业、职业院校等输送了大量专业的新能源汽车检测维修技师。

目前很多就业单位也比较认可新能源汽车维修主要的三个证件：汽车维修工、电工（高压）和电工（低压）操作证。

总的来看，无论是专门的新能源从业证书，还是汽车检修或电工证，从事新能源行业均须严格遵守持证上岗的制度要求，确保"无资质不上岗"，这既是对维修质量负责，更是对维修操作人员自身的生命安全负责。

目前中共中央、国务院印发了《关于推动现代职业教育高质量发展的意见》，该文件为职业教育指明了未来的发展方向，鼓励社会企业积极参与，共同助力职业教育发展。新能源汽车领域的"后备军"发展至关重要，除了持续在三电技术、智能网联领域加大技术创新，努力用高品质的产品满足广大用户绿色出行需求，社会企业和权威机构等应主动履行社会责任，输出更多新知识，为新能源汽车行业培养更多复合型技术、技能人才。

任务分组

学生任务分配表见表 2-2-2。

表 2-2-2 学生任务分配表

班级		组号		指导老师	
组长		学号			
组员角色分配					
信息员		学号			
操作员		学号			
记录员		学号			
安全员		学号			
任务分工					

（就组织讨论、工具准备、数据采集、数据记录、安全监督、成果展示等工作内容进行任务分工）

工作计划

按照前面所了解的知识内容和小组内部讨论的结果，制定工作方案，落实各项工作负责人，如任务实施前的准备工作、实施中主要操作及协助支持工作、实施过程中相关要点及数据的记录工作等。

工作计划表见表 2-2-3。

表 2-2-3　工作计划表

步骤	工作内容	负责人
1		
2		
3		
4		
5		
6		
7		
8		

进行决策

1. 各组派代表阐述资料查询结果。
2. 各组就各自的查询结果进行交流，并分享技巧。
3. 教师对各组的计划方案进行点评。
4. 各组长对组内成员进行任务分工，教师确认分工是否合理。

任务实施

引导问题 4

查阅相关资料，简述检修新能源汽车冷却水泵的步骤要点是什么。
_____

冷却水泵检修（秦EV）

根据新能源汽车日常维护的内容，在比亚迪秦 EV 实车上完成冷却水泵的检修过程。实训准备见表 2-2-4。

表 2-2-4　实训准备

实训准备			
序号	设备及工具名称	数量	设备及工具是否完好
1	诊断仪	1 台	□是 □否
2	绝缘防护套装	1 套	□是 □否
3	绝缘工具套装	1 套	□是 □否
4	常规工具套装	1 套	□是 □否
5	比亚迪秦 EV 整车	1 辆	□是 □否

（续）

序号	设备及工具名称	数量	设备及工具是否完好
6	冷却液	2~3 瓶	□是□否
7	举升机	1 台	□是□否
质检意见	原因：		□是□否

比亚迪秦 EV 冷却液检查和更换见表 2-2-5。

表 2-2-5　比亚迪秦 EV 冷却液检查和更换

步骤	操作	完成情况
1	进行车辆高压下电	已完成□ 未完成□
2	检查冷却液液位，液面高度应该保持在 MAX 和 MIN 标记线之间，如图所示。如果冷却液液面高度不在规定范围内，应该添加冷却液。注意：缓慢旋开加注口盖，散热时切勿打开口盖，以免烫伤 	已完成□ 未完成□
3	拧开加注口盖，查看冷却液颜色是否浑浊。如果颜色浑浊，则应更换	已完成□ 未完成□
4	检查冷却液冰点 1）取少量冷却液涂在冰点测试仪观测口上，如图所示 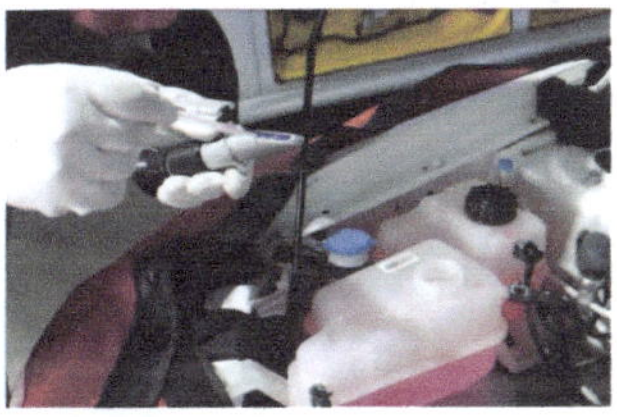 2）目视观察冰点测试仪，在观测口将显示冷却液冰点，如图所示  3）观测口有明显的蓝白分界线，上部为蓝色，下部为白色，分界线对应的刻度即为冰点测量结果（冷却液需选用冰点低于或等于 -40℃ 的冷却液） 注：冰点测试仪使用完毕后必须清洁干净，保存于干净的容器内	已完成□ 未完成□

（续）

步骤	操作	完成情况
5	检查冷却液水管是否泄漏，如图所示 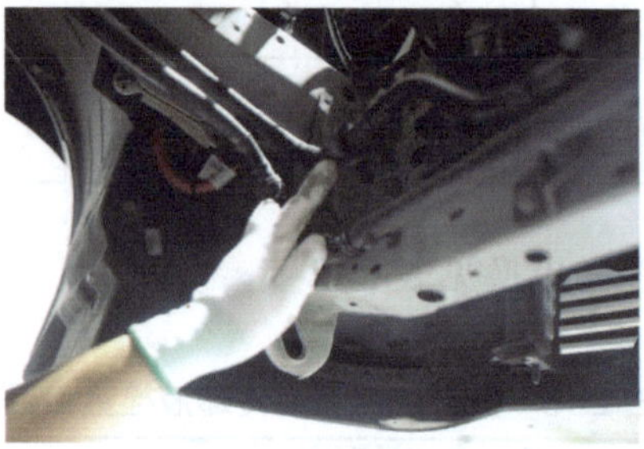	已完成□ 未完成□
6	冷却液更换程序	1）打开冷却液储液罐总成盖 2）使用工具拆开冷却液水管卡箍，将冷却液水管连接头拆开，排放冷却液，如图所示（注：必须使用专用容器回收电机冷却液，集中处理冷却液，等待报废和再生利用，不要将冷却液排入下水道，以保护环境）  3）检查内部密封圈（绿色部分）是否有破损，如图所示  4）插回水管接口，并用干净的布清洁水管表面的冷却液，如图所示 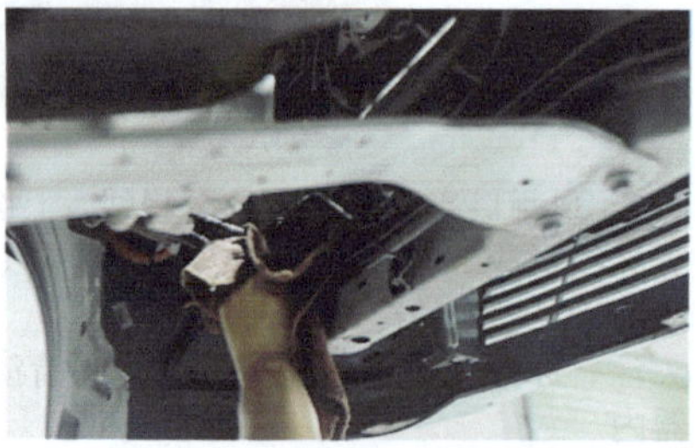	已完成□ 未完成□

(续)

步骤	操作	完成情况
6	冷却液更换程序	5）加注冷却液，如图所示（注：加注冷却液之后要检查管口连接处是否有泄漏） 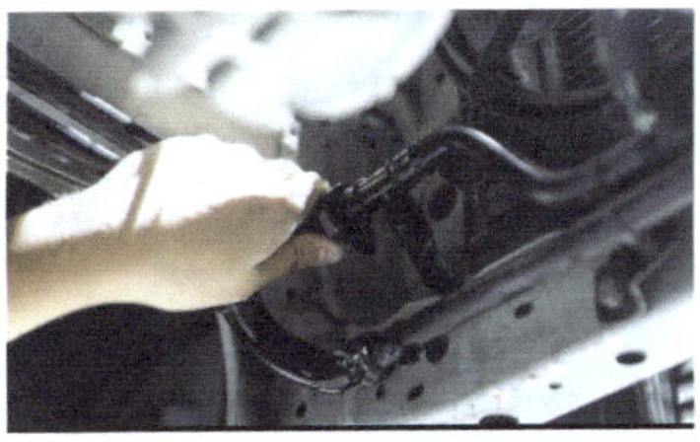	已完成□ 未完成□
7	实训现场整理	已完成□ 未完成□
总结提升		
质检意见	原因：	已完成□ 未完成□

比亚迪秦 EV 电动冷却液泵检查和更换见表 2-2-6。

表 2-2-6　比亚迪秦 EV 电动冷却液泵检查和更换

步骤	操作	完成情况
1	进行车辆高压下电	已完成□ 未完成□
2	检查电动冷却液泵外观、固定螺栓是否按规定力矩拧紧（力矩：9N·m），检查连接水管和线束是否正常	已完成□ 未完成□
3	检查电动冷却液泵内部后，如果需要更换电动冷却液泵，则按以下步骤操作	已完成□ 未完成□
4	拆下冷却液泵	1）拔下冷却液泵的低压插头连接线束，如图所示  2）使用鲤鱼钳拆电动冷却液泵的水管卡扣，如图所示 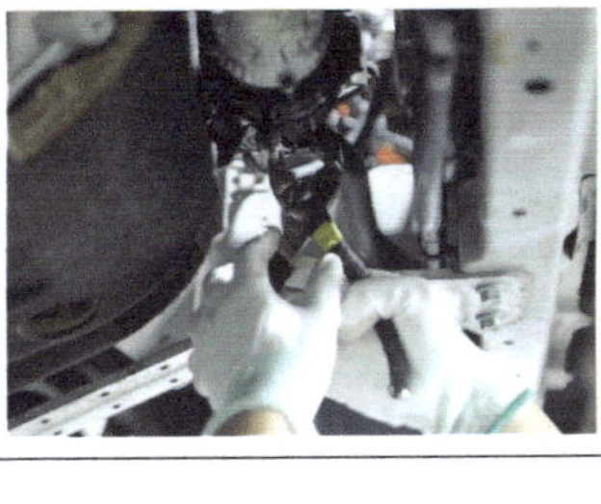	已完成□ 未完成□

（续）

步骤	操作	完成情况
4	拆下冷却液泵	已完成□ 未完成□
	3）脱开电动冷却液泵和水管的连接，如图所示	
	注意：管内有液体，应使用专用容器回收冷却液，如图所示	
	4）使用软毛巾塞住水管管口，防止异物进入，如图所示	
	5）拆卸电动冷却液泵的固定螺栓，如图所示	
5	取下电动冷却液泵，用数字式万用表检查冷却液泵电阻，如图所示 	已完成□ 未完成□

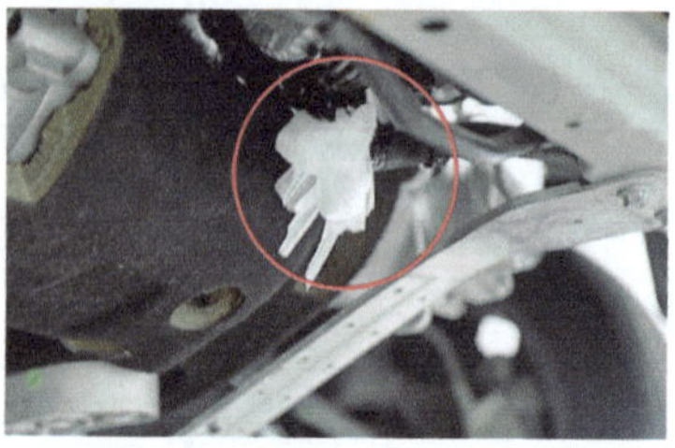

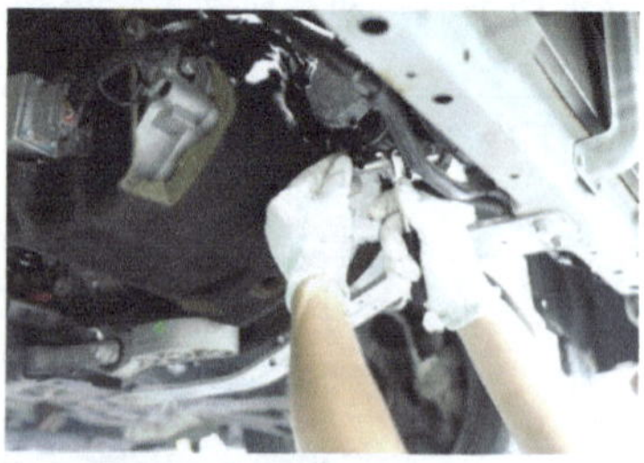

（续）

步骤		操作	完成情况
6	安装冷却液泵（与拆卸顺序相反）	1）放置电动冷却液泵，安装电动冷却液泵的固定螺栓（力矩：9N·m）。注意：确保冷却液泵处于整洁干净状态 2）连接电动冷却液泵水管，如图所示 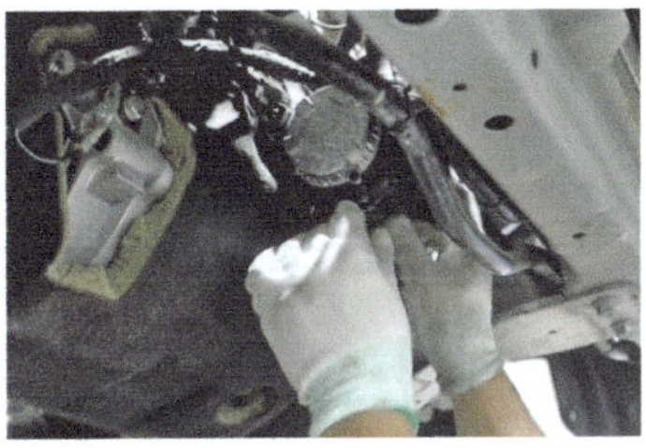 3）紧固电动冷却液泵水管的卡箍。注意：卡箍装配的位置应该与管路标示线对齐，如图所示 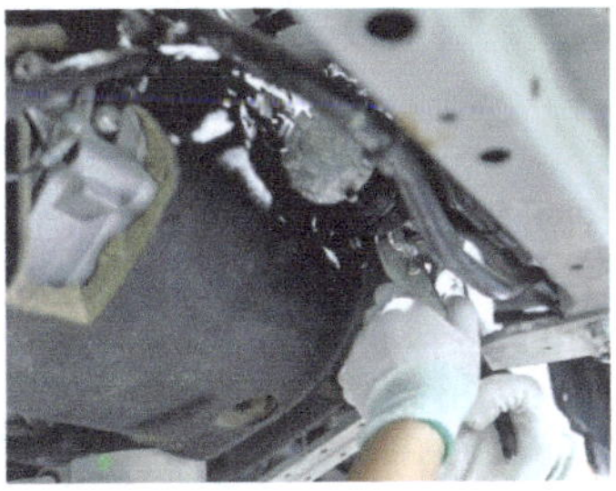 4）连接电动冷却液泵的低压线束	已完成□ 未完成□
7	加注冷却液	1）管路检查，确保冷却管路连接完整 2）加注冷却液，如图所示 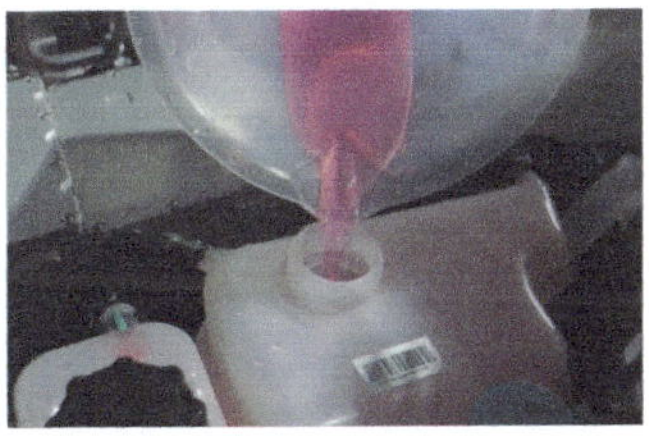 3）静态加注：将车辆起动至ON档且非充电状态，连接诊断仪，选择车型—诊断—整车控制系统（VCU）—动作测试—电机冷却液泵控制—电机冷却液泵使能信号—加注初始化—冷却液泵自学习—排气—完成加注，观察电机是否振动，若电机振动，则表明车辆处于加注初始化状态，如图所示 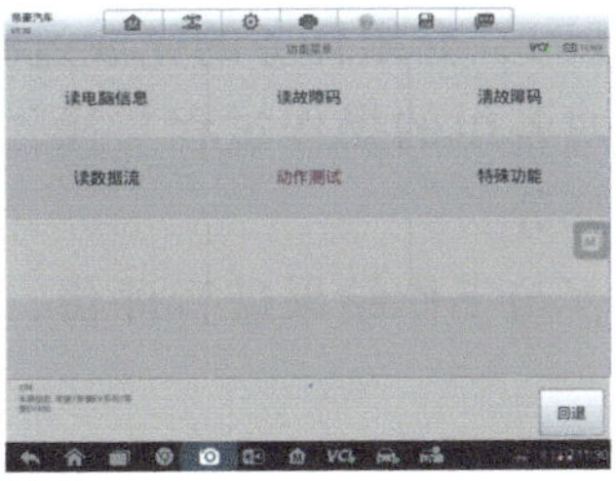	已完成□ 未完成□

（续）

步骤	操作		完成情况
7	加注冷却液	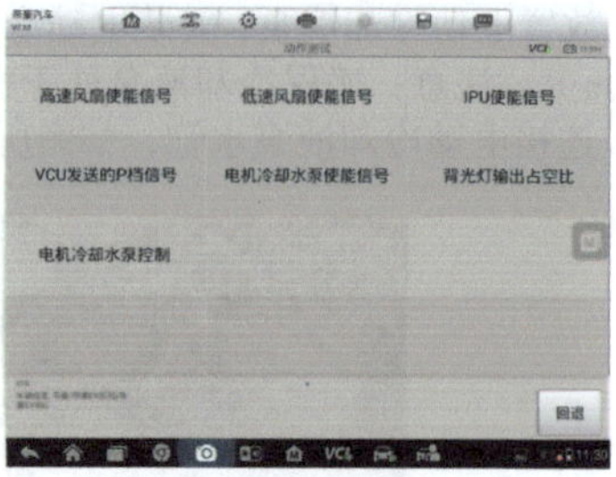 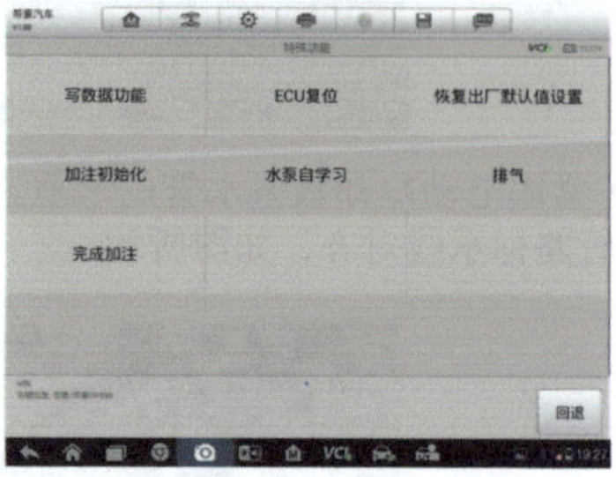 4）拧开储液罐盖，再次缓慢加注冷却液，直至储液罐内冷却液量达到 80% 左右，且液位不再下降，如图所示 注：电机冷却液需选用冰点低于或等于 -40℃ 的冷却液 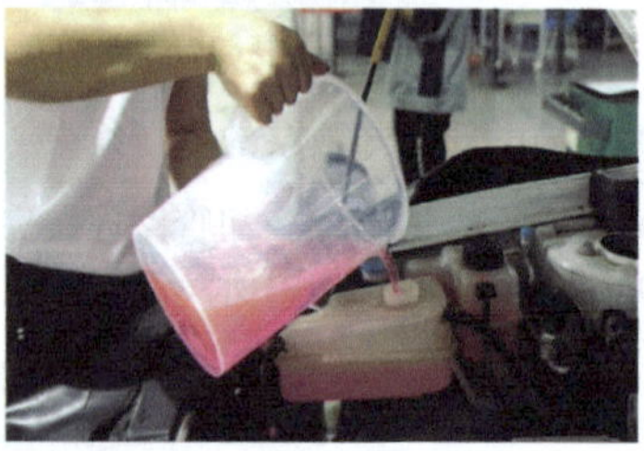	已完成□ 未完成□
8	实训现场整理		已完成□ 未完成□
总结提升			
质检意见	原因：		已完成□ 未完成□

评价反馈

1. 各组代表展示汇报 PPT，介绍任务的完成过程。

2. 请以小组为单位，对各组的操作过程与操作结果进行自评和互评，并将结果填入表 2-2-7 中的小组评价部分。

3. 教师对学生工作过程与工作结果进行评价，并将评价结果填入表 2-2-7 中的教师评价部分。

表 2-2-7 综合评价表

班级		组别		姓名		学号	
实训任务							
评价项目		评价标准				分值	得分
小组评价	计划决策	制定的工作方案合理可行,小组成员分工明确				10	
	任务实施	能够正确检查并设置实训工位				5	
		能够准备和规范使用工具设备				5	
		能够正确排放与加注比亚迪秦 EV 的冷却液				20	
		能够正确更换比亚迪秦 EV 的冷却水泵				20	
		能够规范填写任务工单				10	
	任务达成	能按照工作方案操作,按计划完成工作任务				10	
	工作态度	认真严谨、积极主动,安全生产,文明施工				10	
	团队合作	小组组员积极配合、主动交流、协调工作				5	
	7S 管理	完成竣工检验、现场恢复				5	
		小计				100	
教师评价	实训纪律	不出现无故迟到、早退、旷课现象,不违反课堂纪律				10	
	方案实施	严格按照工作方案完成任务实施				20	
	团队协作	任务实施过程互相配合,协作度高				20	
	工作质量	能准确规范完成实训任务				20	
	工作规范	操作规范,三不落地,无意外事故发生				10	
	汇报展示	能准确表达、总结到位、改进措施可行				20	
		小计				100	
综合评分		小组评价分 ×50% + 教师评价分 ×50%					
总结与反思							

(如:学习过程中遇到什么问题→如何解决的 / 解决不了的原因→心得体会)

任务三 了解新能源汽车的保养周期与内容

学习目标

- 了解新能源汽车定期保养的项目。
- 了解比亚迪秦 EV 私家车的维修保养项目与周期。
- 了解比亚迪秦 EV 运营车的维修保养项目与周期。
- 具备标定比亚迪秦 EV 整车控制器的能力。
- 具备完成比亚迪秦 EV 车型 EPB 标定操作的能力。
- 了解工匠精神的内涵,明确工匠精神对新能源汽车产业发展的重要性。

知识索引

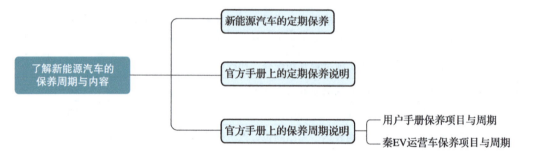

情境导入

你作为 4S 店的维修技师,准备按照店内维修主管的要求对一辆纯电动车秦 EV 执行常规保养,你能够完成主管交代的这个任务吗?

获取信息

引导问题 1

请查阅相关资料,简述新能源汽车定期保养的含义。

_____

_____

新能源汽车的定期保养

新能源汽车目前可分为纯电动汽车、混合动力汽车，不同品牌车型对于保养周期的要求是不一样的。一般新能源汽车定期保养是指根据厂商规定的保养周期一年或10000km（10000km以上）对新能源汽车制动、转向、传动、悬架、高压、车载充电机、驱动电机、电池、空调压缩机等系统进行的定期检查与测试，并定期更换冷却液、制动液，同时对电子控制单元如整车控制模块（VCU）、动力电池管理模块（BMS）等进行相应升级。通过定期检查和保养，可以及时发现和解决存在的隐患及故障，消除安全隐患，预防故障发生，延长零部件的使用周期。因此，定期保养对于保障汽车正常使用是非常重要的。

一般保养的间隔，参考各汽车厂商提供的用户手册，保养工作应符合相应车型的标准及规格，建议由汽车厂商所授权的服务店完成。

> **❓ 引导问题 2**
>
> 请查阅相关资料，简述车辆保养计划的含义。
> _____
> _____
> _____

官方手册上的定期保养说明

新能源汽车定期保养工作一般需要根据相应车型用户手册中拟定的车辆保养计划来完成，建议由指定的售后授权服务店工作人员操作。

保养计划是根据保养周期表中列出的检修项目以及行驶时间或距离制订的，不过前提是该车型在正常的交通、运载乘员及物品，正常载重范围的条件下使用。

以2020款比亚迪秦EV汽车的车辆保养计划为例，具体说明如下。

1）保养计划目的是保证行车稳定，减少故障发生，安全、经济驾驶。

2）计划保养的间隔，可参看周期表，按里程表的读数或时间间隔而定，以先到者为准。

3）对于已经超过最后期限的保养项目，也应在同样的时间间隔里进行保养。

4）橡胶软管（用于冷气和暖气系统、制动系统等）应按保养周期表，由专业技术人员进行检查。

5）针对特别重要的保养项目，每个项目的保养间隔，均记载在保养周期表中。其中软管只要有任何的劣化或损坏就应立刻更换。

6）保养周期表列出了保证汽车始终处于最佳运行状态所必需的全部保养项目。保养计划需要车辆按照正常保养周期表进行保养。

7）如果主要是在下述一种或一种以上的特殊条件下操作车辆，则某些保养计划项目需要更频繁地进行。

①路面状况：在崎岖、泥泞或融雪路面上行驶；在多尘路面上行驶。

②行驶状况：拖曳挂车，使用野营挂车或车顶托架；在8km以内，进行反复短距离的行驶以及外界气温在零度以下；长期空转或低速长途行驶，诸如警车、出租汽车或运送货物的车辆等。

 引导问题 3

请查阅相关资料，简述新能源汽车私家车和运营车的保养周期的不同。

_____

_____

_____

官方手册上的保养周期说明

由于车辆行驶情况的差异，新能源汽车的保养计划有所不同，一般可以分为私家车和运营车辆，来制定不同的保养周期。前者保养参考用户手册，后者保养参考运营保养计划。

一、用户手册保养项目与周期

以2020款比亚迪秦EV为例，表2-3-1是新能源汽车的保养项目和周期表。

表2-3-1 新能源汽车的保养项目和周期表

保养项目	保养周期表（里程表读数或月数，以先到者为准）														
	保养时间间隔														
	×1000km	7.5	15	22.5	30	37.5	45	52.5	60	67.5	75	82.5	90	97.5	105	112.5	120
	月数	6	12	18	24	30	36	42	48	54	60	66	72	78	84	90	96
检查紧固底盘固定螺钉		I		I		I		I		I		I		I		I		I
检查制动踏板和电子驻车开关			I		I		I		I		I		I		I		I		
检查制动摩擦块和制动盘		I	I	I	I	I	I	I	I	I	I	I	I	I	I	I	I
检查制动系统管路和软管		I		I		I		I		I		I		I		I		I
检查制动钳总成导向销			I		I		I		I		I				I		I

（续）

保养项目	保养周期表（里程表读数或月数，以先到者为准）													
	保养时间间隔													
	×1000km	7.5	15	22.5	30	37.5	45	52.5	60	67.5	75	82.5	90	97.5	105	112.5	120
	月数	6	12	18	24	30	36	42	48	54	60	66	72	78	84	90	96
检查转向盘、拉杆		I	I	I	I	I	I	I	I	I	I	I	I	I	I	I	I
检查传动轴防尘罩		I	I	I	I	I	I	I	I	I	I	I	I	I	I	I	I
检查球销和防尘罩		I	I	I	I	I	I	I	I	I	I	I	I	I	I	I	I
检查前后悬架装置		I	I	I	I	I	I	I	I	I	I	I	I	I	I	I	I
检查轮胎和充气压力（含TPMS）		I	I	I	I	I	I	I	I	I	I	I	I	I	I	I	I
检查前轮定位、后轮定位		I	I	I	I	I	I	I	I	I	I	I	I	I	I	I	I
轮胎换位		I	R	I	R	I	R	I	R	I	R	I	R	I	R	I	R
检查车轮轴承有无游隙		I	I	I	I	I	I	I	I	I	I	I	I	I	I	I	I
检查储液罐内冷却液液面高度		I	I	I	I	I	I	I	I	I	I	I	I	I	I	I	I
更换驱动电机冷却液		每4年或100000km更换长效有机酸型冷却液，以先到者为准															
检查制动液		I	I	I	I	I	I	I	I	I	I	I	I	I	I	I	I
更换制动液		每行驶2年或40000km更换一次															
检查整车模块故障码（记录后清除）			I		I		I		I		I		I		I		I
检查动力电池托盘、防撞杆		I	I	I	I	I	I	I	I	I	I	I	I	I	I	I	I
容量测试及校正		每72000km或6个月测试一次															
检查和更换变速器内的齿轮油		首次更换齿轮油24个月/40000km，后续每24个月/48000km更换一次齿轮油															

（续）

保养项目	保养周期表（里程表读数或月数，以先到者为准）													
	保养时间间隔													
	×1000 km	7.5	15	22.5	30	37.5	45	52.5	60	67.5	75	82.5	90	97.5	105	112.5	120
	月数	6	12	18	24	30	36	42	48	54	60	66	72	78	84	90	96
检查动力总成是否漏液、磕碰	I	I	I	I	I	I	I	I	I	I	I	I	I	I	I	I
检查高压线束或接插件是否松动	I	I	I	I	I	I	I	I	I	I	I	I	I	I	I	I
检查高压模块外观是否变形，外表面是否有油液	I	I	I	I	I	I	I	I	I	I	I	I	I	I	I	I
检查各充电插接器接口处是否有异物或被烧蚀	I	I	I	I	I	I	I	I	I	I	I	I	I	I	I	I
更换电池冷却液	每4年或100000km更换长效有机酸型冷却液，以先到者为准															
检查普通滤网（装有时）	I	I	I	I	I	I	I	I	I	I	I	I	I	I	I	I
检查高效滤网（装有时）	I	I	I	I	I	I	I	I	I	I	I	I	I	I	I	I
检查PM2.5测试仪滤网（装有时）		I		I		I		I		I		I		I		I
检查静电滤网（装有时）	I	I	I	I	I	I	I	I	I	I	I	I	I	I	I	I
检查灯具灯泡或LED是否正常点亮	I	I	I	I	I	I	I	I	I	I	I	I	I	I	I	I
检查前照灯调光功能是否正常	I	I	I	I	I	I	I	I	I	I	I	I	I	I	I	I
近光初始下倾度校准	每隔10000km校准一次															

（续）

保养项目	保养周期表（里程表读数或月数，以先到者为准）												
	保养时间间隔												
	×1000 km	7.5	15	22.5	30	37.5	45	52.5	60	67.5	75	82.5	90	97.5	105	112.5	120
	月数	6	12	18	24	30	36	42	48	54	60	66	72	78	84	90	96
安全气囊模块以及ECU、传感器	10年更换一次
检查EPS搭铁处是否有异物或被烧蚀	I	I	I	I	I	I	I	I	I	I	I	I	I
检查EPS插接器是否松动，引脚是否烧蚀	I	I	I	I	I	I	I	I	I	I	I	I	I
检查EPS ECU外表面是否被腐蚀	I	I	I	I	I	I	I	I	I	I	I	I	I
检查EPS ECU和电机连接处是否有异物或被腐蚀	I	I	I	I	I	I	I	I	I	I	I	I	I
检查整车模块是否有软件更新，有则更新	I	I	I	I	I	I	I	I	I	I	I	I	I
检查高压部件是否有涉水痕迹		I		I		I		I		I		I		I
检查燃油加热器	I	I	I	I	I	I	I	I	I	I	I	I	I
检查前机舱盖锁及其紧固件	每年
备注	在检查第1项时，如发现底盘部件有异常损坏，请及时更换

二、秦EV运营车保养项目与周期

秦EV运营车保养项目与周期见表2-3-2。

表 2-3-2 秦 EV 运营车保养项目与周期

保养项目	周期（里程 ×1000km）									
	12	24	36	48	60	72	84	96	108	120
空调滤清器	清洁	●	清洁	●	清洁	●	清洁	●	清洁	●
更换制动液	检查	检查	●	检查	检查	●	检查	检查	●	检查
更换冷却液	检查	检查	检查	检查	检查	检查	检查	●	检查	检查
更换齿轮油	检查	检查	●	检查	检查	检查	检查	●	检查	检查
全车 28 个模块扫描升级，检查与维护	●	●	●	●	●	●	●	●	●	●
四轮制动除锈保养	检查	●	检查	●	检查	●	检查	●	检查	●
四轮换位动平衡	检查	●	检查	●	检查	●	检查	●	检查	●
四轮定位调整	检查	●	检查	●	检查	●	检查	●	检查	●
空调系统清洗消毒					●					●
保养项目	周期（里程 ×1000km）									
	132	144	156	168	180	192	204	216	228	240
空调滤清器	清洁	●	清洁	●	清洁	●	清洁	●	清洁	●
更换制动液	检查	●	检查	检查	●	检查	检查	检查	●	检查
更换冷却液	检查	检查	检查	检查	检查	●	检查	检查	检查	检查
更换齿轮油	检查	检查	●	检查	检查	检查	检查	●	检查	检查
全车 28 个模块扫描升级，检查与维护	●	●	●	●	●	●	●	●	●	●
四轮制动除锈保养	检查	●	检查	●	检查	●	检查	●	检查	●
四轮换位动平衡	检查	●	检查	●	检查	●	检查	●	检查	●
四轮定位调整	检查	●	检查	●	检查	●	检查	●	检查	●
空调系统清洗消毒					●					●

注：●表示对项目进行周期性更换，清洁，紧固等保养维护工作。

各项目的维护保养里程周期如下：

1）空调滤清器每 24000km 更换一次。

2）制动液每 40000km 更换一次。

3）冷却液每 100000km 更换一次。

4）齿轮油每 36000km 更换一次。

5）全车 28 个模块每 12000km 用诊断仪检查模块软件升级，进行清除故障码等维护作业。

6）四轮制动、换位动平衡、定位，每 24000km 维护一次。

7）空调系统每 60000km 清洁消毒一次。

在保养维护过程中，可以集中周期相近的项目定期维护，也可以对先达周期者进行维护保养。

📖 拓展阅读

世界闻名的"德国品质"成为了"工匠精神"的代表，在德国经济结构中，中小型企业占据重要地位，约占德国 GDP 的 60%。全世界三千多家隐形冠军企业，德国有一千五百多家，中小企业高度的自我认可和坚持传承的精神，是德国工匠精神的基础之一。

目前，"工匠精神"仍是我国制造业亟待加强的元素，它是关系到民族复兴的重要战略要素。国内车企走过模仿的 1.0 时代、拿来的 2.0 时代后，敢于坚持正向开发并做出结果的并不多。像比亚迪这样的企业脱颖而出，一方面对技术系统化地消化吸收，另一方面又敢于创新，造出优质平价好车。

如何判断一款汽车产品是否具备了工匠精神，至少需要这几个标准：形美、品优、质高、量大、可传。

形，主要是指产品的外观形态与设计，如轮廓、线条、比例、姿态、颜色、搭配、细节处理等。它是一种感性与理性结合的评判标准，存在普世美与另类美，相当于人的相貌与身材。

品，指品牌、品位、品格，是一种很难物理感知，但能从精神层面感知的抽象而鲜明的衡量标准。在时间轴上，它更多是回溯过往的历史文化与成长背景，相当于人的个性。

质，则指质量、质地、质感，是一种可从视觉、嗅觉、触觉等方面感知的物理特性，它更具象而可测量。在时间轴上，它更多考量的是未来的可靠性与稳定性，相当于人的健康。

量，指销量，如果一件工业品不能在较大范围内影响人们的生活，那它的价值就会大打折扣。一般来说这个量指在它所在的区间的销量。量相当于人的财富。

传，是指该产品具有可持续的生命力，以此为基础形成衍生或后续产品，直到形成经典车型。这一般需要它具备正向开发的基础，相当于人的生育能力。

对于中国汽车品牌，应紧紧依靠自身文化，深挖原创，匠心载物。只有将文化中的精髓通过创新设计和精湛工艺融入产品之中，才能找到中国车的自信。

👥 任务分组

学生任务分配表见表 2-3-3。

表 2-3-3 学生任务分配表

班级		组号		指导老师	
组长		学号			
组员角色分配					
信息员		学号			
操作员		学号			
记录员		学号			
安全员		学号			
任务分工					
（就组织讨论、工具准备、数据采集、数据记录、安全监督、成果展示等工作内容进行任务分工）					

📋 工作计划

按照前面所了解的知识内容和小组内部讨论的结果，制定工作方案，落实各项工作负责人，如任务实施前的准备工作、实施中主要操作及协助支持工作、实施过程中相关要点及数据的记录工作等。

工作计划表见表 2-3-4。

表 2-3-4 工作计划表

步骤	工作内容	负责人
1		
2		
3		
4		
5		
6		
7		
8		

👥 进行决策

1. 各组派代表阐述资料查询结果。
2. 各组就各自的查询结果进行交流，并分享技巧。
3. 教师对各组的计划方案进行点评。
4. 各组长对组内成员进行任务分工，教师确认分工是否合理。

能力模块二 掌握新能源汽车的日常维护与定期保养方法

🔧 任务实施

> ❓ **引导问题 4**
>
> 查阅相关资料，简述车身及附件检查与维护中的注意事项是什么。
>
> _____
>
> _____

车身及附件检查与维护（秦 EV）

根据所学的新能源汽车定期保养的内容，在秦 EV 实车上完成车身及附件检查与维护，填写实训工单。

实训准备见表 2-3-5。

表 2-3-5　实训准备

实训准备			
序号	设备及工具名称	数量	设备及工具是否完好
1	数字式万用表	1 台	□是 □否
2	诊断仪	1 台	□是 □否
3	绝缘防护套装	1 套	□是 □否
4	绝缘工具套装	1 套	□是 □否
5	常规工具套装	1 套	□是 □否
6	比亚迪秦 EV 整车	1 辆	□是 □否
质检意见	原因：		□是 □否

秦 EV 整车控制器标定见表 2-3-6。

表 2-3-6　秦 EV 整车控制器标定

步骤	操作	完成情况
1	连接 MS-908e 诊断仪，可以手动选择车型—秦—纯电版（2019.11），点击控制单元—动力网—选择整车控制器	已完成□ 未完成□
2	若更换了真空泵，需要从 VCU 内读取真空泵的工作时间，然后通过诊断仪写入真空泵的工作时间（新能源汽车的制动系统每 24000km 保养一次，若是营运车辆大约是 6 个月为一个保养周期），如图所示。若只是更换了 VCU，那么同样也需要将旧的真空泵工作时间写入 VCU	已完成□ 未完成□

107

（续）

步骤	操作	完成情况
2	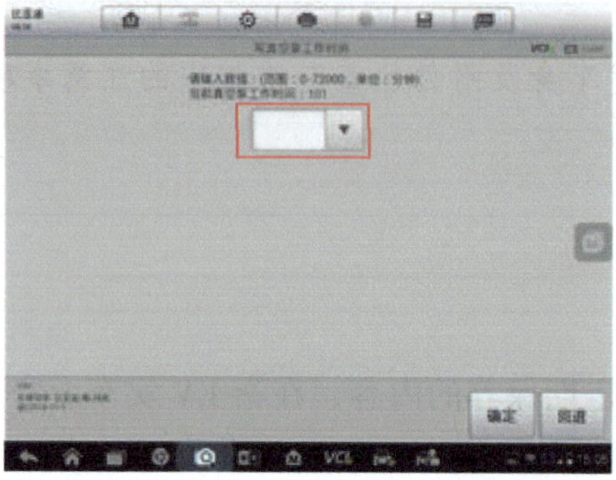	已完成□ 未完成□
3	坡度标定只需要整车 ON 档上电即可，如图所示 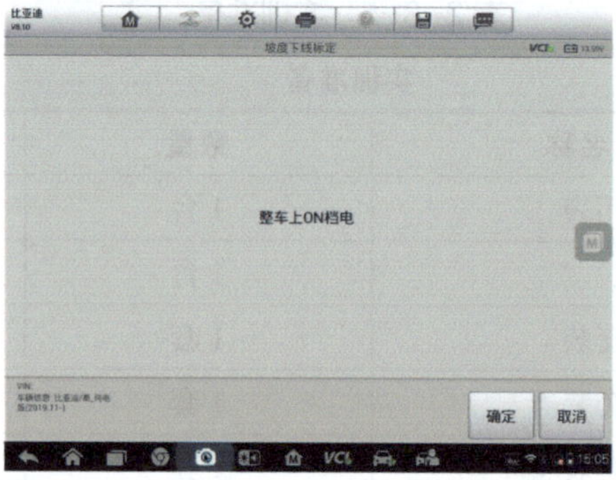	已完成□ 未完成□
4	更换了 VCU 后需要写入车辆的车架号，连接诊断仪后直接通过 VIN 自学习即可自动填充此车辆的车架号，确认即可，如图所示 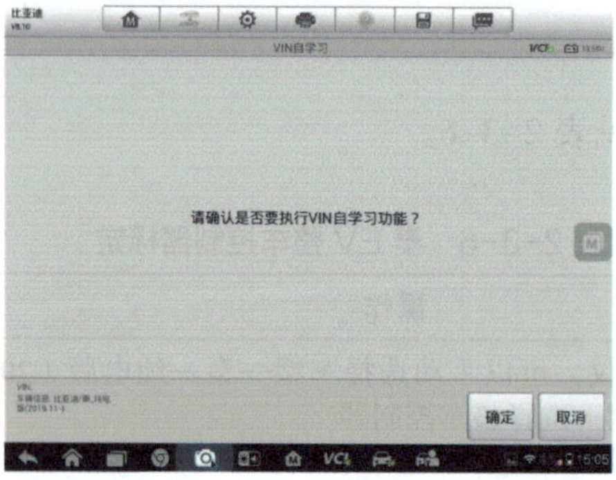	已完成□ 未完成□
5	实训现场整理	已完成□ 未完成□
总结 提升		
质检 意见	原因：	已完成□ 未完成□

秦 EV 的 EPB 标定见表 2-3-7。

表 2-3-7　秦 EV 的 EPB 标定

步骤	操作	完成情况
1	连接 VCI，连接诊断仪，确认诊断仪网络连接正常，进入主界面	已完成□ 未完成□
2	进入诊断仪系统	已完成□ 未完成□
3	选择对应的品牌、车型，手动选择车型。点选"秦–纯电版（2019.11）"	已完成□ 未完成□
4	依次点击"诊断"→"控制单元"→"ESC 网"→"电子驻车"	已完成□ 未完成□
5	点击"故障码"，查看故障情况	已完成□ 未完成□
6	点击"读取数据流"，查看关键数据信息是否正常，如左侧夹紧力和右侧夹紧力应接近或相同，如图所示 	已完成□ 未完成□
7	进入车内，进行动作测试，观察数据流变化。挂空档，按下电子驻车制动，此时左右侧夹紧力的值正常应为 0，左右侧驻车状态为已释放。释放时，可以听到后轮轻微的电机工作声音，具体动作位置如图所示 	已完成□ 未完成□

（续）

步骤	操作	完成情况
7	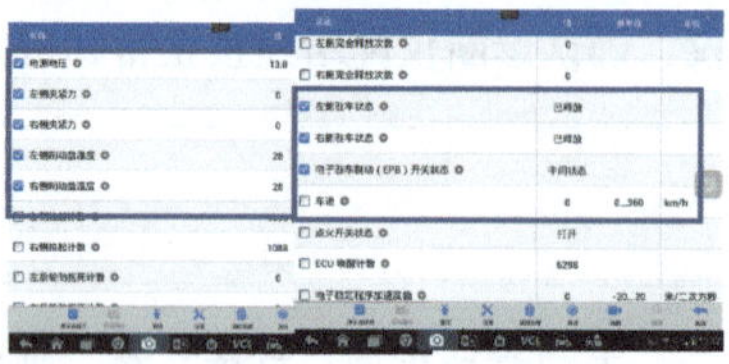 	已完成□ 未完成□
8	拉起电子驻车制动，挂回 P 位。此时左右侧夹紧力的值正常应为 14000N 以上，左右侧驻车状态为已夹紧。释放时，可以听到后轮轻微的电机工作声音，如图所示 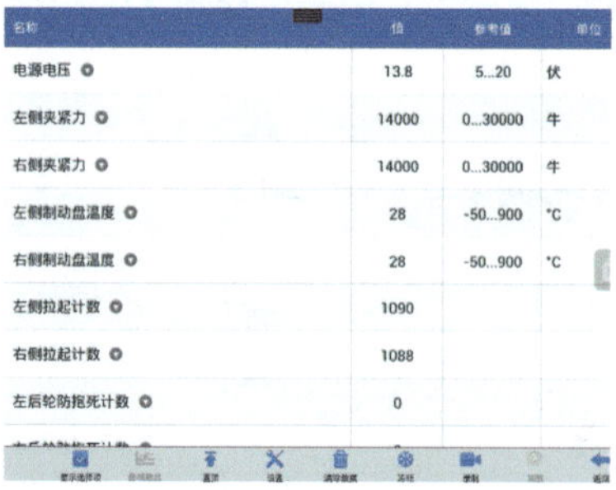 	已完成□ 未完成□
9	功能菜单界面点击"动作测试"，进行动作测试。依次点击"两侧执行器同时释放"—"执行"—"完成"。最后点击"回退"	已完成□ 未完成□
10	功能菜单界面点击"动作测试"，进行动作测试。依次点击"两侧执行器同时夹紧"—"执行"—"完成"。最后点击"回退"	已完成□ 未完成□
11	实训现场整理	已完成□ 未完成□
总结提升		
质检意见	原因：	已完成□ 未完成□

📝 评价反馈

1. 各组代表展示汇报 PPT，介绍任务的完成过程。

2. 请以小组为单位，对各组的操作过程与操作结果进行自评和互评，并将结果填入表 2-3-8 中的小组评价部分。

3. 教师对学生工作过程与工作结果进行评价，并将评价结果填入表 2-3-8 中的教师评价部分。

表 2-3-8　综合评价表

班级		组别		姓名		学号	
实训任务							
评价项目		评价标准				分值	得分
小组评价	计划决策	制定的工作方案合理可行，小组成员分工明确				10	
	任务实施	能够正确检查并设置实训工位				5	
		能够准备和规范使用工具设备				5	
		能够正确对秦 EV 车身附件进行检查				20	
		能够正确对秦 EV 车身附件进行维护				20	
		能够规范填写任务工单				10	
	任务达成	能按照工作方案操作，按计划完成工作任务				10	
	工作态度	认真严谨、积极主动，安全生产，文明施工				10	
	团队合作	小组组员积极配合、主动交流、协调工作				5	
	7S 管理	完成竣工检验、现场恢复				5	
		小计				100	
教师评价	实训纪律	不出现无故迟到、早退、旷课现象，不违反课堂纪律				10	
	方案实施	严格按照工作方案完成任务实施				20	
	团队协作	任务实施过程互相配合，协作度高				20	
	工作质量	能准确规范完成实训任务				20	
	工作规范	操作规范，三不落地，无意外事故发生				10	
	汇报展示	能准确表达、总结到位、改进措施可行				20	
		小计				100	
综合评分		小组评价分 ×50% + 教师评价分 ×50%					
总结与反思							
（如：学习过程中遇到什么问题→如何解决的/解决不了的原因→心得体会）							

新能源汽车保养
与故障诊断技术

能力模块三
掌握动力电池系统的保养与故障诊断方法

任务一 完成动力电池系统的保养

学习目标

- 了解维护和保养动力电池所需的准备工作。
- 掌握动力电池外观检查的项目和要点。
- 掌握动力电池内部检查的项目和要点。
- 掌握动力电池维护与保养的注意事项和操作要点。
- 具备拆卸与安装动力电池包的能力。
- 具备检查与维护动力电池包的能力。
- 了解锂电池隔膜的国产化进程,树立职业自豪感。

知识索引

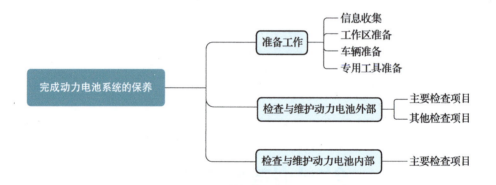

情境导入

动力电池作为新能源汽车供能部分,相当于其心脏,决定了新能源汽车续驶能力是否良好。为了延长电池使用寿命,减少相关故障的发生,车主通常会把车辆送到4S售后中心对动力电池进行定期维护和保养。请问如果你是接待者,你该如何帮助车主完成一次比较全面的动力电池系统的保养呢?

📧 获取信息

> **❓ 引导问题 1**
>
> 请查阅相关资料,简述动力电池外观检查前的准备工作有哪些。
>
> _____
>
> _____
>
> _____

准备工作

新能源汽车动力电池电压高达400V,属于高压作业操作,其拆卸过程必须严格按照厂家拆卸规范以及高压作业安全规范要求,由具备动力电池组修理资质的维修人员进行这项工作,或者由进行过"高电压本车型车辆作业专业人员"培训、高电压系统培训,特别是动力电池组修理培训的维修人员实施维护与检修工作。检查与维护动力电池之前的准备工作包括:信息收集、工作区准备、车辆准备、专用工具准备等。

一、信息收集

技术人员需查看维修手册中给出的注意事项,了解有关电池系统的基本信息。

二、工作区准备

1)动力电池组修理工位必须洁净(无油脂、无污物、无碎屑)、干燥(无溢出液体)且无飞溅火花(不靠近车身维修区域),因此必须避免紧靠车辆清洗场所(清洗车间)或车身修理工位。如有可能应使用活动隔板进行隔离。

2)技术人员必须提前准备一个绝缘台面用于放置拆下来的动力电池组。如果不使用绝缘台面,在处理发生过电解质泄漏的动力电池组时,就有可能通过工作台短接到地面,造成安全隐患。

3)如果动力电池组的冷却系统为水冷式冷却系统,在拆卸动力电池组之前必须小心,确保将冷却回路内的冷却液尽可能完全排干。技术人员应将汽车的储液罐出口盖住,使散热器中的冷却液不会泄漏;并在排干动力电池组的冷却液后将冷却回路的入口和出口盖住,以确保没有异物进入冷却回路的入口和出口,或该高压系统的任何暴露区域。

4)为了防止旁人未经授权进入工位(资质不够的工作人员、客户、到访者等),以及在无法确保高电压本质安全或出现不明状态时,工作中都应使用隔离带封闭工位。离开工作区域时建议竖立带发光条的黄色警示锥筒提示,如图3-1-1所示。

图 3-1-1 维修工位隔离

三、车辆准备

技术人员在准备车辆时通常应做好以下工作。

1）拉上车辆的驻车制动器。

2）关闭车辆的驱动系统（"READY"指示灯为"OFF"状态）。

3）断开车辆的12V辅助蓄电池。

4）留出足够的时间让变频器电容充分放电。

5）拆下车辆的维修开关，维修开关如图3-1-2所示。

图3-1-2　电动汽车高压维修开关

注意：许多混合动力汽车和纯电动汽车必须在车辆12V辅助电池断开连接之前和/或之后采取特殊的防护措施。这些防护措施包括但不限于：车辆下电后（"READY"指示灯为"OFF"状态）必须等待维修手册中规定的时间长度，方可断开12V辅助电池；断开12V辅助电池后，必须等待规定的时间长度，方能进行车辆作业。

有些汽车制造商要求锂离子电池组在拆卸之前必须放电到规定的荷电量（SOC）以下。有些制造商要求技术人员在拆卸电池组之前必须检查电池组温度传感器的温度显示，确保电池组温度降至规定温度以下。

四、专用工具准备

进行故障查询时应在拆卸和打开动力电池组前使用诊断系统，只有符合检测计划且满足"外部没有机械损伤"前提条件时，才能打开动力电池组并根据检测计划更换损坏组件；除更换损坏组件外，不允许对动力电池组内部进行任何修理工作，例如导线束损坏时不允许进行维修，而是只能进行更换；更换损坏组件时，必须严格遵守维修说明中规定的工作步骤。

维修中重要的专用工具包括以下几项。

1）可移动总成升降台，以及用于拆卸和安装动力电池组的适配插头套件。

2）动力电池组电池模组充电器。

3）用于修理动力电池组后进行试运行的性能测试仪。

4）用于拆卸和安装电池模组的起重工具。

5）用于松开动力电池组内部卡子的塑料专用装配工具。

6）用于整个动力电池组的起重横梁。

7）隔离带。

8）带发光条的黄色警示锥筒。

❓ 引导问题 2

请查阅相关资料，简述动力电池外观检查主要项目有哪些。

_____

_____

_____

检查与维护动力电池外部

一、主要检查项目

1. 检查动力电池的外观

目的：确保电池包未受到外界因素影响。
要求：外观无变形、无裂痕、无腐蚀、无凹痕。
工具：目测。
方法：检查电池外观有无变形、裂痕、腐蚀、凹痕。

2. 检查动力电池的标识

目的：检查标识是否完整，防止标识脱落。
要求：铭牌标识完整无脱落。
工具：目测。
方法：目测检查动力电池系统铭牌，包括：动力电池型号、生产日期、电池材料、额定电压、额定能量、条纹码、重量等信息。

3. 检查动力电池箱的密封性能

目的：保证电池箱密封良好，防止进水、影响通信。
要求：通过打气嘴加压，检测是否密封。
工具：空气压缩机（气泵）。
方法：通过打气嘴加压，检查密封条的密封情况。气泵加压检漏法，通过打气检查是否漏气（建议压力不超过150kPa）。真空压差检漏法，通过真空法检查是否漏气。如密封不严，则需更换密封条。检查电池箱盖紧固状态，如螺栓紧固正常，但还是密封不严，需更换密封条。

4. 检查动力电池螺栓的紧固状态

目的：检查动力电池螺栓紧固是否可靠。
要求：螺栓紧固力矩为 95~105N·m。
工具：扭力扳手。
方法：举升车辆，用扭力扳手检查螺栓的紧固力矩。检查动力电池的周围固定螺栓，用套筒和扭力扳手，按规定次序和力矩紧固螺栓（力矩大小见维修手册）。

5. 检查动力电池外部高压接插件

目的：确保接插件连接可靠。
要求：检查线束及插件连接紧固状态，有无松动、破损、腐蚀等问题。
工具：目测。
方法：
1）检查动力电池高压接插件有无变形、松脱、过热、损坏的情况。
2）检查用电器插件与线束插件是否对插，并检查是否对插到位。

3）检查线束与插针是否连接牢固，插针是否出现退针、弯曲等异常现象。

4）根据电路图引脚定义检查插件线束位置是否正确，如发现问题，应予以修理或更换。

6. 检查动力电池的低压接插件

目的：确保接插件正常使用。

要求：检查接插件是否存在松动、破损、腐蚀等情况，检查密封、紧固状态。

工具：目测。

方法：检查动力电池低压接插件有无变形、松脱、过热、损坏的情况。如发现问题，应及时予以修理或更换。

维修提示：为了保证动力电池低压接插件连接"CAN"总线与VCU或车载充电机之间的可靠通信，需检查用电器插件与线束插件是否对插，并检查是否对插到位，线束与插针是否连接牢固，插件内插针是否出现退针、弯曲等异常现象。

7. 检查动力电池的绝缘电阻

目的：确保总正、总负对地的绝缘，防止线路及内部短路。

要求：检测总正、总负对地的绝缘电阻值，一般在550MΩ左右。

工具：绝缘测试仪。

方法：下电情况时用绝缘测试仪检测总正、总负对地电阻（检测充配电总成电缆插件、动力电池母线正负极端子的绝缘性）。

二、其他检查项目

日常维护中，以清洁、检查、补给为中心内容，对电池做日常检查及其他操作，做到及早发现问题、及时处理问题。具体可参照以下几点。

1）检查维护开关（MSD）有无变形、划痕，开关内部是否洁净、无污染，是否安装牢固。

2）检查电池箱上盖、极柱及侧面散热器上是否存在大量灰尘、金属屑或其他杂物，若有则及时使用压缩空气进行清理，避免使用水或水浸湿的物体进行清洁；检查电池箱上盖有无裂痕、鼓包；检查平衡阀是否牢固，外观是否良好。

3）检查箱体底部PVC涂层是否完好，有无变形、腐蚀。清除箱体底部灰尘，确保清洁度良好。

4）充电和放电时尽量避免有水或其他导电物体溅到电池上盖与极柱处，例如不要暴露在大雨中充电、放电。

5）根据电池或电池组实际使用状态估计电池的充电时间和放电时间，在充电末期和放电末期注意观察电池或电池组是否存在异常，如电池的电压差问题。

6）检查电池组，并清洁电池组盖和柱液位，以避免灰尘和其他杂物进入。如果检查时发现有杂物或污染物覆盖，应采用压缩空气清洁表面。

7）检查电池组外壳的完整性，检查是否有变形、裂纹等问题。

8）检查电池是否漏液。如电池发生电解液泄漏时，一定不要接触，电解液都有一定的腐蚀性，会对人体的皮肤造成损伤。

9）检查箱体接线/接插件连接，应连接牢固且线束表皮无破损。

10）检查电池热管理系统冷却水管进/出水口，检查水冷管软管与硬管连接处是否有漏液。检查水冷管进/出口是否有变形。

动力电池检查标准及不符合项处理措施见表3-1-1。

表3-1-1 动力电池检查标准及不符合项处理措施

序号	标准	不符合项处理措施
1	密封盖无裂痕、磕碰、划伤，无凹陷、凸起等变形损坏	联系承运商或备部件
2	托盘边缘无变形、开裂，无液体流出，底部无凹陷变形	联系承运商或备部件
3	托盘压条螺钉无松动	联系承运商或备部件
4	正、负极标识和高压警示标识清晰，无破损	联系承运商或备部件
5	正、负极引出插孔内无异物	联系承运商或备部件
6	正、负极引出附近螺栓无断裂	联系承运商或备部件
7	采样线接口无破损	联系承运商或备部件

> **引导问题 3**
>
> 请查阅相关资料，简述动力电池内部检查与维护的主要项目有哪些。
>
> _____
>
> _____
>
> _____

检查与维护动力电池内部

主要检查项目

1. 充电状态检查

目的：充电操作时确保插头与插座接触良好，确保充电设备工作正常，确保电池组各连接点接触良好，如果出现异常，需要修复后才能充电。

要求：充电和放电前检查车辆仪表显示器上显示的电池单体电压、温度、压差等状态，确保所有值都处于正常范围内；充放电过程中，检查管理系统的功能是否正常运转，检查风扇是否在规定的温度下开启和关闭，是否正常工作。

工具：目测。

方法：起动车辆，检查仪表充电状态，读取充电信息。

2. 检查动力电池 CAN 的终端电阻

目的：确保通信质量。

要求：断电后，检查 CAN-H 与 CAN-L 的电阻，阻值应为 60Ω。

工具：万用表。

方法：断电后，用万用表测量 CAN-H 与 CAN-L 的终端电阻。

1）用万用表电阻档检测 18# 端子 CAN-H 和 19# 端子 CAN-L 之间的电阻，阻值应为 60Ω。

2）检测 CAN-H 与屏蔽地之间的阻值：正常值应大于 $1M\Omega$。

3）检测 CAN-L 与屏蔽地之间的阻值：正常值应大于 $1M\Omega$。

3. 检查动力电池的数据采集

目的：防止电压采集线破损，导致测试数据不准。

要求：使用与选定的车辆诊断测试盒相匹配的诊断线。

工具：VCI 诊断盒、笔记本计算机、CAN 卡。

方法：计算机监控、读取故障码。将诊断线插到诊断接口上，连接计算机和汽车，读取电池管理系统相关数据流。

4. 检查动力电池总正与总负继电器的性能

目的：防止继电器损坏，确保车辆正常上电。

要求：用监控软件启动和关闭总正、总负继电器，检查总正与总负继电器的性能，保证高压正常上电。

工具：万用表、笔记本计算机、CAN 卡。

方法：用监控软件启动和关闭总正、总负继电器。将诊断线插到诊断接口上，然后打开车钥匙置于 ON 档；开启车辆诊断测试仪，按照屏幕上的显示进行操作，以启动所需功能。

5. 检查动力电池内部熔断器

目的：防止熔断器损坏，确保车辆正常上电。

要求：测量低压熔断器，保证其正常导通。

工具：万用表。

方法：用万用表二极管档或电阻档测量熔断器是否导通。

6. 检测总正与总负继电器线圈电阻

目的：防止继电器线圈损坏，确保继电器性能可靠。

要求：检查总正、总负继电器性能，保证高压正常上电。

工具：万用表。

方法：用万用表检测总正和总负继电器的线圈电阻。

7. 检查动力电池预充电加热电阻

目的：防止加热电阻损坏。

要求：确保加热电阻工作可靠。

工具：万用表。

方法：用万用表电阻档检测加热电阻是否正常。

8. 检查动力电池内部的高压控制线缆

目的：防止电池包内部线缆故障，确保内部线缆连接可靠。

要求：确保电池包内部线缆无破损、挤压、漏电等故障。

工具：目测。

方法：目测插件线缆是否破损、被挤压。

9. 检查电池模组连接状态

目的：防止电池模组螺栓松动。

要求：确保电池模组电路连接可靠。

工具：绝缘套筒及扭力扳手。

方法：使用绝缘套筒和扭力扳手紧固模组连接螺栓，检查完成后做好极柱绝缘。

10. 电极连接检查

目的：确保单体电池电极连接安全稳定，以避免腐蚀等问题。

要求：应确保单体蓄电池的连接点与电池组的温度传导带等部件稳定接触，以避免变形、松动等问题。充电时，插座与插头的接触必须安全，不得脱落。

工具：目测。

方法：目测电极连接情况。

11. 检查动力电池保温性能

目的：确保冬季电池包内部温度。

要求：电池包内部保温材料完整。

工具：目测。

方法：目测检查电池包内部保温棉是否脱落、损坏。

12. 检查动力电池内部干燥性

目的：确保电池箱内部干燥。

要求：确保电池包内部无积水，测量电池包绝缘状态。

工具：目测、绝缘测试仪。

方法：打开电池包，目测观察电池箱内部是否有积水，测量电池包绝缘性能。

13. 检测动力电池漏电情况

目的：防止电池包漏电。

要求：电池包高压母线对车身的绝缘电阻值应大于 $100\Omega/V$。

工具：绝缘测试仪。

方法：当出现仪表 OK 指示灯不亮、仪表提示请检查动力系统、高压系统漏电故障时，断开电池包与车身所有连接（正负极引出、采样线接口），闭合维修开关，使用绝缘测试仪测试电池包正负极高压电缆对车身的电阻。

14. BMS 软件测试与升级

目的：确保电池管理系统（BMS）对电池组的工作状态监测精准，对单体电池和电池组的电压监测、电流监测、温度监测、SOC 估算、均衡控制等管理数据准确。避免单体电池和电池组的过充电、过放电、过电流、温度超限、失衡等故障信息丢失。

要求：应通过专业维修机构进行维修。坚持日常维护测试，制订管理计划，根据电池的实际应用进行升级维修。

工具：诊断仪。

方法：主要内容是检测电压、单体电池温度、温差、系统警报等信息，并及时记录已完成的检测和维护项目，避免频繁维护和更换，从而降低维护成本。检测项目见表 3-1-2。

表 3-1-2　软件诊断检测项目表

序号	检查项目	检查方式	判断标准
1	最高单体电池温度	BMS 读取	符合产品技术要求
2	电池压差范围		静态压差应在许可范围内
3	电池温差范围		符合产品技术要求
4	系统绝缘阻值		诊断工具/整车仪表板有无绝缘报警
5	读取冷却液进出口温度		0℃ < 温度 <70℃
6	系统报警		无电池报警信息
7	软件版本		判断是否为最新版本

📖 拓展阅读

"也不知道这辆车的电池能坚持多久？"

望着窗外驶过的又一辆新能源汽车，时任南开大学新能源材料化学研究所所长、博士生导师周震习惯性地自语道。从事新能源材料研究 20 多年，看着日渐增多的新能源汽车，周震欣喜之余，仍存忧虑，"锂电池的基础材料研究，我们与世界一流水平还有差距，尤其是高端电池隔膜材料仍然依赖进口"。

据了解，电池四大核心材料中，正、负极材料、电解液都已实现了国产化，唯独隔膜仍是短板。隔膜的品质直接影响电池容量、充放电循环寿命、阻燃止爆安全性能等指标，可国产隔膜主要供应低端 3C 类电池市场，高端隔膜目前依然大量依赖进口。核心专利缺乏，隔膜等关键材料不给力，不仅成了国产锂电池难以承受之痛，也拖了国产锂电池企业"走出去"的后腿。图 3-1-3 所示是锂电池隔膜的外观及微观结构。

"高端隔膜一般附带有陶瓷材料，如果电解液温度过高，材料膨胀，孔隙会像闸门一样关闭，切断离子交流，从而避免电池因温度过高而起火爆炸。"周震介绍说，隔膜是锂电材料中技术壁垒最高的一种材料，其技术难点在于造孔的工程技术、基体材料，以及制造设备。"技术要求高，价格自然也就贵，差不多占到了电池总成本一成以上。"

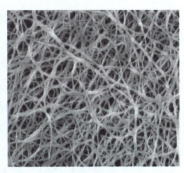

图 3-1-3 锂电池隔膜的外观及微观结构

当时,世界上最好的锂电池隔膜材料出自旭化成和东燃化学两家日本公司,而国内锂电池铝塑膜市场九成份额也被昭和电工等日本厂商垄断。业内人士感慨:"一层隔膜两重天,迈过去就是晴天!"

锂电池隔膜制造工艺主要分为湿法和干法,我国在干法工艺上已迈入了世界第一方阵,但在湿法隔膜领域,国内企业虽掌握方法,但整体上仍难以与外国巨头抗衡,此外,核心生产设备也主要依赖进口。

面对困难,中国人从不轻言放弃。基于对我国未来新能源产业的信心,以及作为央企肩负引领我国新材料产业发展的重任,面对当时主要被美、日、韩等国家少数厂商垄断,代表全球最高技术水平、开发难度最大的湿法双向同步拉伸工艺技术,中材科技科研人员应对封锁、迎难而上。2011 年他们在南京建成首条年产 720 万 m^2 湿法双向同步拉伸隔膜中试生产线;2013—2014 年,两条年产 1000 万 m^2 锂膜中试线在南京接连投产运行。基于第一条年产 720 万 m^2 生产线的经验,科研团队积累了对整线的认知和局部设备的理解,重点对 1000 万 m^2 生产线的横拉、一次热处理、二次热处理及张力拉伸设备进行了改造。2015 年,中材科技生产的锂膜得到了国内锂电池领军企业的认可。当时该公司采购经理的反馈是:这是他在国内市场上见到的最好的锂电池隔膜。图 3-1-4 所示为锂膜生产线。

图 3-1-4 锂膜生产线

基于锂膜对设备依赖程度极高，但国内设备生产商尚未能满足生产要求的现状，中材锂膜团队开始了寻觅之旅，日本、韩国、法国、德国……然而要寻找到一条能够适应自己已有技术和路线要求的生产线难上加难。

路虽远，行则必达；事虽难，实干必胜。科研团队面临着一个个艰难的选择，从无到有、开发新的生产线。在中国建材集团的全力支持与高瞻远瞩的战略决策基础上，最终促成了当时世界上单线规模最大的锂电池隔膜生产线的建成。宝剑锋从磨砺出，梅花香自苦寒来，2017 年 8 月 13 日凌晨 3 点，滕州一期项目第一条生产线首次贯通！2017 年 8 月 30 日，"年产 2.4 亿 m^2 锂电池隔膜建设项目"首条生产线投产，标志着中材锂膜打破国外垄断，成功实现了锂电池材料中最后一个关键材料的国产化，研发、生产能力再上新的台阶。目前，中材锂膜全球排名前十，电池客户开发率达 80%，产品得到了全球一流锂电池企业的充分认可，品牌价值凸显，是全球隔膜行业最具创新性、成长性企业之一。

锂膜虽轻责任重大。一张小小的锂电池隔膜，承载的是数百个中材锂膜人日日夜夜的坚守，承载的是中国建材集团新材料产业转型的决心，承载的是为民族工业争气的壮志和雄心。未来，我们期待中材锂膜为引领行业技术进步，促进新能源产业发展做出更大的贡献。

任务分组

学生任务分配表见表 3-1-3。

表 3-1-3 学生任务分配表

班级		组号		指导老师	
组长		学号			
组员角色分配					
信息员		学号			
操作员		学号			
记录员		学号			
安全员		学号			
任务分工					
（就组织讨论、工具准备、数据采集、数据记录、安全监督、成果展示等工作内容进行任务分工）					

工作计划

按照前面所了解的知识内容和小组内部讨论的结果,制定工作方案,落实各项工作负责人,如任务实施前的准备工作、实施中主要操作及协助支持工作、实施过程中相关要点及数据的记录工作等。

工作计划表见表 3-1-4。

表 3-1-4 工作计划表

步骤	工作内容	负责人
1		
2		
3		
4		
5		
6		
7		
8		

进行决策

1. 各组派代表阐述资料查询结果。
2. 各组就各自的查询结果进行交流,并分享技巧。
3. 教师对各组的计划方案进行点评。
4. 各组长对组内成员进行任务分工,教师确认分工是否合理。

任务实施

> **引导问题 4**
>
> 查阅相关资料,简述动力电池箱体检查与紧固的注意事项是什么。
>
> _____
> _____

动力电池箱体检查与紧固(秦 EV)

根据动力电池系统保养的内容,在秦 EV 实车上完成动力电池箱体检查与紧固。实训准备见表 3-1-5。

表 3-1-5　实训准备

实训准备			
序号	设备及工具名称	数量	设备及工具是否完好
1	绝缘测试仪	1台	□是 □否
2	绝缘防护套装	1套	□是 □否
3	绝缘工具套装	1套	□是 □否
4	比亚迪秦EV整车	1辆	□是 □否
5	动力电池举升平台	1台	□是 □否
6	龙门举升机	1台	□是 □否
7	工位安全套装	1套	□是 □否
质检意见	原因：		

高压安全作业准备见表 3-1-6。

表 3-1-6　高压安全作业准备

序号	步骤	完成情况
1	检查人员资质要求：对电动汽车高压系统进行维修操作，操作人员需满足国家法规要求的机电维修工岗位要求，或持有本人的电工操作证	已完成□ 未完成□
2	确认工作场地干燥无水渍	已完成□ 未完成□
3	在工作场地铺设橡胶绝缘垫	已完成□ 未完成□
4	工作场地设置警示牌和高压作业区域隔离	已完成□ 未完成□
5	配备紧急救援和灾害处理的相关设施，例如干粉灭火器和急救箱等	已完成□ 未完成□
6	实现监护制度：一人监护，一人操作	已完成□ 未完成□
7	操作人员必须穿绝缘鞋、戴绝缘手套，其电压等级必须大于操作对象的最高电压，必要时戴防护眼镜或防护面罩。所有用具使用前必须检查是否完好、干燥无异味，以确保安全。操作人员不允许佩戴金属饰品	已完成□ 未完成□
8	实训现场整理	已完成□ 未完成□
总结提升		
质检意见	原因：	已完成□ 未完成□

高压安全下电见表 3-1-7。

表 3-1-7　高压安全下电

序号	步骤	完成情况
1	将车辆停入作业工位	已完成□ 未完成□
2	车辆下电，将车辆钥匙存放在安全处	已完成□ 未完成□
3	打开前机舱，铺设前机舱翼子板垫	已完成□ 未完成□
4	断开蓄电池负极，负极电缆插头用绝缘胶布包好，蓄电池负极桩头用盖子盖好或用绝缘胶布包好	已完成□ 未完成□

（续）

序号	步骤	完成情况
5	放置车辆 5~10min，对新能源汽车的高压电容器进行放电	已完成□ 未完成□
6	断开前机舱动力电池母线后，需要对动力电池母线进行验电，如果母线有残余电荷，需用专用放电设备进行放电，确保动力电池母线无电	已完成□ 未完成□
7	验电完毕，将动力电池母线接插件用盖子盖好或用绝缘胶布包好	已完成□ 未完成□
8	实训现场整理	已完成□ 未完成□
总结提升		
质检意见	原因：	已完成□ 未完成□

举升车辆见表 3-1-8。

表 3-1-8 举升车辆

序号	步骤	完成情况
1	调节举升臂位置，使举升臂上的垫块对准车辆的举升点	已完成□ 未完成□
2	当汽车被举起时，观察车辆是否被水平托举	已完成□ 未完成□
3	当车辆距离地面 5~10cm 时停下，检查车辆是否被平稳托举，晃动车辆是否牢固无偏差	已完成□ 未完成□
4	确认无问题后，将车辆举升到合适高度	已完成□ 未完成□
5	拉下锁定装置	已完成□ 未完成□
6	实训现场整理	已完成□ 未完成□
总结提升		
质检意见	原因：	已完成□ 未完成□

动力电池外观检查见表 3-1-9。

表 3-1-9 动力电池外观检查

序号	步骤	完成情况
1	密封盖无裂痕、磕碰、划伤，无凹陷、凸起等变形损坏	已完成□ 未完成□
2	托盘边缘无变形、开裂，无液体流出，底部无凹陷变形	已完成□ 未完成□
3	托盘压条螺钉无松动	已完成□ 未完成□
4	正、负极标识和高压警示标识清晰，无破损	已完成□ 未完成□
5	正、负极引出插孔内无异物	已完成□ 未完成□
6	正、负极引出附近螺栓无断裂	已完成□ 未完成□
7	采样线接口无破损	已完成□ 未完成□
8	检查电池热管理系统冷却水管进/出水口，检查水冷管软管与硬管连接处是否有漏液	已完成□ 未完成□

（续）

序号	步骤	完成情况
9	实训现场整理	已完成□未完成□
总结提升		
质检意见	原因：	已完成□未完成□

拆卸动力电池附件及检测见表 3-1-10。

表 3-1-10 拆卸动力电池附件及检测

序号	步骤	完成情况
1	拆下动力电池托盘底部四周安装的护板	已完成□未完成□
2	拆下动力电池低压接插件及高压接插件（高压需佩戴绝缘手套）	已完成□未完成□
3	用万用表检测动力电池是否漏电 检测方法（需佩戴绝缘手套）：将万用表正极分别搭在电池正负极引出，负极搭车身地。电压正常值为 10V 以下。若电压过大，请不要拆卸动力电池，检查漏电原因和位置，排除问题后再进行以下操作	已完成□未完成□
4	将动力电池高压接口及低压接口处做好防护	已完成□未完成□
5	拆卸冷却液进出水管，排空动力电池总成冷却液（可将电池冷却液储液罐盖提前打开）	已完成□未完成□
6	拆卸动力电池总成搭铁线或等电位线	已完成□未完成□
7	在动力电池正下方准备动力电池升降台，升降台需要升至动力电池的高度托举动力电池	已完成□未完成□
8	佩戴绝缘手套，使用套筒卸掉动力电池与车身的固定螺栓，将动力电池拆放至升降台	已完成□未完成□
9	缓慢将动力电池升降台降至合适高度后，拉出车辆举升工位并将动力电池放置在专用工位，设置安全警示牌及隔离栏	已完成□未完成□
10	使用空气压缩机（气泵），通过打气嘴加压，检查电池密封条的密封情况。气泵加压检漏法，通过打气检查是否漏气（建议压力不超过 150kPa）	已完成□未完成□
11	检查动力电池的周围固定螺栓，用套筒和扭力扳手，按规定次序和力矩紧固螺栓，螺栓紧固力矩为 95~105N·m	已完成□未完成□
12	使用绝缘电阻测试仪检测电池包高压电缆线对车身的绝缘性，绝缘电阻值应大于 20MΩ，若电池包绝缘不良，应拆解电池包，找到漏电的模组或直接更换电池包。注意：比亚迪车型不允许开包检测，只能更换，像宁德时代、国轩高科等动力电池都可以开包检测	已完成□未完成□
13	实训现场整理	已完成□未完成□
总结提升		
质检意见	原因：	已完成□未完成□

安装动力电池总成见表 3-1-11。

表 3-1-11 安装动力电池总成

序号	步骤	完成情况
1	将新的动力电池总成或维修完毕的动力电池总成放置在动力电池举升平台上	已完成□未完成□
2	缓慢举升动力电池，调整举升平台的位置，使动力电池总成上的安装孔与车身对齐	已完成□未完成□
3	安装并紧固动力电池总成后部固定螺栓	已完成□未完成□
4	安装并紧固动力电池总成前部固定螺栓	已完成□未完成□
5	安装并紧固动力电池总成左右固定螺栓	已完成□未完成□
6	安装并紧固动力电池总成搭铁线或等电位线	已完成□未完成□
7	安装动力电池低压接插件及高压接插件（高压接插件需佩戴绝缘手套），插接时注意"一插、二响、三确认"	已完成□未完成□
8	连接动力电池总成的出水管及进水管	已完成□未完成□
9	安装充配电总成上的动力电池母线高压接插件，插接时注意"一插、二响、三确认"	已完成□未完成□
10	实训现场整理	已完成□未完成□
总结提升		
质检意见	原因：	已完成□未完成□

补给动力电池冷却液与检查车辆动力电池数据见表 3-1-12。

表 3-1-12 补给动力电池冷却液与检查车辆动力电池数据

序号	步骤	完成情况
1	在前机舱电池冷却液储液罐中加入专用冷却液，加至最大液位线	已完成□未完成□
2	连接蓄电池负极	已完成□未完成□
3	车辆上电	已完成□未完成□
4	连接解码仪，进入电池管理控制器模块。进行动作测试，电池冷却液泵应正常循环	已完成□未完成□
5	观察冷却液储液罐液位情况，及时补充冷却液	已完成□未完成□
6	电池冷却液泵循环完毕，冷却液液位处于 MAX 以下、MIN 以上即可	已完成□未完成□
7	电池冷却液加注完毕	已完成□未完成□
8	连接解码仪，读取车辆故障码	已完成□未完成□
9	清除历史故障码	已完成□未完成□
10	检查电池管理系统数据流是否异常	已完成□未完成□
11	无问题后，动力电池总成更换完毕	已完成□未完成□
12	实训现场整理	已完成□未完成□
总结提升		
质检意见	原因：	已完成□未完成□

| 新能源汽车保养与故障诊断技术 | 姓名 | 班级 | 日期 |

评价反馈

1. 各组代表展示汇报 PPT，介绍任务的完成过程。

2. 请以小组为单位，对各组的操作过程与操作结果进行自评和互评，并将结果填入表 3-1-13 中的小组评价部分。

3. 教师对学生工作过程与工作结果进行评价，并将评价结果填入表 3-1-13 中的教师评价部分。

表 3-1-13　综合评价表

班级		组别		姓名		学号	
实训任务							
	评价项目		评价标准			分值	得分
小组评价	计划决策		制定的工作方案合理可行，小组成员分工明确			10	
	任务实施		能够正确检查并设置实训工位			5	
			能够准备和规范使用工具设备			5	
			能够正确对秦 EV 动力电池箱体进行检查			20	
			能够正确对秦 EV 动力电池箱体进行紧固			20	
			能够规范填写任务工单			10	
	任务达成		能按照工作方案操作，按计划完成工作任务			10	
	工作态度		认真严谨、积极主动，安全生产，文明施工			10	
	团队合作		小组组员积极配合、主动交流、协调工作			5	
	7S 管理		完成竣工检验、现场恢复			5	
			小计			100	
教师评价	实训纪律		不出现无故迟到、早退、旷课现象，不违反课堂纪律			10	
	方案实施		严格按照工作方案完成任务实施			20	
	团队协作		任务实施过程互相配合，协作度高			20	
	工作质量		能准确规范完成实训任务			20	
	工作规范		操作规范，三不落地，无意外事故发生			10	
	汇报展示		能准确表达、总结到位、改进措施可行			20	
			小计			100	
综合评分			小组评价分 ×50% + 教师评价分 ×50%				
总结与反思							

（如：学习过程中遇到什么问题→如何解决的 / 解决不了的原因→心得体会）

任务二　诊断与排除动力电池系统故障

学习目标

- 掌握动力电池组的外部结构。
- 了解动力电池系统的功能。
- 掌握动力电池系统的电路插接器端子接口定义。
- 具备测量电池管理器端子，确认其是否存在故障的能力。
- 具备诊断与排查接触器故障的能力。
- 了解创新精神的重要性，明确创新精神对推进技术发展的重要意义。

知识索引

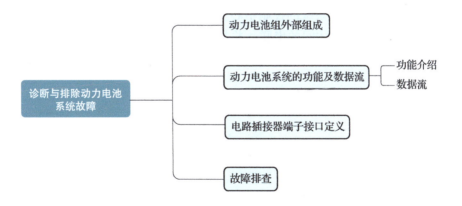

情境导入

比亚迪秦 EV 车辆经过一段涉水路段测试后，车辆仪表显示"EV 功能受限"，OK 指示灯不亮。通过诊断仪扫描到接触器故障，清除故障码后可以正常上电，下电后又出现同样的故障。作为一名维修技术人员，你应该如何处理这类故障呢？

新能源汽车保养与故障诊断技术　　姓名　　　　班级　　　　日期

📧 获取信息

> **❓ 引导问题 1**
>
> 请查阅相关资料，简述动力电池组系统组成。
>
> _____
>
> _____
>
> _____

动力电池组外部组成

动力电池系统组成：电池组、箱体、电池管理系统（BMS）、高/低压线束、高压配电箱等。图 3-2-1 所示是电池组外观。

电池组：由电池模组通过串联和并联的方式组装而成。

箱体：用于装载电池模组，并与车身固定，一辆纯电动汽车动力电池系统通常包括若干个箱体。

电池管理系统：通常包括从机和主机，从机用于采集各个箱体中模组的电压、温度等信号，主机是动力电池系统的控制中心。

高压线束：用于多个箱体间的串联，并与高压箱连接。

低压线束：主要用于传输电池的电压、电流、温度等信号，以及为电池管理系统提供电源连接。

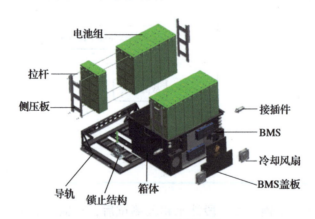

图 3-2-1　电池组外观

> **引导问题 2**
>
> 请查阅相关资料，简述动力电池管理系统的主要功能。
>
> _____
>
> _____
>
> _____

> **引导问题 3**
>
> 请查阅相关资料，简述接触器故障可能需要排查的部件有哪些。
> _____
> _____
> _____

动力电池系统的功能及数据流

一、功能介绍

动力电池管理系统的主要功能有能量管理、安全管理、热管理、数据采集、电池状态计算、均衡管理、通信功能和人机接口等，它可以防止电池出现过充电和过放电，延长电池的使用寿命，监控电池的状态。

1. 能量管理

包括以电流、电压、温度、SOC 和 SOH 为输入进行充电过程控制，以 SOC、SOH 和温度等参数为条件进行放电功率控制两个部分。

2. 安全管理

包括温度报警、绝缘检测、自动灭火、过电压和过电流控制、过充电和过放电控制，在发生碰撞的紧急情况下关闭电池功能。

3. 热管理

包括在电池工作温度超高时进行冷却，低于适宜工作温度下限时进行电池加热，保证电池处于适宜的工作温度范围内，并在电池工作过程中保持电池单体间温度均衡。对于大功率放电和高温条件下使用的电池，电池的热管理尤为必要。

4. 数据采集

采集的动力电池数据（如温度、荷电状态、电压、电流等数据），采样速率、精度和前置滤波特性是影响电池管理系统性能的重要指标，电动汽车电池管理系统的采样速率一般要求大于 200Hz（50ms）。图 3-2-2 所示是秦 EV 的电池信息采集器。采集器插件上的红色线采集的是单体电池的电压，黑色线采集的是电池的温度，每个电池模组有 3 个温度传感器，传感器的电阻值为 9.2kΩ 左右。

5. 电池状态计算

包括电池组荷电状态（SOC）和电池组健康状态（SOH）两方面。SOC 表示动力电池组剩余电量，是计算和估计电动汽车续驶里程的基础。SOH 表示电池技术状态，可以用于预计可用寿命等健康状态参数。图 3-2-3 所示为神经网络模型下的监测界面。

 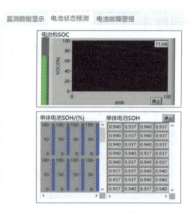

图 3-2-2　电池信息采集器（秦 EV）　　图 3-2-3　SOC 和 SOH 监测界面

6. 均衡管理

电池的一致性差异导致电池组的工作状态是由最差电池单体决定的。在电池组各个电池之间设置均衡电路、实施均衡控制，是为了使各电池单体充放电的工作情况尽量一致，提高电池组整体的工作性能。

7. 通信功能

它是指通过电池管理系统实现电池参数和信息与车载设备或非车载设备的通信。为充放电控制、整车控制提供数据依据，是电池管理系统的重要功能之一。根据应用需要，数据交换可采用不同的通信接口，如模拟信号、PWM 信号、CAN 总线或 I^2C 串行接口。

8. 人机接口

它是根据设计的需要设置显示信息以及控制按键、旋钮等。

二、数据流

连接诊断仪，读取故障码（DTC），电池管理系统故障码见表 3-2-1。

表 3-2-1　电池管理系统故障码

编号	故障码（DTC）	描述	应检查部位
1	P1A0000	严重漏电故障	动力电池、电机驱动总成、充配电总成、空调压缩机和 PTC
2	P1A0100	一般漏电故障	动力电池、电机驱动总成、充配电总成、空调压缩机和 PTC
3	P1A0200	BIC1 工作异常故障	动力电池
4	P1A0300	BIC2 工作异常故障	动力电池
5	P1A0400	BIC3 工作异常故障	动力电池
6	P1A0500	BIC4 工作异常故障	动力电池
7	P1A0600	BIC5 工作异常故障	动力电池

（续）

编号	故障码（DTC）	描述	应检查部位
8	P1A0700	BIC6 工作异常故障	动力电池
9	P1A0800	BIC7 工作异常故障	动力电池
10	P1A0C00	BIC1 电压采样异常故障	动力电池
11	P1A0D00	BIC2 电压采样异常故障	动力电池
12	P1A0E00	BIC3 电压采样异常故障	动力电池
13	P1A0F00	BIC4 电压采样异常故障	动力电池
14	P1A1000	BIC5 电压采样异常故障	动力电池
15	P1A1100	BIC6 电压采样异常故障	动力电池
16	P1A1200	BIC7 电压采样异常故障	动力电池
17	P1A2000	BIC1 温度采样异常故障	动力电池
18	P1A2100	BIC2 温度采样异常故障	动力电池
19	P1A2200	BIC3 温度采样异常故障	动力电池
20	P1A2300	BIC4 温度采样异常故障	动力电池
21	P1A2400	BIC5 温度采样异常故障	动力电池
22	P1A2500	BIC6 温度采样异常故障	动力电池
23	P1A2600	BIC7 温度采样异常故障	动力电池
24	P1A3400	预充失败故障	动力电池、电机驱动总成、充配电总成、空调压缩机和 PTC、漏电传感器
25	P1A3522	动力电池单节电压严重过高	动力电池
26	P1A3622	动力电池单节电压一般过高	动力电池
27	P1A3721	动力电池单节电压严重过低	动力电池
28	P1A3922	动力电池单节温度严重过高	动力电池
29	P1A3A22	动力电池单节温度一般过高	动力电池
30	P1A3B21	动力电池单节温度严重过低	动力电池
31	P1A3C00	动力电池单节温度一般过低	动力电池
32	P1A3D00	负极接触器回检故障	动力电池包、低压线束
33	P1A3E00	主接触器回检故障	动力电池包、低压线束
34	P1A3F00	预充接触器回检故障	动力电池包、低压线束
35	P1A4000	充电接触器回检故障	动力电池包、低压线束
36	P1A4100	主接触器烧结故障	动力电池包、低压线束
37	P1A4200	负极接触器烧结故障	动力电池包、低压线束
38	P1A4800	电机控制器断开导致主接触器故障	电机驱动总成、低压线束
39	P1A4C00	漏电传感器失效故障	漏电传感器、低压线束

（续）

编号	故障码（DTC）	描述	应检查部位
40	P1A4D04	电流霍尔传感器故障	电流霍尔传感器、低压线束
41	P1A5200	碰撞系统故障	安全气囊ECU、低压线束、电池管理器
42	U011000	与电机控制器通信故障	电机驱动总成、低压线束
43	U110387	与安全气囊ECU通信故障	安全气囊ECU、低压线束
44	P1A5C00	分压接触器1回检故障	动力电池包、低压线束
45	P1A6000	高压互锁1故障	电池管理器、充配电总成、维修开关、电机驱动总成、低压线束、PTC、电池加热器
46	U20B000	BIC1 CAN通信超时故障	动力电池包、低压线束
47	U20B100	BIC2 CAN通信超时故障	动力电池包、低压线束
48	U20B200	BIC3 CAN通信超时故障	动力电池包、低压线束
49	U20B300	BIC4 CAN通信超时故障	动力电池包、低压线束
50	U20B400	BIC5 CAN通信超时故障	动力电池包、低压线束
51	U20B500	BIC6 CAN通信超时故障	动力电池包、低压线束
52	U20B600	BIC7 CAN通信超时故障	动力电池包、低压线束
53	U029787	与车载充电机通信故障	车载充电机、低压线束
54	P1AC000	安全气囊ECU碰撞报警	安全气囊ECU、低压线束、电池管理器
55	P1AC800	正极接触器回检故障	动力电池包、低压线束
56	U029C00	电池管理器与VTOG通信故障	电池管理器、VTOG通信模块、低压线束
57	U029800	电池管理器与DC通信故障	电池管理器、DC、低压线束
58	U02A200	与主动泄放模块通信故障	电池管理器、主动泄放模块、低压线束
59	U016400	与空调通信故障	电池管理器、空调控制器、低压线束
60	U02A100	与漏电传感器通信故障	漏电传感器、低压线束
61	U023487	与电池加热器通信故障	电池加热器、低压线束
62	P1ADE00	空调系统故障导致无法进行电池冷却	空调系统
63	P1ADF00	空调系统故障导致无法进行电池内循环	空调系统
64	P1AE000	空调系统故障导致无法进行电池加热	空调系统
65	P1AE100	电池加热器故障导致无法进行电池加热	电池加热器
66	P1AD44B	充电口温度一般过高1	充电口、温度传感器
67	P1AD54B	充电口温度一般过高2	充电口、温度传感器
68	P1AD698	充电口温度一般过高3	充电口、温度传感器

（续）

编号	故障码（DTC）	描述	应检查部位
69	P1AD900	充电口温度采样点异常	充电口、温度传感器
70	P1A5B00	双路电供电故障导致接触器断开	电池管理器、充配电总成、低压线束
71	P1A5500	电池管理器12V电源电压输入过高	电池管理器、充配电总成、低压线束
72	P1A5600	电池管理器12V电源电压输入过低	电池管理器、充配电总成、低压线束
73	P1AC200	高压互锁2故障	电池管理器、充配电总成、低压线束
74	P1AE800	直流充电正极接触器回检故障	电池管理器、充配电总成、低压线束
75	P1AE900	直流充电负极接触器回检故障	电池管理器、充配电总成、低压线束
76	U014087	与BCM通信故障	电池管理器、车身控制器、低压线束
77	U012187	与ABS通信故障	电池管理器、ABS、低压线束
78	U015587	与组合仪表通信故障	
79	P1AEA00	PTC短路故障	PTC、低压线束、高压线束
80	U014B87	与直流充电机通信故障	电池管理器、直流充电机、低压线束
81	P1AEC00	直流充电机故障	电池管理器、直流充电机、低压线束
82	P1AF100	烧结光耦不导通	电池管理器、充配电总成、低压线束
83	P1AF000	烧结光耦误导通	电池管理器、充配电总成、低压线束
84	P1AF200	直流充电机电压输出异常	电池管理器、直流充电机、低压线束
85	P1AF300	直流充电机主动停止充电	电池管理器、直流充电机、低压线束
86	U014B87	与直流充电机通信故障	电池管理器、直流充电机、低压线束
87	P1AF400	直流充电机能力不足	电池管理器、直流充电机、低压线束

引导问题 4

请查阅相关资料，简述新能源汽车秦EV的电池管理控制器的功能有哪些。

_____
_____
_____

电路插接器端子接口定义

秦EV的电池管理器安装位置如图3-2-4所示，位于前舱大支架下方。

图 3-2-4 秦 EV 电池管理器安装位置

电池管理器低压插接器端子 BMC01 和 BMC02 如图 3-2-5 所示，端子各针脚说明见表 3-2-2。

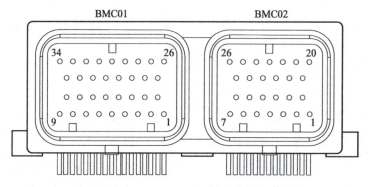

图 3-2-5 秦 EV 电池管理器 BMC01 和 BMC02 端子

表 3-2-2 电池管理器端子针脚说明

BMC01 端子								
针脚号	端口名称	端口定义	线束接法	信号类型	稳态工作电流 /A	冲击电流和堵转电流 /A	电源性质（比如：常电）	备注
BMC01-01	电池子网 CAN-H	电池子网 CAN-H	接电池包 33PIN-D10	CAN 信号	≤ 1A			
BMC01-02	电池子网 CAN 屏蔽地	电池子网 CAN 屏蔽地	接电池包 33PIN-D05	接地	≤ 1A			
BMC01-03	通信转换模块电源 +12V	通信转换模块 +12V 电源输出	接电池包 33PIN-D11	电压	1.5A		常电	
BMC01-04	NC	NC						
BMC01-05	NC	NC						
BMC01-06	直流充电唤醒信号	直流充电唤醒信号输入	接直流充电口接插件 12PIN-02	电平	≤ 1A			

（续）

针脚号	端口名称	端口定义	线束接法	信号类型	稳态工作电流/A	冲击电流和堵转电流/A	电源性质（比如：常电）	备注
			BMC01 端子					
BMC01-07	预充/主接触器电源+12V	预充接触器电源+12V电源输出	接电池包33PIN-D20	电压	≤1A	1.8A	双电路	
		主接触器电源+12V电源输出	接电池包33PIN-D18		≤1A	1.8A	双电路	
BMC01-08	充电仪表指示灯信号	充电仪表指示灯亮灭信号	仪表-26	电平信号	≤1A			
BMC01-09	预留	预留	预留					
BMC01-10	电池子网CAN-L	电池子网CAN-L	接电池包33PIN-D04	CAN信号	≤1A			
BMC01-11	通信转换模块电源GND	通信转换模块电源GND	接电池包33PIN-D16	接地	1.5A			
BMC01-12	NC	NC						
BMC01-13	NC	NC						
BMC01-14	NC	NC						
BMC01-15	直流充电接触器供电电源+12V	直流充电接触器供电电源+12V	接充配电总成33PIN-8	电压	≤1A	1.8A	双电路	
BMC01-16	负极接触器电源+12V	负极接触器+12V电源输出	接电池包33PIN-D06	电压	≤1A	1.8A	双电路	
BMC01-17	NC	NC						
BMC01-18	电流霍尔传感器负极电源-15V	电流霍尔传感器负极电源-15V输出	接电池包33PIN-D25	电压	≤1A			
BMC01-19	电流霍尔传感器屏蔽地	电流霍尔传感器屏蔽地	接电池包33PIN-D23	接地	≤1A			

（续）

| \multicolumn{9}{c|}{BMC01 端子} |
针脚号	端口名称	端口定义	线束接法	信号类型	稳态工作电流 /A	冲击电流和堵转电流 /A	电源性质（比如：常电）	备注
BMC01-20	NC	NC						
BMC01-21	预充接触器控制信号	预充接触器控制信号输出，拉低导通	接电池包33PIN-D28	电平信号	≤ 1A	1.8A		
BMC01-22	主接触器控制信号	主接触器控制信号输出，拉低导通	接电池包33PIN-D19	电平信号	≤ 1A	1.8A		
BMC01-23	NC	NC						
BMC01-24	直流充电负极接触器控制信号	直流充电负极接触器控制信号输出，拉低导通	接充配电总成33PIN-10	电平信号	≤ 1A	1.8A		
BMC01-25	NC	NC						
BMC01-26	电流霍尔信号	直流霍尔信号输入	接电池包33PIN-D22	模拟信号	≤ 1A			
BMC01-27	电流霍尔传感器正极电源+15V	电流霍尔传感器正极电源+15V 输出	接电池包33PIN-D24	电压	≤ 1A			
BMC01-28	12V 常电	12V 常电	接整车低压线束	电压	2A		常电	
BMC01-29	负极接触器控制信号	负极接触器控制信号输出，拉低导通	接电池包33PIN-D13	电平信号	≤ 1A	1.8A		
BMC01-30	NC	NC						
BMC01-31	NC	NC						
BMC01-32	NC	NC						
BMC01-33	直流充电正极接触器控制信号	直流充电正极接触器控制信号输出，拉低导通	接充配电总成33PIN-9	电平信号	≤ 1A	1.8A		
BMC01-34	NC	NC						

（续）

\multicolumn{7}{c}{BMC02 端子}						
针脚号	端口名称	端口定义	线束接法	信号类型	稳态工作电流/A	冲击电流和堵转电流/A	电源性质（比如：常电）	备注
BMC02-01	12V 常电	12V 常电输入	整车低压线束	电压	2A		常电	
BMC02-02	车身地	车身地	整车低压线束	接地	≤1A			
BMC02-03	碰撞硬线信号	碰撞硬线信号输入	ECU-46	PWM波	≤1A			
BMC02-04	PWM 输出 1	高压互锁信号输出	接电池包33PIN-D30	PWM信号	≤1A			
BMC02-05	PWM 输入 1	高压互锁信号输入	接充配电总成33PIN-13	PWM信号	≤1A			
BMC02-06	直流充电口温度传感器GND2	直流充电口温度传感器GND2	接直流充电口接插件12PIN-10	接地	≤1A			
BMC02-07	直流充电接触器烧结检测信号	直流充电接触器烧结检测信号输入	接充配电总成33PIN-11	电平信号	≤1A			
BMC02-08	DC 12V	DC 12V 输入	接整车低压线束	电压	4A	15A	双路电	
BMC02-09	动力网CAN 终端电阻并入 1	CAN 终端电阻并入 1	BMC02-14	CAN信号	≤1A			
BMC02-10	PWM 输出 2	高压互锁信号输出 2	接充配电总成33PIN-15	PWM信号	≤1A			
BMC02-11	PWM 输入 2	高压互锁信号输入 2	接充配电总成33PIN-14	PWM信号	≤1A			
BMC02-12	直流充电口温度传感器GND1	直流充电口温度传感器GND1	接直流充电口接插件12PIN-08	接地	≤1A			
BMC02-13	直流充电口温度信号 2	直流充电口温度信号输入 2	接直流充电口接插件12PIN-09	模拟型号	≤1A			

（续）

| \multicolumn{9}{c}{BMC02 端子} |
针脚号	端口名称	端口定义	线束接法	信号类型	稳态工作电流/A	冲击电流和堵转电流/A	电源性质（比如：常电）	备注
BMC02-14	动力网CAN终端电阻并入2	CAN终端电阻并入2	BMC02-09	CAN信号	≤1A			
BMC02-15	直流充电感应信号	直流充电感应信号输入	接直流充电口接插件12PIN-03	模拟信号	≤1A			单端屏蔽线，单端接地
BMC02-16	动力网CAN-H	动力网CAN-H	整车低压线束动力网	CAN信号	≤1A			
BMC02-17	动力网CAN-L	动力网CAN-L	整车低压线束动力网	CAN信号	≤1A			
BMC02-18	直流充电口CAN屏蔽地	直流充电口CAN屏蔽地	接直流充电口接插件12PIN-06	接地	≤1A			
BMC02-19	直流充电口温度信号1	直流充电口温度信号输入1	接直流充电口接插件12PIN-07	模拟信号	≤1A			
BMC02-20	车载充电感应信号	车载充电感应信号输入	接充配电总成33PIN-06	电平	≤1A			单端屏蔽线，单端接地
BMC02-21	车身地	车身地	整车低压线束	接地	≤1A			
BMC02-22	NC	NC						
BMC02-23	动力网CAN屏蔽地	动力网CAN屏蔽地	整车低压线束	接地	≤1A			
BMC02-24	直流充电子网CAN-H	直流充电子网CAN-H	接直流充电口接插件12PIN-05	CAN信号	≤1A			
BMC02-25	直流充电子网CAN-L	直流充电子网CAN-L	接直流充电口接插件12PIN-04	CAN信号	≤1A			
BMC02-26	NC	NC						

> **引导问题 5**
>
> 请查阅相关资料，简述如何检查电池管理系统主接触器控制信号。
>
> _____
> _____
> _____

故障排查

起动秦 EV 车辆，仪表显示 EV 功能受限，OK 指示灯不亮，车辆下电，检查低压蓄电池及整车低压线束供电，如果低压蓄电池电压低于 11V，在进行下一步检查时给整车低压蓄电池充电或更换蓄电池或检查整车低压线束，对接好接插件后，整车上 ON 档电，使用解码仪读取电池管理器，针对故障码进行故障维修。电池管理器端子正常值见表 3-2-3。

表 3-2-3 电池管理器端子正常值

连接端子	端子描述	条件	正常值
B156A-01	电池子网 CAN-H	ON 档/OK 档/充电	2.5~3.5V
B156A-02	电池子网 CAN 屏蔽地	始终	小于 1V
B156A-03	通信转换模块电源 +12V	ON 档/OK 档/充电	9 ~ 16V
B156A-06	直流充电唤醒信号	直流充电时	小于 1V
B156A-07	主接触器/预充接触器电源 +12V	ON 档/OK 档/充电	9 ~ 16V
B156A-08	充电仪表指示灯	车载充电时	小于 1V
B156A-09	电池子网 CAN 屏蔽地	始终	小于 1V
B156A-10	电池子网 CAN-L	ON 档/OK 档/充电	1.5~2.5V
B156A-11	通信转换模块供电 GND	始终	小于 1V
B156A-15	直流充电正/负极接触器电源 +12V	ON 档/OK 档/充电	9 ~ 16V
B156A-16	负极接触器电源 +12V	ON 档/OK 档/充电	9 ~ 16V
B156A-18	电流霍尔传感器负极电源 -15V	ON 档/OK 档/充电	-16 ~ -9V
B156A-19	霍尔传感器屏蔽地	始终	小于 1V
B156A-21	预充接触器控制信号	预充过程中	小于 1V
B156A-22	主接触器控制信号	主接触器吸合时	小于 1V
B156A-24	直流充电负极接触器控制信号	直流充电时	小于 1V
B156A-26	电流霍尔信号	ON 档	0~4.2V
B156A-27	电流霍尔传感器正极电源 +15V	ON 档/OK 档/充电	9~16V
B156A-28	12V 常电	ON 档/OK 档/充电	9~16V
B156A-29	负极接触器控制信号	负极接触器吸合时	小于 1V

（续）

连接端子	端子描述	条件	正常值
B156A-33	直流充电正极接触器控制信号	直流充电时	小于 1V
B156B-01	12V 常电	ON 档 /OK 档 / 充电	9~16V
B156B-02	车身地	始终	小于 1V
B156B-03	碰撞信号	起动	约 −15V
B156B-04	PWM 输出 1	ON 档 /OK 档 / 充电	PWM 脉冲信号
B156B-05	PWM 输入 1	ON 档 /OK 档 / 充电	PWM 脉冲信号
B156B-06	直流充电口温度传感器 GND2	直流充电时	小于 1V
B156B-08	DC 12V	电源 ON 档 / 充电	11~14V
B156B-09	动力网 CAN 终端电阻并入 1	ON 档 /OK 档 / 充电	1.5 ~ 3.5V
B156B-10	PWM 输出 2	始终	低电平信号
B156B-11	PWM 输入 2	始终	低电平信号
B156B-12	直流充电口温度传感器 GND1	直流充电时	小于 1V
B156B-13	直流充电口温度信号 2	直流充电时	小于 1V
B156B-14	动力网 CAN 终端电阻并入 2	ON 档 /OK 档 / 充电	1.5 ~ 3.5V
B156B-15	直流充电感应信号	直流充电时	小于 1V
B156B-16	动力网 CAN-H	ON 档 /OK 档 / 充电	2.5 ~ 3.5V
B156B-17	动力网 CAN-L	ON 档 /OK 档 / 充电	1.5 ~ 2.5V
B156B-18	直流充电 CAN 屏蔽地	直流充电时	小于 1V
B156B-19	直流充电口温度信号 1	直流充电时	小于 1V
B156B-20	车载充电感应信号	车载充电时	小于 1V
B156B-21	车身地	始终	小于 1V
B156B-23	整车 CAN 网屏蔽地	始终	小于 1V
B156B-24	直流充电子网 CAN-H	直流充电时	2.5 ~ 3.5V
B156B-25	直流充电子网 CAN-L	直流充电时	1.5 ~ 2.5V

拓展阅读

　　回首中国汽车产业蓬勃发展的 10 年，自主创新已深深融入"骨血"，成为中国汽车产业由大到强转型升级中最本真的颜色。

　　在全球汽车产业创新与融合、颠覆与重构中不断历练成长的中国汽车自主品牌，正在创新的路上啃下一个又一个"最硬的骨头"，将越来越多的关键核心技术掌握在自己手里。中国汽车产业覆盖全产业链的自主创新格局和视野更加开阔，路也越拓越宽；中国汽车产业的"筋骨"也在持续深入的自主创新中更加强壮；中国自主品牌汽车的全球竞争力和影响力持续提升。

我国的很多自主品牌汽车"军团"都把创新当作自己的职责使命，坚定不移以创新推动中国品牌发展和汽车强国建设。

自主品牌乘用车在国内的销量接近700万辆，市场份额持续上升，已达47.8%。以比亚迪为例——从刀片电池到超级混动技术，再到不断进化升级的e平台3.0……持续创新并全面掌握电池、电机、电控及车规级芯片等新能源汽车产业链核心技术的比亚迪，厚积薄发，正迎来产销量的爆发式增长。

宁德时代——这家从福建宁德走向世界的全球动力电池龙头企业，目前已拥有全球最全面的电池技术路线布局。依托持续进化的创新，宁德时代在世界范围内实现了811电池的首先量产以及CTP技术电池的首创量产，在动力电池材料、结构方面的创新实力凸显。如今，宁德时代的产品已遍布全球56个国家和地区，累计装车超过500万辆，全球每新增3辆新能源汽车就有一辆装载宁德时代电池。

展望未来，在新的发展阶段和新的竞争环境与格局之下，抓住科技创新"关键变量"，抢占科技竞争和未来发展制高点，努力实现关键核心技术自主可控，把创新主动权牢牢掌握在自己手里的重要性和必要性愈加凸显。中国汽车产业将继续在永不停歇的创新中擦亮鲜明底色！

任务分组

学生任务分配表见表3-2-4。

表3-2-4 学生任务分配表

班级		组号		指导老师	
组长		学号			
组员角色分配					
信息员		学号			
操作员		学号			
记录员		学号			
安全员		学号			
任务分工					
（就组织讨论、工具准备、数据采集、数据记录、安全监督、成果展示等工作内容进行任务分工）					

工作计划

按照前面所了解的知识内容和小组内部讨论的结果，制定工作方案，落实各项工作负责人，如任务实施前的准备工作、实施中主要操作及协助支持工作、实施过程中相关要点及数据的记录工作等。

工作计划表见表 3-2-5。

表 3-2-5　工作计划表

步骤	工作内容	负责人
1		
2		
3		
4		
5		
6		
7		
8		

进行决策

1. 各组派代表阐述资料查询结果。
2. 各组就各自的查询结果进行交流，并分享技巧。
3. 教师对各组的计划方案进行点评。
4. 各组长对组内成员进行任务分工，教师确认分工是否合理。

任务实施

引导问题 6

查阅相关资料，简述在排除比亚迪主接触器控制故障需要的注意事项是什么。

比亚迪主接触器控制故障排除（秦 EV）

根据动力电池系统故障诊断与排除的内容，在秦 EV 实车上完成主接触器控制故障的诊断与排除。

实训准备见表 3-2-6。

表 3-2-6 实训准备

实训准备			
序号	设备及工具名称	数量	设备及工具是否完好
1	数字式万用表	1 台	□是□否
2	绝缘防护套装	1 套	□是□否
3	绝缘工具套装	1 套	□是□否
4	工位套装	1 套	□是□否
5	比亚迪秦 EV 整车	1 辆	□是□否
6	动力电池举升机	1 台	□是□否
7	龙门举升机	1 台	□是□否
质检意见	原因：		

秦 EV 电池包正负极接触器故障见表 3-2-7。

表 3-2-7 秦 EV 电池包正负极接触器故障

步骤	操作	完成情况
1	按下点火开关，起动秦 EV，车辆无法上高压电，仪表"OK"指示灯不亮，提醒"EV 功能受限"	已完成□未完成□
2	连接诊断仪扫描故障，并读取故障码	已完成□未完成□
3	确认车辆的故障是电池包正负极接触器烧结导致车辆无法上电。将车辆下电，断开蓄电池负极，等待 3~5min	已完成□未完成□
4	断开电池包的低压接插件，穿戴好绝缘防护手套，拆下电池包的高压母线。将低压接插件和高压母线做防护处理，避免异物进入导致损坏	已完成□未完成□
5	断开电池包的进出水管（注意做好 7S 管理）	已完成□未完成□
6	将动力电池举升平台推入车底，并将举升平台升至电池包底部。拆卸动力电池固定螺栓，将电池包落在举升平台上	已完成□未完成□
7	使用手电钻、美工刀等工具将动力电池包盖打开。用铲刀将电池托盘周围的防水胶清理干净	已完成□未完成□
8	打开电池包的配电箱保护盖板，找到电池包的正负极接触器	已完成□未完成□
9	穿戴好绝缘防护手套，使用绝缘工具拆卸配电箱内的固定螺栓。注意：务必确认绝缘防护手套的性能良好，否则会造成触电的危险。断开的铜排必须使用绝缘胶布包裹好	已完成□未完成□
10	依次拆下接触器上端的连接铜排以及正负极接触器	已完成□未完成□
11	使用万用表检查正负极接触器是否有故障。断电后接触器两个触点之间的电压值为 ∞，根据测量结果对有故障的接触器进行更换	已完成□未完成□
12	更换完接触器后，给电池托盘打胶，用铆钉枪将电池保护盖板铆上铆钉	已完成□未完成□

（续）

步骤	操作	完成情况
13	依次安装动力电池、电池高压母线、低压接插件，加注电池冷却液	已完成□ 未完成□
14	给车辆上电，故障排除。待车辆上电运行约 5min，使用解码仪进行排空，查看电池冷却液储液罐，将冷却液加注至 MIN 与 MAX 标记线之间，用诊断仪清除历史故障码	已完成□ 未完成□
15	实训现场整理	已完成□ 未完成□
总结提升		
质检意见	原因：	已完成□ 未完成□

评价反馈

1. 各组代表展示汇报 PPT，介绍任务的完成过程。

2. 请以小组为单位，对各组的操作过程与操作结果进行自评和互评，并将结果填入表 3-2-8 中的小组评价部分。

3. 教师对学生工作过程与工作结果进行评价，并将评价结果填入表 3-2-8 中的教师评价部分。

表 3-2-8 综合评价表

班级		组别		姓名		学号	
实训任务							
评价项目		评价标准				分值	得分
小组评价	计划决策	制定的工作方案合理可行，小组成员分工明确				10	
	任务实施	能够正确检查并设置实训工位				5	
		能够准备和规范使用工具设备				5	
		能够正确分析车辆故障的原因				20	
		能够正确对比亚迪主接触器控制故障排除				20	
		能够规范填写任务工单				10	
	任务达成	能按照工作方案操作，按计划完成工作任务				10	
	工作态度	认真严谨、积极主动，安全生产，文明施工				10	
	团队合作	小组组员积极配合、主动交流、协调工作				5	
	7S 管理	完成竣工检验、现场恢复				5	
		小计				100	

（续）

评价项目		评价标准	分值	得分
教师评价	实训纪律	不出现无故迟到、早退、旷课现象，不违反课堂纪律	10	
	方案实施	严格按照工作方案完成任务实施	20	
	团队协作	任务实施过程互相配合，协作度高	20	
	工作质量	能准确规范完成实训任务	20	
	工作规范	操作规范，三不落地，无意外事故发生	10	
	汇报展示	能准确表达、总结到位、改进措施可行	20	
		小计	100	
综合评分		小组评价分 ×50% + 教师评价分 ×50%		

总结与反思

（如：学习过程中遇到什么问题→如何解决的/解决不了的原因→心得体会）

新能源汽车保养与故障诊断技术

能力模块四
掌握电机驱动系统的保养与故障诊断方法

任务一 检查与维护驱动电机

学习目标

- 掌握驱动电机的作用与结构。
- 掌握秦EV前驱电动总成维护与保养的内容。
- 掌握汽车螺栓、螺母紧固标准。
- 具备检查前驱电动总成高压线束的能力。
- 具备排查前驱电动总成电机异响故障的能力。
- 了解易四方技术平台,感受行业的发展趋势。

知识索引

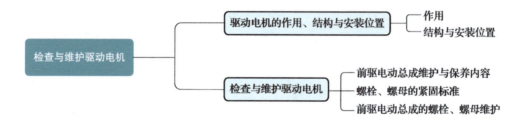

情境导入

毕业季来临,小李到深圳比亚迪4S店售后服务站应聘,刚好遇到顾客秦EV车主,车主把车开到服务站打算对电机进行一次比较全面的保养,店里师傅打算让小李试一下,如果你是小李,你能顺利通过师傅的考核吗?

获取信息

引导问题1

请查阅相关资料,简述什么是驱动电机。

_____
_____
_____

> **引导问题 2**
>
> 请查阅相关资料,简述秦 EV 车型前驱电动总成的组成。
>
> _____
> _____
> _____

> **引导问题 3**
>
> 请查阅相关资料,简述秦 EV 车型永磁同步电机的组成。
>
> _____
> _____
> _____

驱动电机的作用、结构与安装位置

一、作用

作为新能源汽车的"动力心脏",驱动电机是一种将电能转化为动能,并用来驱动其他装置的电气设备,是与汽车加速度、最高车速、爬坡坡度(一般车辆最大爬坡坡度不超过 40%)等重要指标及行车体验直接相关的核心部件。

二、结构与安装位置

秦 EV 采用的驱动电机为永磁同步电机,集成在秦 EV 的驱动电机控制系统,也称前驱电动总成或三合一驱动系统,主要由驱动电机控制器(Motor Control Unit, MCU)、驱动电机、单档变速器组成,如图 4-1-1 所示。

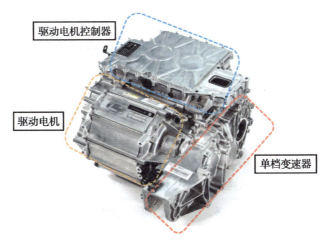

图 4-1-1 秦 EV 的前驱电动总成

秦 EV 的前驱电动总成位于前舱中部,在充配电总成的下方,如图 4-1-2 所示。

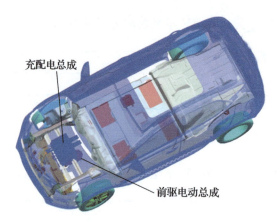

图 4-1-2　秦 EV 前驱电动总成安装位置示意图

下面以秦 EV 为例简要介绍驱动电机的结构组成。

永磁同步电机主要由电机的转子、定子、电机外壳、旋转变压器(也称旋变传感器,简称旋变)、前后转子轴承、电机前后端盖以及三相电缆等部件组成,如图 4-1-3 所示。

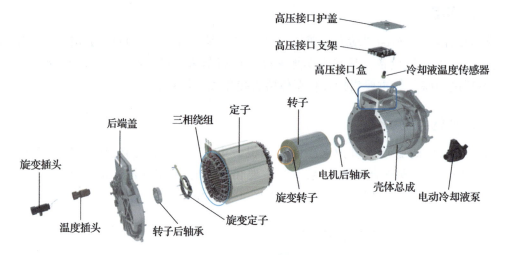

图 4-1-3　秦 EV 永磁同步电机结构

主要部件安装位置见表 4-1-1。

表 4-1-1　秦 EV 永磁同步电机主要部件安装位置说明

部件	说明
旋变定子	安装在后端盖上,用于检测电机转子位置、转速信号
旋变转子	安装在电机转轴上,与旋变转子总成配合反映转子角度位置
转子	布置在定子内部,用于磁能向动能的转换
三相绕组	安装在定子铁心上,用于接入三相交流电,产生磁场
定子	安装在壳体内部,用于增强通电线圈的磁性

其中，旋转变压器如同永磁同步电机的"眼睛"，可精确检测转子的位置、方向、速度，用来对驱动电机或发电机（回收能量）进行方向、转速的控制，旋转变压器（简称旋变）是一种输出电压随转子转角变化的信号元件。在秦 EV 中，当励磁绕组以一定频率的交流电压励磁时，输出绕组的电压幅值与转子转角成正弦、余弦函数关系，因此这种旋转变压器又称为正余弦旋转变压器。

旋转变压器主要负责检测电机的转速、旋转方向（正转或反转）、电机位置（旋转角度），如果旋变信号失效或丢失，车辆将无法上"OK"电，旋变信号相当于发动机上的曲轴位置传感器信号，旋变信号通过硬线信号传到电机控制器后解码转换成车速信号。旋变传感器安装在电机后端盖处，如图 4-1-4 所示。

图 4-1-4　秦 EV 驱动电机旋转变压器安装位置

引导问题 4

请查阅相关资料，简述秦 EV 前驱电动总成技术参数有哪些。

_____
_____
_____

引导问题 5

请查阅相关资料，简述秦 EV 前驱电动总成维护与保养的内容。

_____
_____
_____

检查与维护驱动电机

一、前驱电动总成维护与保养内容

以秦 EV 为例，其前驱电动总成由驱动电机、驱动电机控制器以及变速器三者集成而成，位于整车前舱。其中，驱动电机主要是将驱动电机控制器提供的电能转化为机械能输出至变速器，以及将变速器输入的机械能转换为电能输出至驱动电机控制器；驱动电机控制器主要是控制动力电池与驱动电机之间能量传输的装置；变速器主要是实现对动力电机的减速增矩作用。秦 EV 前驱电动总成技术参数见表 4-1-2。

表 4-1-2 秦 EV 前驱电动总成技术参数

项目	技术参数
电机最大输出转矩	180N·m/（0~3714r/min）/30s
电机额定转矩	70N·m/（0~4775r/min）/持续
电机最大输入功率	100kW/（5305~6000r/min）/5s
电机额定功率	35kW/（4775~12000r/min）/持续
电机最大输出转速	12100r/min
电动总成重量	64kg
变速器润滑油量	（0.65±0.05）L
变速器润滑油类型	壳牌 S3-ATF-MD3

前驱电动系统的技术参数与电动汽车的应用性能和安全性能密切相关。通过维护与保养可有效提高驱动系统的使用性能，延长电动汽车使用寿命。前驱电动总成维护与保养的主要内容如下。

1）每天开车前，检查储液罐中的冷却液液位是否在 MAX 与 MIN 标记线之间。如果冷却液液位位于 MIN 之下时，则必须补充。

2）每行驶 12000km，定期检查驱动电机及其控制器各固定点，检查螺栓是否松动，线束和插件是否存在松动、老化、破损、腐蚀等现象。

3）每两个月检查电机本体和控制器水冷管道是否通畅，若冷却水道有堵塞现象，则应及时清理堵塞物。

4）根据里程周期，更换电机冷却液，以及前驱电动总成的润滑油。

5）每半年检查清理 1 次电机本体和控制器表面的灰尘。清理方法是断开动力电源，用吸尘器清理电机本体和控制器表面灰尘。注意：禁止使用高压气体清洁灰尘，否则有可能造成粉尘爆炸。禁止用高压气枪直接对准控制器外壳上的"呼吸器"吹气，应用软毛刷进行清理。

6）电机轴承在一个大修周期内，不需要加注油脂。当轴承发生异响故障时，应解体电动机，检查轴承异响原因。

7）若电机很长时间未用，最好测量电机的绝缘电阻。检查绝缘电阻应使用绝缘测试仪，检测值应不低于 20MΩ；否则需对绕阻进行干燥处理，以去除潮气。检测旋变正余弦和励磁阻抗，测试时频率设置为 10kHz，对应的阻抗要求正弦：（60±5）Ω，余弦：（60±5）Ω，励磁：（20±5）Ω，如果阻值异常则需更换旋变，若没有旋变的分件通知，则不容许单独更换旋变。

二、螺栓、螺母的紧固标准

不同车型螺栓、螺母的紧固标准应参考原厂维修手册，以秦 EV 为例，数值见表 4-1-3。

表 4-1-3 某 EV 螺栓、螺母紧固标准

螺栓强度等级	屈服强度/(N/mm²)	螺栓公称直径/mm 拧紧力矩/N·m													
		6	8	10	12	14	16	18	20	22	24	27	30	33	36	39
4.6	240	4~5	10~12	20~25	36~45	55~70	90~110	20~150	70~210	230~290	300~377	450~530	540~680	670~880	900~1100	928~1237
5.6	300	5~7	12~15	25~32	45~55	70~90	10~140	50~190	210~270	290~350	370~450	550~700	680~850	825~1100	1120~1400	1160~1546
6.8	480	7~9	17~23	33~45	58~78	93~124	45~193	90~264	282~376	384~512	488~650	714~952	969~1293	1319~1759	1694~2259	1559~2079
8.8	640	9~12	22~30	45~59	78~104	24~165	93~257	264~354	376~502	512~683	651~868	952~1269	293~1723	759~2345	2259~3012	2923~3898
10.9	900	3~16	30~36	65~78	110~130	80~20	280~330	380~450	540~650	740~880	940~1120	400~1650	700~2000	2473~3298	2800~3350	4111~5481
12.9	1080	6~21	38~51	75~100	31~175	209~278	26~434	448~597	635~847	864~1152	1098~1464	606~2142	2181~2908	2968~3958	8812~5082	4933~6577

三、前驱电动总成的螺栓、螺母维护

以秦 EV 前驱电动总成为例，其主要的零部件如图 4-1-5 所示，零部件说明见表 4-1-4。

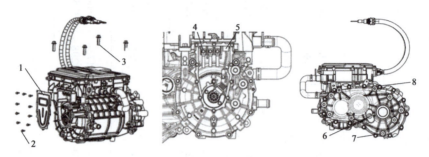

图 4-1-5　秦 EV 前驱电动总成主要零部件

表 4-1-4　主要零部件说明

图注号	零部件名称	数量	备注
1	电机端盖	1	
2	电机端盖固定螺栓	10	M5 锁紧力矩：（6±0.4）N·m
3	电机控制器固定螺栓	4	M10 锁紧力矩：（35±1）N·m
4	三相线紧固螺栓	3	锁紧力矩：（9±0.5）N·m
5	旋变及温度传感器接插件	1	
6	注油螺栓组件	1	锁紧力矩：（37±2）N·m
7	放油螺栓组件	1	锁紧力矩：（50±3）N·m
8	变速器端盖固定螺栓	15	锁紧力矩：（25±1）N·m

在进行前驱电动总成螺栓、螺母维护保养时，需要注意以下几项。

1）拆分过程中，请注意保护好所有零部件，做好螺栓的收纳工作，防止零部件意外损坏。

2）总成上的各螺栓在安装拧紧时，应使用专用工具力矩扳手锁紧，必须严格按照原厂手册中规定的锁紧力矩操作，并打上漆标。如变速器注油口螺栓锁紧力矩为（37±2）N·m，放油口螺栓锁紧力矩为（50±3）N·m。

3）驱动电机端盖和总成合箱壳体上的螺栓螺母，驱动电机控制器和驱动电机壳体上的螺栓，应按对角线松开和拧紧，如果发现螺栓有裂纹或损坏，需要及时更换。

4）螺栓螺母清洁时，使用气枪直接清洁螺纹内的碎屑，不能使用水或其他化学药品清洗。

5）安装驱动电机控制器时，注意按对角线方向安装 5 个驱动电机控制器的固定螺栓，三相线与驱动电机相连接时，注意不要刮伤驱动电机和驱动电机控制器。

📖 拓展阅读

易四方，顾名思义，整套系统是以四台独立驱动的轮边电机所组成的动力系统，并且是国内首个量产的四电机驱动技术。整个易四方技术平台已经不局限于我们所认知的传统电机、电控、电池等常规技术范畴，它将从感知、控制、执行这三个维度来全面重构，以此来颠覆以往燃油车的动力系统能力体系。

首先是感知方面，易四方技术平台融合了整车多种传感器，除了传统的实时数据，如惯导、电机旋变、轮速、转向、胎压等，还包括摄像头、激光雷达、毫米波雷达、高精定位等智驾传感数据，让轮边电机获得足够的感知能力来判断与决策，以此不断调整车轮的行驶状态，让车辆始终处于一个安全有效的驾驶方式之下。

为了实现深度融合和感知，易四方所搭载的中央计算平台+分布式控制器相结合的电子电气架构可以高效协调，控制动力系统整体架构。它可以将域控的多模态感知信号进行有效同步融合，并且中央控制器与各域控间通过高带宽、低时延、高安全性的车载以太网，实时互通感知信息和控制策略，因此通过控制器及传感器间的高度协同，让易四方平台实现四台轮边电机的精准和多样化控制。

易四方技术平台标配了全新一代的 800V SiC（碳化硅）电控，最高效率 99.5%。以高运算能力和控制速度，实现电流输出能力提升 50%，能够精准控制四个驱动轮所需要的电流输出。并且 SiC 的使用能让驱动电机在低转速时承受更大输入功率，且因其高热性能，不怕电流过大导致的热效应和功率损耗。根据数据显示，易四方技术平台的四轮电机单个最大输出功率覆盖 220~240kW，最大转矩覆盖 320~420N·m，效率也高达 97.7%，最高转速达到了 20500r/min，整车功率超过 800kW。

首先要感知车辆行驶情况、路面信息，也就是知己知彼，其次要发送控制信号，下达指令，最后就是四电机接收到信号后，还得有快速、直接、精准的执行能力，三者环环相扣，缺一不可。

正是比亚迪对汽车极致安全性的大胆构想，让汽车像猎豹一样拥有四条独立且强大的腿，拥有轮边电机技术的仰望易四方，在全球新能源汽车领域向前迈出了一大步。

任务分组

学生任务分配表见表 4-1-5。

表 4-1-5　学生任务分配表

班级		组号		指导老师	
组长		学号			
组员角色分配					
信息员		学号			
操作员		学号			
记录员		学号			
安全员		学号			
任务分工					
（就组织讨论、工具准备、数据采集、数据记录、安全监督、成果展示等工作内容进行任务分工）					

工作计划

按照前面所了解的知识内容和小组内部讨论的结果，制定工作方案，落实各项工作负责人，如任务实施前的准备工作、实施中主要操作及协助支持工作、实施过程中相关要点及数据的记录工作等。

工作计划表见表 4-1-6。

表 4-1-6　工作计划表

步骤	工作内容	负责人
1		
2		
3		
4		
5		
6		
7		
8		

进行决策

1. 各组派代表阐述资料查询结果。
2. 各组就各自的查询结果进行交流，并分享技巧。
3. 教师对各组的计划方案进行点评。
4. 各组长对组内成员进行任务分工，教师确认分工是否合理。

任务实施

引导问题 6

查阅相关资料，简述在变速器螺栓螺母、轴承的维护保养中的注意事项是什么。

_____
_____

变速器螺栓螺母、轴承的维护保养

根据所学的驱动电机相关内容，在秦 EV 实车上完成变速器螺栓螺母、轴承的维护保养。

实训准备见表 4-1-7。

表 4-1-7　实训准备

实训准备			
序号	设备及工具名称	数量	设备及工具是否完好
1	数字式万用表	1 台	□是□否
2	绝缘防护套装	1 套	□是□否
3	绝缘工具套装	1 套	□是□否
4	常规工具套装	1 套	□是□否
5	比亚迪秦 EV 整车	1 辆	□是□否
质检意见	原因：		□是□否

前驱电动总成高压母线的检查见表 4-1-8。

表 4-1-8　前驱电动总成高压母线的检查

步骤	操作	完成情况
1	取下蓄电池负极，断开充配电端动力电池母线，等待 3~5min 至电容器完全放电，如图所示	已完成□ 未完成□

（续）

步骤	操作	完成情况
2	断开电池包高压锁止，取下充配电端动力电池母线，如图所示 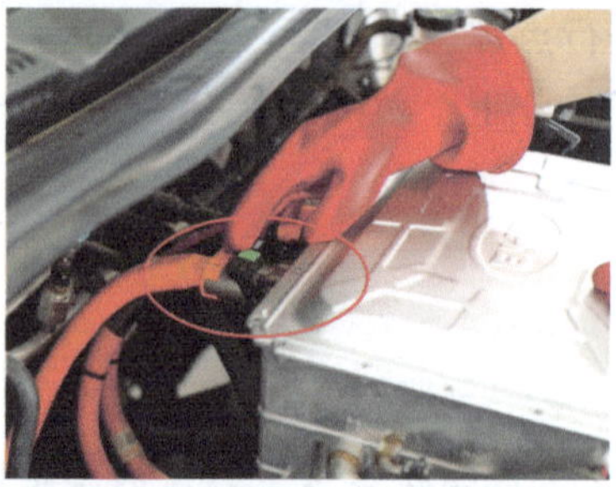	已完成□ 未完成□
3	使用万用表进行验电，选择电压 V 档位，红、黑表笔插入电池包母线正负极。测得电压值为 0V，如图所示用绝缘胶封住电池包母线插头 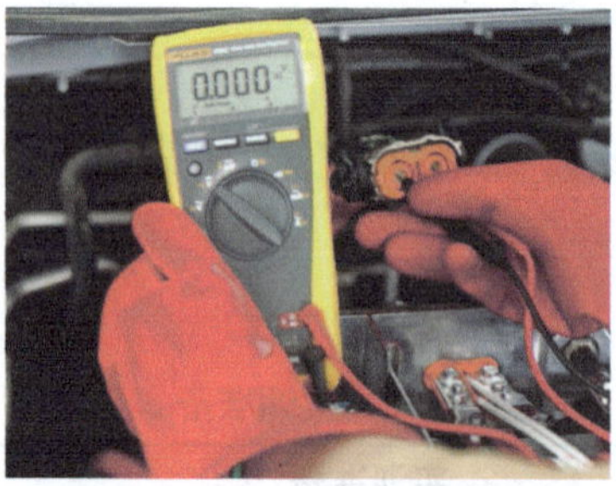	已完成□ 未完成□
4	使用棘轮扳手加套筒，取下充配电端电机控制器输入母线，如图所示 	已完成□ 未完成□
5	外观检查：检查电机高压母线正负极端子表面是否有烧蚀、发黑痕迹；电机高压线束表面是否有破损；电机高压线束与高压端子连接处，是否连接牢靠、有无松动，如图所示 	已完成□ 未完成□

（续）

步骤	操作	完成情况
6	电机高压母线弯曲度检查：由于空间的局限性，电缆通过的路径非常狭小且复杂，横截面积较普通线束大导致其所需的弯曲半径也要非常大，高压电缆高柔韧性是至关重要的，需要检查线束的弯曲程度即弯曲半径。线缆的最小弯曲半径一般要大于该线径直径的5倍，如图所示 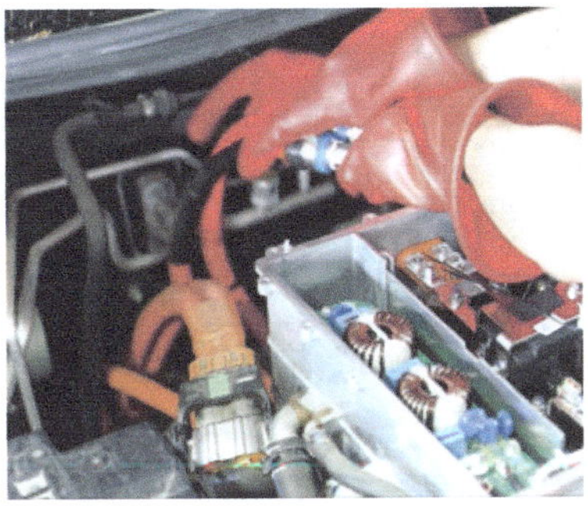	已完成□ 未完成□
7	电机高压母线绝缘检查：使用绝缘测试仪，选择500V档位，红笔分别搭电机母线正负极铜排，黑笔搭车身，测得电机高压线束正极和负极对壳体的绝缘阻值。绝缘电阻值要求大于500Ω/V，如图所示。前驱高压母线检查到此完成 	已完成□ 未完成□
8	实训现场整理	已完成□ 未完成□
总结提升		
质检意见	原因：	已完成□ 未完成□

前驱电动总成异响检查及处理办法见表4-1-9。

表 4-1-9　前驱电动总成异响检查及处理办法

步骤	操作	完成情况
1	举升车辆，起动车辆，一人在驾驶室控制加速踏板，一人在车底检查前驱电动总成下侧电机是否有异响，另一人作为安全员观察车辆状况，如图所示 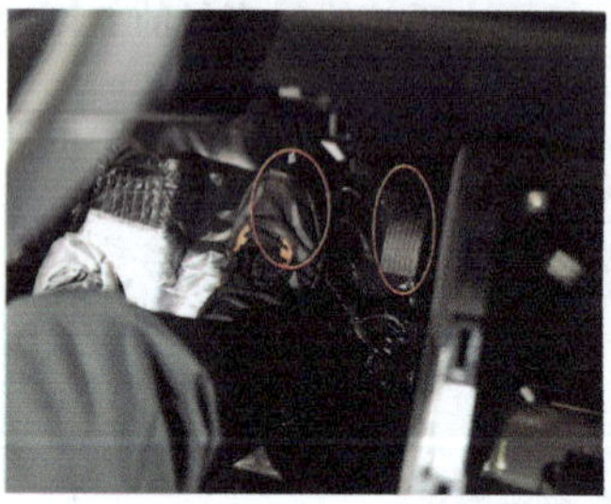 	已完成□ 未完成□
2	挂入前进档，使车辆处于怠速工况，检查前驱电动总成在怠速工况下是否存在异响，如图所示 	已完成□ 未完成□
3	检查时若电机出现异响，原因及处理办法如下（此部分内容实训时只进行原因分析，异响的处理仅在实际维修工作中进行）： ①轴承出现故障：电机轴承出现故障，引起间隙变大，电机不能正常运行，从而带来异响，如图所示 处理方法：更换新的轴承，即可解决电动汽车电机异响的问题   ②磁钢松动脱落：电动汽车电机内部磁钢松动脱落，电机性能下降，当电机运行时，就会发出噪声，如图所示 处理方法：重新粘接磁钢，即可解决电动汽车电机异响的问题	已完成□ 未完成□

（续）

步骤	操作	完成情况
3	 ③轴向出现窜动：电动汽车电机内部轴向出现窜动，当电机运行时就会晃动发出噪声，如图所示 处理方法：在轴向上增加适量的垫圈，可以在一定程度上解决电机有异响的问题   ④转子出现扫膛：电机转子与定子不同轴，就会导致局部间隙变小进而出现摩擦，引起扫膛，从而使电机发出异响，如图所示 处理方法：重新调整转子与定子，即可解决问题 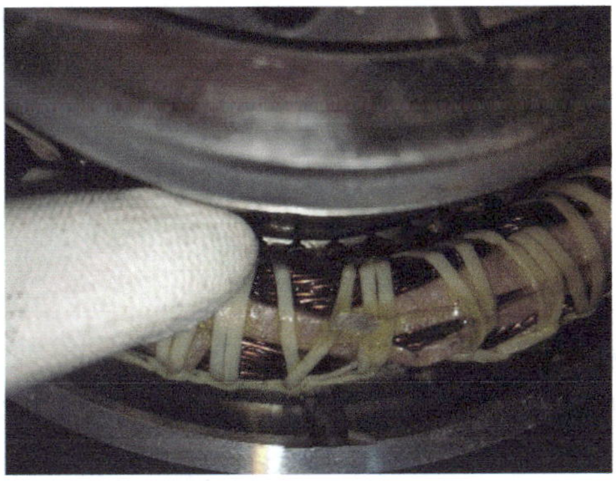	已完成□ 未完成□

（续）

步骤	操作	完成情况
4	变速器出现异响的原因分析及处理办法（此部分内容实训时只进行原因分析，异响的处理仅在实际维修工作中进行）； ①轴承出现故障：减速器轴承出现故障，引起间隙变大，减速器不能正常运行，从而带来异响 处理方法：更换新的轴承，即可解决电动汽车减速器异响的问题 ②齿轮出现裂纹、断齿、磨损：齿轮出现故障，引起打齿，减速器不能正常运行，从而带来异响，如图所示 处理方法：更换新的齿轮，即可解决电动汽车电机异响的问题 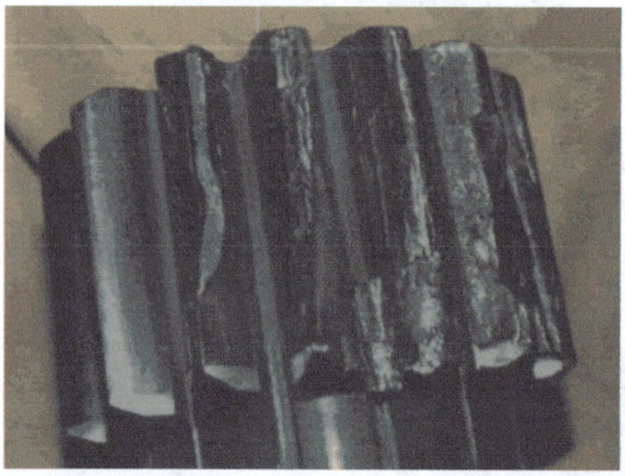	已完成□ 未完成□
5	异响外观检查后，检查前驱电动总成有无异响，再使用解码仪读取故障码，无故障码时，前驱电动总成检查完成	已完成□ 未完成□
6	实训现场整理	已完成□ 未完成□
总结提升		
质检意见	原因：	已完成□ 未完成□

📋 评价反馈

1. 各组代表展示汇报 PPT，介绍任务的完成过程。

2. 请以小组为单位，对各组的操作过程与操作结果进行自评和互评，并将结果填入表 4-1-10 中的小组评价部分。

3. 教师对学生工作过程与工作结果进行评价，并将评价结果填入表 4-1-10 中的教师评价部分。

表 4-1-10　综合评价表

班级			组别		姓名		学号	
实训任务								
评价项目			评价标准				分值	得分
小组评价	计划决策		制定的工作方案合理可行，小组成员分工明确				10	
	任务实施		能够正确检查并设置实训工位				5	
			能够准备和规范使用工具设备				5	
			能够正确分离变速器与电机				20	
			能够正确对螺栓螺母、轴承进行维护				20	
			能够规范填写任务工单				10	
	任务达成		能按照工作方案操作，按计划完成工作任务				10	
	工作态度		认真严谨、积极主动，安全生产，文明施工				10	
	团队合作		小组组员积极配合、主动交流、协调工作				5	
	7S 管理		完成竣工检验、现场恢复				5	
			小计				100	
教师评价	实训纪律		不出现无故迟到、早退、旷课现象，不违反课堂纪律				10	
	方案实施		严格按照工作方案完成任务实施				20	
	团队协作		任务实施过程互相配合，协作度高				20	
	工作质量		能准确规范完成实训任务				20	
	工作规范		操作规范，三不落地，无意外事故发生				10	
	汇报展示		能准确表达、总结到位、改进措施可行				20	
			小计				100	
综合评分			小组评价分 ×50% + 教师评价分 ×50%					
总结与反思								

（如：学习过程中遇到什么问题→如何解决的 / 解决不了的原因→心得体会）

任务二 诊断与排除驱动电机过温故障

学习目标

- 掌握电机工作温度监测控制系统的结构。
- 掌握电机工作温度监测控制系统的工作原理。
- 了解各类电机控制器故障码所对应的故障类型。
- 掌握电机温度过高故障的检查步骤。
- 具备诊断与排除电机温度过高故障的能力。
- 了解实训中可能存在的安全问题,明确职业道德中的敬业精神在实际操作中的重要性。

知识索引

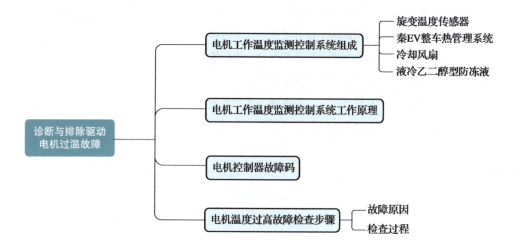

情境导入

某汽车4S店的服务顾问接待客户王先生,王先生去年购置了一辆秦EV作为代步工具,起动车辆时发现仪表"OK"指示灯不亮,显示"请检查动力系统"。经检查发现为电机工作温度监测控制系统故障,你会诊断这种故障吗?

获取信息

引导问题 1
请查阅相关资料，简述电机线圈中旋变温度传感器的作用。

_____
_____
_____

引导问题 2
请查阅相关资料，简述秦 EV 电池智能热管理系统的组成。

_____
_____
_____
_____

引导问题 3
请查阅相关资料，简述液冷乙二醇型防冻液的特点。

_____
_____
_____
_____

电机工作温度监测控制系统组成

一、旋变温度传感器

电机是应用电磁感应原理，实现电能向机械能转换的设备。电驱动系统主要由驱动电机、电机控制器（逆变器）构成，其工作原理如图 4-2-1 所示。

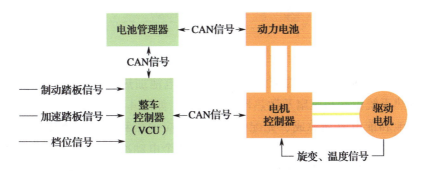

图 4-2-1　电驱动系统整车工作原理

旋变温度传感器埋在电机线圈（定子）里，用以检测电机线圈温度，防止电机在工作过程中温度上升过快导致过热。当温度传感器检测到绕组温度高于160℃时，电机控制器通过动力CAN与网关控制器进行信息交互，仪表模块显示"请检查动力系统"，同时功率限制指示灯亮起。若电机绕组温度长时间超过160℃，电机中的永磁体会产生退磁现象，电机功率下降，车辆表现为加速无力。

旋变温度传感器在不同温度下对应的阻值见表4-2-1。

表4-2-1 旋变温度传感器在不同温度下对应的阻值

序号	温度/℃	阻值/kΩ
1	0	364.9
2	10	212.5
3	20	127.7
4	30	78.88
5	40	50.04

二、秦EV整车热管理系统

为保障车辆在 –20~50℃之间实现正常、高效地充电行驶，秦EV采用电池智能热管理系统，该系统由前电驱动总成、充配电总成、动力电池、驱动电机冷却液泵、动力电池冷却液泵、膨胀阀、板式换热器、PTC、散热器、散热器风扇、整车控制器模块和空调系统相关高低压管路等部件组成，主要集中在发动机舱盖下方机舱内，如图4-2-2所示。

图4-2-2 秦EV前舱热管理系统

其中，电池散热系统采用制冷剂进行降温。电池加热系统由PTC进行加热，电机和控制器散热系统由冷却风扇及散热器进行散热，如图4-2-3所示。

动力电池和前电驱动总成、充配电总成有对应加热和冷却两个独立的系统，因此温度控制效率更高，效果也更好。冷却系统有两个电动冷却液泵，其中驱动系统和充配电总成共用一个冷却液泵，而动力电池有单独的冷却液泵，冷却系统冷却液泵由低压电路驱动，为冷却液的循环提供压力。在电动冷却液泵的驱动下，冷却液在管路中实现循环流动，其流向如图4-2-6所示。

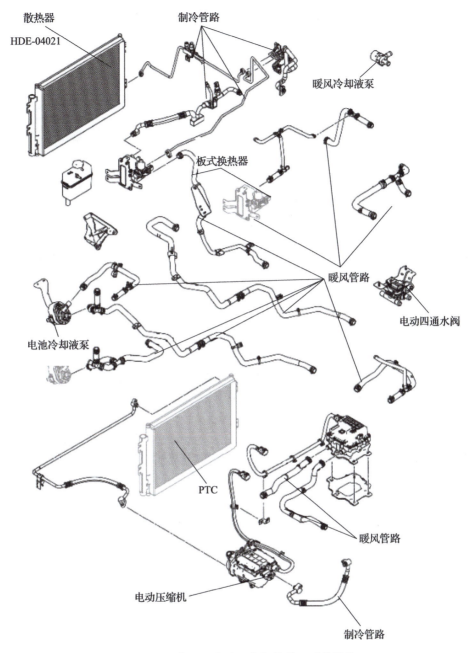

图 4-2-3　秦 EV 电池和电机热管理系统结构

三、冷却风扇

冷却风扇总成安装在机舱内散热器的后部，它可增加散热器和空调冷凝器的通风量，从而有助于加快车辆低速行驶时的冷却速度。风扇采用单风扇设计，由整车控制器控制风扇高、低速运转。

注意：即使在车辆不运行时，机舱下的冷却风扇也会起动而伤人，因此任何时候都要保持手、衣服和工具远离机舱下的冷却风扇，以免误伤。如果风扇叶片有任何程度的弯曲和损坏，不要修理或重复使用损坏的部件，必须更换弯曲或损坏的风扇叶片。损坏的风扇叶片不能保证动平衡，且在连续使用中可能出现故障甚至飞脱，这种情况非常危险。

四、液冷乙二醇型防冻液

相比风冷，乙二醇型防冻液具有更高的比热容，且可以根据需要调节系统温度，故而液冷具有更好的稳定性，如图4-2-4所示。对于新能源汽车的驱动电机和控制器等元件，采用液冷可以迅速带走热量，实现温度的快速降低，提高电机和控制器的效率和寿命。

防冻液由水、防冻剂、添加剂三部分组成，按防冻剂成分不同一般可分为乙醇型、甘油型、乙二醇型这三种防冻液。

图4-2-4 乙二醇型防冻液储液罐

现在市场上应用比较多的是乙二醇型防冻液，乙二醇是一种无色微黏的液体，沸点是197.4℃，冰点是-11.5℃，能与水任意比例混合。混合后由于改变了防冻液的蒸气压，冰点显著降低。其降低的程度在一定范围内随乙二醇的含量增加而下降。

目前常用的乙二醇型防冻液的物理性质如下。

1）常温性：冰点-25℃，适用于南方全年及北方夏季。

2）耐寒性：冰点-40℃，适用于北方冬季。

注意：严禁直接添加自来水作为防冻液。

一般来说乙二醇型防冻液是绿色的，丙二醇型是橘红色，丙三醇型是蓝色的。秦EV车型使用的防冻液是丙二醇型。

> **引导问题4**
>
> 请查阅相关资料，简述电机工作温度监测控制系统的工作原理。
> _____
> _____
> _____

电机工作温度监测控制系统工作原理

电机控制器通过电机内部的温度传感器监测电机三相绕组的温度，并通过动力CAN网络传送给网关控制器。网关控制器通过舒适网与空调控制器进行通信，空调控制器控制电子膨胀阀开启，同时网关控制器通过动力CAN与整车控制器通信，整车控制器控制风扇低速或高速运转，以保持前电驱动总成、充配电总成以及动力电池始终维持在最佳工作温度，秦EV冷却系统整车控制电路如图4-2-5所示。

驱动电机在工作的过程中，三相绕组温度升高比较快，整个系统会产生大量的热

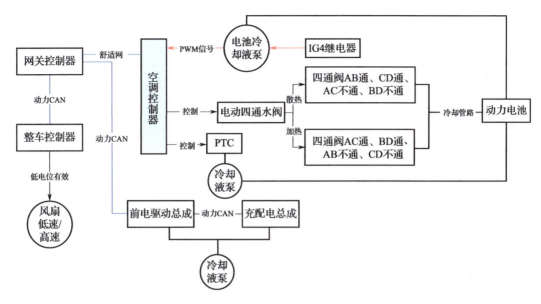

图 4-2-5　秦 EV 冷却系统整车控制电路

量,电动冷却液泵带动冷却液在前电驱动总成和充配电总成中循环,将热量带到散热器进而散发到空气中。温度传感器埋在电机线圈(定子)里,用以检测电机线圈温度,防止电机在工作的过程中温升过快导致过热。当温度传感器检测到绕组温度高于160℃时,电机控制器通过动力CAN与网关控制器进行信息交互,空调控制器控制压缩机工作,将驱动系统的温度降低。若电机控制器的温度持续上升到100℃时,电控控制器会停机。

　　为了使电机始终维持在最佳工作温度,前电驱动总成的冷却系统主要依靠冷却液泵带动冷却液在冷却管道中循环流动,通过在散热器进行的热交换等物理过程,冷却液带走前电驱动总成、充配电总成以及动力电池产生的热量。秦EV冷却循环如图4-2-6所示。

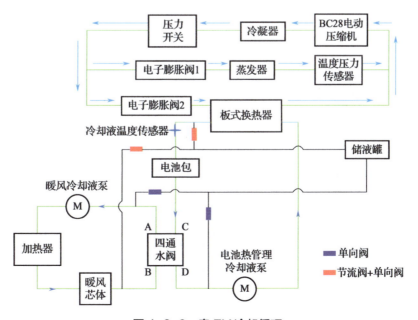

图 4-2-6　秦 EV 冷却循环

引导问题 5

请查阅相关资料，简述电机过温故障有哪几种情形。

_____

_____

电机控制器故障码

电机控制器故障码见表 4-2-2。

表 4-2-2 电机控制器故障码

序号	故障码（ISO 15031-6）	故障码定义
1	P1BB000	前驱动电机过电流
2	P1BB200	前驱动电机一般过温报警
3	P1BB298	前驱动电机严重过温报警
4	P1BB300	前驱动电机控制器 IGBT-NTC 一般过温报警
5	P1BAC00	前驱动电机控制器 IGBT 核心温度一般过温报警
6	P1BB319	前驱动电机控制器 IGBT-NTC 严重过温报警
7	P1BAC19	前驱动电机控制器 IGBT 核心温度严重过温报警
8	P1BB500	前驱动电机控制器高压欠电压
9	P1BB600	前驱动电机控制器高压过电压
10	P1BB700	前驱动电机控制器电压采样故障
11	P1BB800	前驱动电机控制器碰撞信号故障
12	P1BB900	前驱动电机控制器开盖保护（预留）
13	P1BBA00	前驱动电机控制器 EEPROM 错误
14	P1BBC00	前驱动电机控制器 DSP 复位故障
15	P1BBD00	前驱动电机控制器主动泄放故障
16	P1BBF00	前驱动电机旋变故障 – 信号丢失
17	P1BC000	前驱动电机旋变故障 – 角度异常
18	P1BC100	前驱动电机旋变故障 – 信号幅值减弱
19	P1BC200	前驱动电机缺 A 相
20	P1BC300	前驱动电机缺 B 相
21	P1BC400	前驱动电机缺 C 相
22	P1BC900	前驱动电机控制器电流霍尔传感器 A 故障
23	P1BC500	前驱动电机控制器电流霍尔传感器 B 故障
24	P1BC600	前驱动电机控制器电流霍尔传感器 C 故障

（续）

序号	故障码（ISO 15031-6）	故障码定义
25	P1BC800	前驱动电机控制器 IGBT 温度校验故障报警
26	U014187	与整车控制器通信故障
27	U011100	与 BMC 通信故障
28	P1BD119	前驱动电机控制器驱动 CPLD 过电流故障
29	P1BD117	前驱动电机控制器驱动 CPLD 过电压故障
30	P1BD000	前驱动电机控制器驱动 DSP1 死机故障

> **引导问题 6**
>
> 请查阅相关资料，简述新能源汽车电机温度过高故障检查的步骤。
>
> _____
> _____
> _____

电机温度过高故障检查步骤

一、故障原因

电机及其控制器温度过高故障的原因包括：驱动电机故障、驱动电机控制器故障、旋变温度传感器故障、冷却系统故障、冷却控制线路故障等，在进行故障排查时，可先通过外部直观检查，排查冷却系统及线路故障，再通过读取故障码进一步查找故障原因，如图 4-2-7 所示。

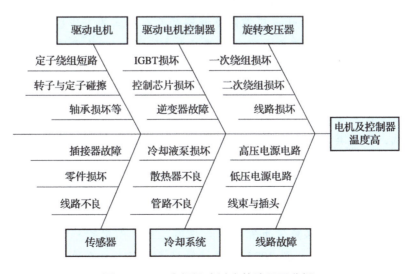

图 4-2-7 电机温度过高故障原因分析

二、检查过程

1）检查冷却液液位是否正常，冷却液液位应在 MIN 和 MAX 标记线之间，检查冷却液质量。技术人员可以将手放在冷却液泵体上感觉是否有振动，来验证冷却液泵是否在工作，管路是否有破损，接头是否松动漏水，排除冷却系统故障。

2）检查电机及其控制器外部是否有渗液，管路接头是否松动。检查电机控制器外部高低压接插件是否松动，导线是否破损。检查电机外部紧固螺钉是否松动存在异响，排除线路故障。

3）观察冷却管路有无机械干涉、异响等。

使用仪器进行故障诊断：

1）检测驱动电机信号线路。

2）检查电机温度传感器。检查电机温度传感器线束插头，测量温度传感器阻值，在常温下阻值约为 50kΩ。

📖 拓展阅读

电动汽车核心技术就是"三电"，三电包括动力电池、电机控制器、电机，其中电机控制器是三电中的重中之重，电机控制器的功耗决定了动力电池电能转化成电机驱动整车的机械能的效率。此外，电机控制器的其他综合效率的影响因子很多，如电机控制器效率、电机效率、机械转化效率、热功耗、开关损耗、电机铜耗、铁耗等等。提高综合效率因子的关键技术有以下几点。

一、如何提高电机控制器效率？

提高电机控制器效率的常见方法有，通过保持电机标定特定转矩、转速工况下的最佳电流，以此保证电机电流最小值，此时 IGBT 的损耗、电阻损耗就会变低。其次，通过桥电路提高电机控制器输入电压利用率，提高电机输入电压值，在恒功率区域总的电流值就会减少，由此也会减少损耗和漏磁。再者，通过变载频技术，让电机控制器载波频率在不同的工作区间实时变化，在低转速区间降低载波频率，降低了开关损耗；在高频阶段恢复高频载波控制，兼顾了性能和效率。还有就是寄希望于第四代宽禁带半导体材料 SiC 的发展、应用，以此降低开关导通的损耗。最后就是提高电压平台，目前电动汽车高压平台主要是 DC 336V、DC 540V，若升至 DC 800V 平台，电流减小，损耗降低，不过其他电器元件的耐压等级也必须有所提高，因此提高电机控制器效率需要结合各方面的效率因子进行综合评估。

二、如何提高电机控制器的功率密度？

衡量一个电机控制器的优良性，可以通过功率密度比评估，功率密度比较高的电机控制器可以减少布置空间。目前，主流的电控厂，如汇川可以将功率密度做到 33kW/L，到 2023 年预计做到 50kW/L，通过优化立体水路结构可以提升散热能力，采用更好的导热材料可以减少热源和水路的热阻。电机控制器良好的散热环境对提升电控持续输出功率的能力，降低器件损耗、延长产品使用寿命起到关键作用。

三、如何消除电机控制器与电机噪声NVH指标？

NVH（Noise Vbrition Harshness）指的是噪声、振动、声噪粗糙程度，是衡量汽车性能的一个重要指标。电动汽车性能噪声一般是因为传动链发生抖动引起车体的共振。消除噪声的方式有主动阻尼法，通过在线识别出传动链抖动频率，增加阻尼PWM调制波，通常包含三角波的载波和基波，其中数倍于基波频率的谐波载便是噪声。所以可以通过调整载波频率，弱化噪声来提升NVH特性。电器主要通过消除噪声、吸收噪声、隔离噪声，减小激励（输入）电流，或将激励与车身模态固有频率避开，来避免高频共振。

四、电机控制器成本与哪些因素有关？

电机控制器的成本与功率成正相关，不过电压、电流的提升，EMC等级的提高同样会增加成本。低速变频为低载频的脉动，低转速脉动载波与输入频率之间的载波比会影响电机控制器性能，恒功率弱磁区时，电机控制器效率升高，电机谐波增加，此时铁耗、铜耗各不相同，由此造成的控制成本也不同，所以要均衡电机控制器效率和电机谐波状况。

五、电控电流与电机转矩、电控电压与电机转速关系如何？

转矩电流比指的是单位电流能够输出的转矩。电机在没有进入不饱和区域时，电机转矩与电控输出电流呈线性关系；电控电压和电机转速的关系基本上是属于线性的，电控输出电压和电机变频调速会有恒转矩调速，此时电控电压是线性的。在恒功率阶段电控电压饱和区，此时电控功率属于饱和状态，电压和转速之间不相关。

六、电动汽车设计中电控与电机是如何进行匹配的？

首先考虑的是动力性相匹配，也就是说电控功率要与电机功率匹配，电控与电机的电压、电流相匹配。电机控制器、电机都会有效率损失，电机控制器的输出功率、电机的输出功率都必须有一个设计余量，电压、电流余量以及电控输出频率要满足电机输出范围。

随着新能源汽车技术的发展，电驱动系统面临越来越高的要求。电机作为新能源汽车的核心部件，起到关键作用。如何使电机控制满足电机的平稳运转、快速起动和制动的需求，以及通过电机控制影响电能利用效率、整车性能、驾驶体验以及车辆行驶安全，是电机研发与应用的关键课题。目前，我国在电机研发方面的短板还比较多，高速高功率密度大功率电机、大功率高速轴承等都是短板技术，一些关键元器件及高速轴承等还在依赖进口。在高速高功率密度电机、电子芯片、三代半导体高端计算芯片、高速轴承等核心关键基础元器件方面仍需继续攻关和努力，电驱动技术正在成为我国自主研发、走向世界的核心技术之一。

任务分组

学生任务分配表见表 4-2-3。

表 4-2-3　学生任务分配表

班级		组号		指导老师	
组长		学号			
组员角色分配					
信息员		学号			
操作员		学号			
记录员		学号			
安全员		学号			
任务分工					
（就组织讨论、工具准备、数据采集、数据记录、安全监督、成果展示等工作内容进行任务分工）					

工作计划

按照前面所了解的知识内容和小组内部讨论的结果，制定工作方案，落实各项工作负责人，如任务实施前的准备工作、实施中主要操作及协助支持工作、实施过程中相关要点及数据的记录工作等。

工作计划表见表 4-2-4。

表 4-2-4　工作计划表

步骤	工作内容	负责人
1		
2		
3		
4		
5		
6		
7		
8		

进行决策

1. 各组派代表阐述资料查询结果。
2. 各组就各自的查询结果进行交流，并分享技巧。
3. 教师对各组的计划方案进行点评。
4. 各组长对组内成员进行任务分工，教师确认分工是否合理。

任务实施

引导问题 7

查阅相关资料，简述秦 EV 驱动电机温度传感器故障的诊断与维修步骤与注意事项。

驱动电机温度传感器检测

_____

_____

根据所学的驱动电机冷却系统的内容，在秦 EV 实车上完成驱动电机温度传感器故障排除。

实训准备见表 4-2-5。

表 4-2-5　实训准备

实训准备			
序号	设备及工具名称	数量	设备及工具是否完好
1	数字式万用表	1 台	□是 □否
2	绝缘防护套装	1 套	□是 □否
3	绝缘工具套装	1 套	□是 □否
4	常规工具套装	1 套	□是 □否
5	比亚迪秦 EV 整车	1 辆	□是 □否
质检意见	原因：		

比亚迪秦 EV 电机温度过高故障排除见表 4-2-6。

表 4-2-6　比亚迪秦 EV 电机温度过高故障排除

步骤	操作	完成情况
1	起动车辆时发现仪表 "OK" 指示灯不亮，显示 "请检查动力系统"，如图所示	已完成□ 未完成□

（续）

步骤	操作	完成情况
2	检查电机冷却液液位是否在 MIN 与 MAX 标记线之间，如图所示 	已完成☐ 未完成☐
3	检查冷却系统管路有无泄漏，冷却液泵及风扇运转是否正常，如图所示 	已完成☐ 未完成☐
4	检查电机冷却管路有无机械干涉、异响等，如图所示 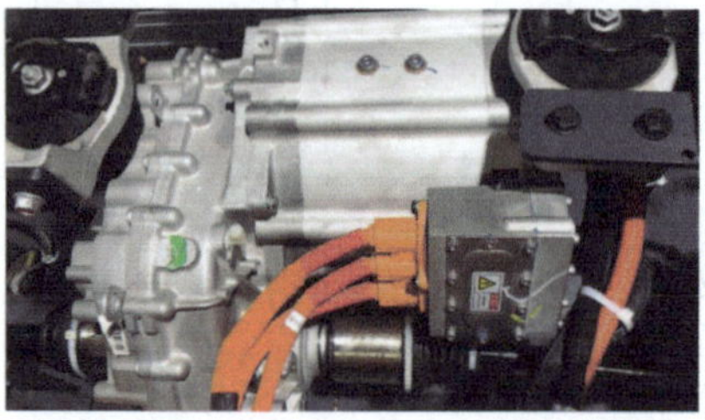	已完成☐ 未完成☐
5	连接解码仪，读取故障码，显示为 P1BB200：前驱动电机一般过温告警；P1BB298：前驱动电机严重过温告警。查看数据流，显示电机温度为 161℃，温度过高，如图所示 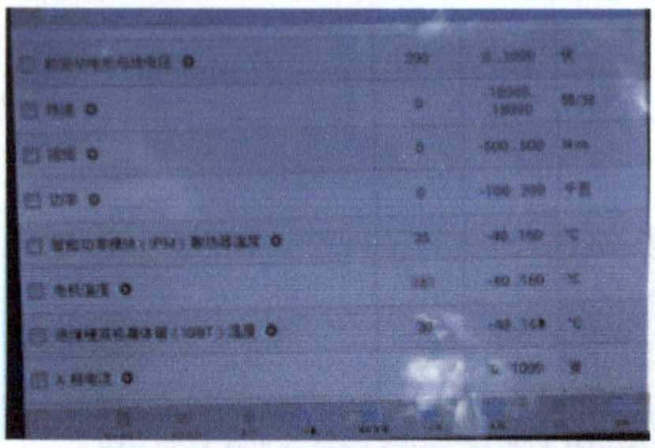	已完成☐ 未完成☐

（续）

步骤	操作	完成情况
6	车辆下电，断开低压蓄电池负极，为方便测量电机温度传感器，拆卸右前轮，如图所示 	已完成□ 未完成□
7	拆下电机驱动器搭铁、打开驱动电机后端盖，如图所示 	已完成□ 未完成□
8	测量电机温度传感器的电阻，如图所示 	已完成□ 未完成□

（续）

步骤	操作	完成情况
9	测得的电阻为 0.9kΩ，阻值异常，如图所示 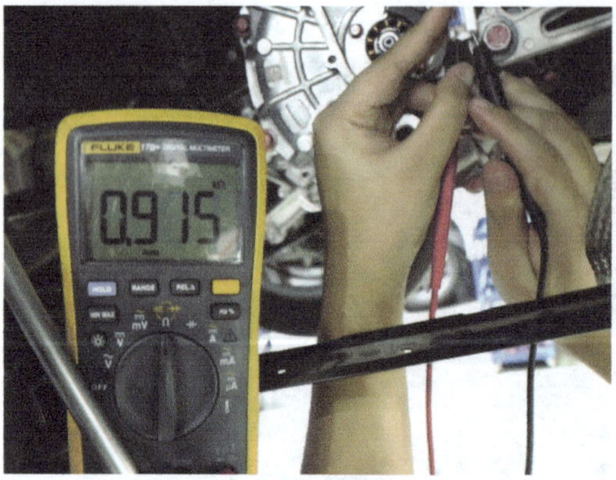	已完成□ 未完成□
10	更换温度传感器，重新起动汽车，仪表显示正常，汽车正常上电，故障排除，如图所示 	已完成□ 未完成□
11	故障点：温度传感器短路	已完成□ 未完成□
12	结论：温度传感器故障，引起系统报故障，从而导致电机控制器检测到电机温度过高，车辆无法上电 电机温度由两个定子温度传感器进行检测，采取双重保护，当一个传感器出现故障时，另一个传感器还能正常工作。出现此类故障时，先检查冷却系统，查看是否为硬件散热不良导致的温度故障，然后运用解码器检查是否为电气电路信号造成的故障	已完成□ 未完成□
13	实训现场整理	已完成□ 未完成□
总结提升		
质检意见	原因：	已完成□ 未完成□

评价反馈

1. 各组代表展示汇报 PPT，介绍任务的完成过程。
2. 请以小组为单位，对各组的操作过程与操作结果进行自评和互评，并将结果填入表 4-2-7 中的小组评价部分。
3. 教师对学生工作过程与工作结果进行评价，并将评价结果填入表 4-2-7 中的教师评价部分。

表 4-2-7　综合评价表

班级		组别		姓名		学号	
实训任务							
评价项目		评价标准				分值	得分
小组评价	计划决策	制定的工作方案合理可行，小组成员分工明确				10	
	任务实施	能够正确检查并设置实训工位				5	
		能够准备和规范使用工具设备				5	
		能够正确连接电驱动工作平台电机与传感器之间的线束				20	
		能够正确判断电驱动工作平台电机的故障并排除				20	
		能够规范填写任务工单				10	
	任务达成	能按照工作方案操作，按计划完成工作任务				10	
	工作态度	认真严谨、积极主动，安全生产，文明施工				10	
	团队合作	小组组员积极配合、主动交流、协调工作				5	
	7S 管理	完成竣工检验、现场恢复				5	
		小计				100	
教师评价	实训纪律	不出现无故迟到、早退、旷课现象，不违反课堂纪律				10	
	方案实施	严格按照工作方案完成任务实施				20	
	团队协作	任务实施过程互相配合，协作度高				20	
	工作质量	能准确规范完成实训任务				20	
	工作规范	操作规范，三不落地，无意外事故发生				10	
	汇报展示	能准确表达、总结到位、改进措施可行				20	
		小计				100	
综合评分		小组评价分 × 50% + 教师评价分 × 50%					
总结与反思							

（如：学习过程中遇到什么问题→如何解决的/解决不了的原因→心得体会）

任务三 检查与维护驱动电机控制器

学习目标

- 了解电机控制器的组成、功能与工作原理。
- 掌握电机控制器的维护要求。
- 能够拆卸秦 EV 车型的电机控制器。
- 能够检测秦 EV 车型电机控制器上的 IGBT 模块。
- 了解我国 IGBT 芯片产业的发展,感受突破技术封锁的重要性。

知识索引

情境导入

小李是秦 EV 的车主,车辆里程表显示已行驶 46000km 时,他把车送到 4S 店维护,作为技术人员,请你根据维修手册及技术标准完成对小李秦 EV 车辆驱动电机的检查与维护。

获取信息

引导问题 1

请查阅相关资料,简述秦 EV 的驱动电机控制系统组成。

_____
_____
_____

引导问题 2

请查阅相关资料，简述秦 EV 驱动电机控制器主要组成。

_____
_____
_____

引导问题 3

请查阅相关资料，简述秦 EV 驱动电机控制器功能。

_____
_____
_____

驱动电机控制器的认识

一、驱动电机控制系统概述

驱动电机控制系统是电动汽车三大核心系统之一，也是推动车辆行驶的动力装置的主要控制系统。驱动电机控制系统的特性决定了车辆的主要性能指标，直接影响车辆动力性、经济性和用户驾乘感受。

秦 EV 的驱动电机控制系统，也称前驱电动总成或三合一驱动系统，主要由驱动电机控制器（Motor Control Unit，MCU）、驱动电机、单档变速器组成，如图 4-3-1 所示。秦 EV 的前驱电动总成位于前舱中部，在充配电总成的下方，如图 4-3-2 所示。驱动电机控制系统就如同电动汽车的神经中枢，将驱动电机、动力电池和其他辅助系统互为连接并且加以控制。整车控制器（VCU）会根据获取到的加速、制动、档位、旋变、温度等的输入信号，向电机控制器发出相应的控制指令，从而控制驱动电机进行起动、加速、减速、制动能量回收。

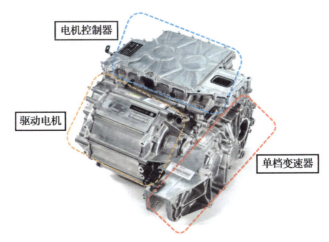

图 4-3-1　秦 EV 前驱电动总成

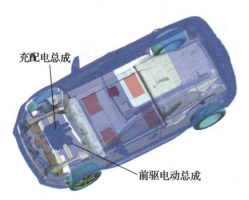

图 4-3-2　秦 EV 前驱电动总成安装位置示意图

在秦 EV 的设计中,驱动电机及电机控制器采用了直连的方式,减少三相电缆,驱动电机和控制器共用冷却系统[通过整车控制器(VCU)控制电子冷却液泵、电子风扇进行循环冷却],成本降低了 33%,体积减小了 30%,重量也减轻了 25%,功率密度增加 20%,NEDC 续驶里程效率提升了 1%,转矩密度增加了 17%,其集成方案见表 4-3-1。

表 4-3-1　比亚迪驱动三合一集成方案

集成内容	示图	集成目的
电机、电控端子直连,取消三相线		降低成本
电机、电控水道直连,取消水管		降低成本
电机转子轴和减速器输入轴共用		提高同轴度,减少噪声
电机壳体和减速器壳体共用		降低成本,提高同轴度,提高装配精度

而除了秦 EV，在比亚迪的众多车型中，例如唐 EV、宋 Pro 及相关混合动力车型搭载的也都是三合一驱动总成。

二、驱动电机控制器

1. 定义

驱动电机控制器是一种用于控制动力电池与驱动电机之间能量传输的装置。驱动电机控制器作为动力电池和电机之间的能量转换单元，是驱动电机驱动系统的控制中心，又称智能功率模块。

2. 组成

驱动电机控制器主要组成包括智能功率模块（IPM）、绝缘栅双极型晶体管(IGBT)模块、信号数据采集模块、关联电路等硬件，以及电机控制算法与逻辑保护等软件部分。下面简要介绍 IGBT 模块与 IPM 模块。

IGBT（Insulated Gate Bipolar Transistor）也称绝缘栅双极型晶体管，是一种由 MOS（绝缘栅型场效应管）和 BJT（双极型晶体管）组合成的复合全控型电压驱动式功率半导体器件，被认为是电动汽车的核心技术之一。

IPM（Intelligent Power Module）是指智能功率模块，把功率开关器件（IGBT）和驱动电路集成在一起，而且内有过电压、过电流和过温等故障检测电路，并可将检测信号送到 CPU。

3. 功能

1）具有采集转矩请求、旋变等信号，控制电机正向、反向驱动以及正、反转发电的功能。

2）具有高压输出电压和电流控制限制的功能。

3）具有电压跌落保护、过电流保护、过温保护、IPM 过温保护、IGBT 过温保护、功率限制、转矩控制限制等功能。

4）具有能量回馈控制，主动泄放、被动泄放控制的功能。

4. 工作原理

旋转变压器检测转子位置并判断其状态，接通电机控制器内相应的 IGBT，此时高压直流电经电机控制器内的 IGBT 进行逆变后流入定子绕组线圈，通电产生旋转的磁场（电转磁－电感），利用右手法则判定磁极，同性相斥、异性相吸使转子的磁铁随之转动。W 晶体管导通，V 晶体管 PWM 控制电流的大小和频率，实现电机的调速。秦 EV 电机控制器原理如图 4-3-3 所示。

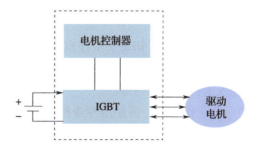

图 4-3-3　秦 EV 电机控制器原理图

当车辆减速或滑行时，驱动电机会通过磁场旋转的方法使磁力线切割导线，将汽车的部分动能转化为电能，进行能量回收。旋转磁场是转子，被切割的导线是定子绕组。

转子旋转（机械能转换成磁能）产生磁场，定子绕组线圈产生电能（磁能转换成电能——电磁感应）；每转动 180° 产生的电压方向（极性）改变一次（进去低电位，出来高电位），从而产生交流方波电流。最后经过电机控制器内的 IGBT 上的二极管整流变成直流电输出给动力电池充电。

注意： 当 EV 车型电池组的 SOC 大于 95% 或 PHEV 车型电池组的 SOC 大于 90% 时，或者当动力电池有故障时，能量回收的电能不会给动力电池充电。

引导问题 4
请查阅相关资料，简述电机控制器检查与维护的准备要求有哪些。
_____
_____
_____

引导问题 5
请查阅相关资料，简述电机控制器检查与维护的内容有哪些。
_____
_____
_____

检查与维护驱动电机控制器

一、电机控制器检查与维护

1. 准备要求

电机控制器为高压电器件，维修时，需由专业人员配备专业设备进行操作，严禁非专业人员进行非法拆解。电机控制器从整车上拆下后，严禁进行拆解。

检查与维护电机控制器前应确保以下几点。

1）作业时必须断开整车低压电源、电机控制器高压电源，移除动力电池维修开关，做好安全防护、知晓安全注意事项、熟悉作业设备及工具、熟悉操作要求。

2）作业时，应避免在沙尘、雨雪气象情况下露天操作，避免沙尘、水及其他杂质进入电机控制器内部。

3）作业时，需使用专业检测检修设备和绝缘工具，人员佩戴绝缘手套、穿绝缘鞋。

4）所有操作均应进行断电、放电、高压 DC+/DC− 对地电压检测，确保不带电操作。

5）具体的作业内容及要求依据主机厂的维修手册执行。

2. 检查与维护内容

（1）驱动电机与电机控制器外观检查

1）检查驱动电机表面是否有油渍、污垢。

2）检查电机控制器冷却水管、接头处有无裂纹、渗漏。

3）目测电机控制器外观有无磕碰、变形或损坏，并使用压缩空气或干布对电机控制器的外观进行清洁。

（2）检查电机控制器端子电压及插接器

1）检查电机控制器高压插接器是否连接到位，是否有退针现象，或存在过电压烧灼的情况。

2）检查电机控制器低压插接器是否连接到位，是否有退针现象，或存在过电压烧灼的情况。

（3）检查电机控制器高压电缆绝缘性

车辆在充电或行驶中如有动力电池绝缘故障，在检测其他高压系统绝缘电阻值正常的情况下，需检查电机控制器和连接电机控制器的高压线缆绝缘电阻值是否正常，用绝缘电阻测试仪黑表笔搭铁，红表笔逐个测量电机控制器上的高压端子和高压线缆端子的绝缘电阻值。按下测试按钮，显示的数值就是绝缘电阻值。电机控制器的搭铁绝缘电阻值应大于100MΩ。

（4）检查驱动总成安装

检查驱动总成的固定螺栓是否有松动的情况。

二、电机控制器更换

1）整机拆卸：将电机控制器的各个螺栓、进出水管及高低压接插件拆卸后，取下电机控制器，拆卸过程中防止冷却液进入各接插件。

2）由专业人员根据电机控制器故障诊断及处理方法进行维修。

3）重新安装电机控制器回整车。

4）检查高压端子：要求对高压端子进行绝缘屏蔽包裹。

5）检查屏蔽端子：要求对屏蔽端子进行绝缘胶带包裹。

6）测量高压线与屏蔽线绝缘。

7）安装高压端子：将高压端子安装回电机控制器，并用螺栓锁紧，高压端子应严格按壳体标识安装，以免装错；动力端子的扁平面与母排的平面紧贴，不允许使用折弯面安装。

8）固定屏蔽线束：固定屏蔽端子，要求屏蔽端子与动力母线端子严格分开，不允许有接触。

9）高压端子安装完成后应进行绝缘检测。

10）安装所有罩盖，按照转矩要求拧紧螺栓，最好使用扭力扳手。

11）装回低压接插件及低压电源。

12）安装冷却管路，并检查泄漏情况，不允许电机控制器内部留存空气。

13）控制器防水等级为IP67，请勿用高压水枪或其他工具冲洗控制器，如需清洗请用柔软干燥的棉布或其他布类擦拭，请勿用乙醇或有机溶剂擦拭。

14）维修保养完成后整车上电，通过车载绝缘检测设备实施绝缘检测，如有绝缘故障，应及时处理。

📖 拓展阅读

近年来，为了推动功率半导体行业尤其是 IGBT 产业健康快速发展，国家相关部门不仅制定了一系列政策措施，还不断加大金融扶持力度。在国家政策引导和市场需求持续增长的双重刺激下，吸引了一批拥有丰富科研经验的 IGBT 技术人才回国，同时也为一批企业提供了掌握 IGBT 核心技术的机会，进一步推进 IGBT 国产化进程。

IGBT 是由 BJT 和 MOSFET 组成的功率半导体器件，它的控制极为绝缘栅场效应晶体管，输出极为双极型功率晶体管，因而兼有两者速度快和驱动能力强的优点，克服了两者的缺点。IGBT 可以在各种电路中提高功率转换、传送和控制的效率，实现节约能源、提高工业控制水平的目的，被业界誉为电力电子装置的"CPU"，广泛应用于工业控制、轨道交通、白色家电、新能源发电、新能源汽车等领域。工业控制和新能源汽车是 IGBT 需求最大的两个下游领域，需求占比分别为 37% 和 28%，其次是新能源发电和家电变频市场，需求占比分别为 9% 和 8%。2020 年以来，新能源汽车需求明显提速，2021 年较 2020 年需求占比提升 19%，是 IGBT 主要的增量需求来源。

从 20 世纪 80 年代至今，IGBT 芯片经历了 7 代升级，从平面穿通型（PT）发展为沟槽型电场 - 截止型（FS-Trench），芯片面积、工艺线宽、通态饱和压降、关断时间、功率损耗等各项指标经历了不断优化，断态电压也从 600V 提高到 6500V 以上。目前，市场上应用最广泛的仍是 IGBT 第 4 代工艺产品。IGBT 技术的整体发展趋势是大电流、高电压、低损耗、高频率、功能集成化、高可靠性。

中国 IGBT 芯片行业代表性企业从技术格局来看，斯达半导应用第七代 IGBT 技术，电压覆盖范围为 100~3300V；华微电子布局第六代 IGBT 技术，电压覆盖范围为 360~1350V；士兰微、时代电气、宏微科技应用第五代 IGBT 技术；新洁能主要应用第四代 IGBT 技术。通过对 IGBT 的工艺升级研究，为电力电子技术的发展和创新提供有力支持，推动相关产业向更高效、更环保的方向发展。

👥 任务分组

学生任务分配表见表 4-3-2。

表 4-3-2　学生任务分配表

班级		组号		指导老师	
组长		学号			
组员角色分配					
信息员		学号			
操作员		学号			
记录员		学号			
安全员		学号			

（续）

任务分工
（就组织讨论、工具准备、数据采集、数据记录、安全监督、成果展示等工作内容进行任务分工）

工作计划

按照前面所了解的知识内容和小组内部讨论的结果，制定工作方案，落实各项工作负责人，如任务实施前的准备工作、实施中主要操作及协助支持工作、实施过程中相关要点及数据的记录工作等。

工作计划表见表 4-3-3。

表 4-3-3　工作计划表

步骤	工作内容	负责人
1		
2		
3		
4		
5		
6		
7		
8		

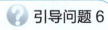 进行决策

1. 各组派代表阐述资料查询结果。
2. 各组就各自的查询结果进行交流，并分享技巧。
3. 教师对各组的计划方案进行点评。
4. 各组长对组内成员进行任务分工，教师确认分工是否合理。

任务实施

> **引导问题 6**
> 查阅相关资料，简述秦 EV 电机控制器通信故障的诊断与维修的流程。
> _____
> _____

电机控制器通信故障的诊断与维修

根据所学的驱动电机控制器的内容,在秦 EV 实车上完成电机控制器通信故障的诊断与维修的流程。

实训准备见表 4-3-4。

表 4-3-4　实训准备

序号	设备及工具名称	数量	设备及工具是否完好
1	数字式万用表	1 台	□是 □否
2	绝缘防护套装	1 套	□是 □否
3	绝缘工具套装	1 套	□是 □否
4	常规工具套装	1 套	□是 □否
5	前驱动总成电机控制器	1 辆	□是 □否
质检意见	原因:		

前驱动总成电机控制器认识见表 4-3-5。

表 4-3-5　前驱动总成电机控制器认识

步骤	操作	完成情况
1	识别电机控制器标签,识别控制器高压母线、三相电接口,记录电机标签与型号,如图所示	已完成□ 未完成□
2	使用螺钉旋具松开控制器保护盖固定螺钉,拆掉控制器保护盖,如图所示	已完成□ 未完成□

（续）

步骤	操作	完成情况
3	识别驱动总成电机控制器内部主要模块及主要功能：扼流线圈、电容、IPM电机控制器主控板、IGBT驱动板、温度传感器、霍尔式电流传感器等，如图所示 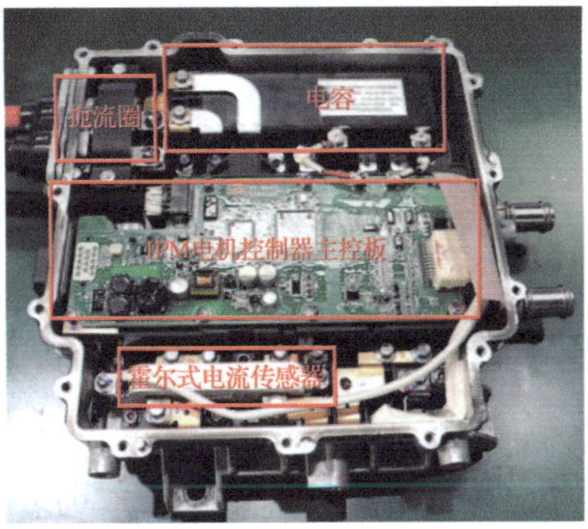	已完成□ 未完成□
总结 提升		
质检 意见	原因：	已完成□ 未完成□

电机控制器扼流线圈的拆卸见表4-3-6。

表4-3-6　电机控制器扼流线圈的拆卸

步骤	操作	完成情况
1	使用螺钉旋具松开保护盖螺钉，以合适的力度取下保护盖。注意：保护盖下方有固定胶，如图所示 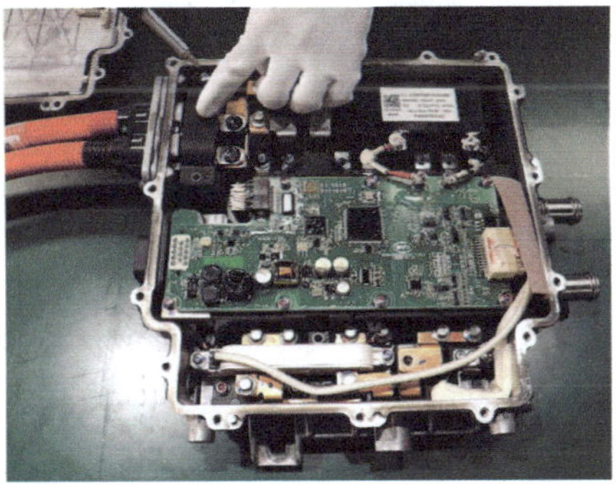	已完成□ 未完成□

(续)

步骤	操作	完成情况
2	使用螺钉旋具松开电容的母线铜排固定螺栓,拆下扼流线圈保护盖,如图所示 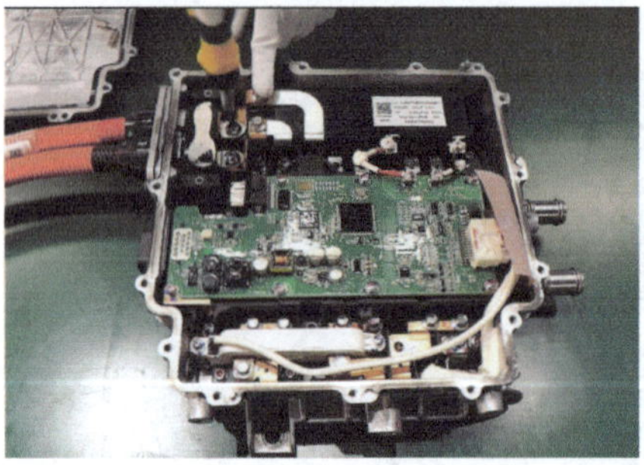	已完成□ 未完成□
3	使用螺钉旋具拆除直流母线外部的固定螺钉,使用工具或用手以合适的力度拔下母线,如图所示 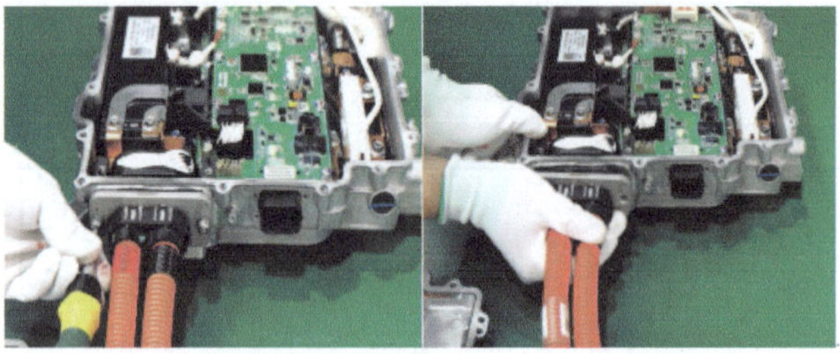	已完成□ 未完成□
4	使用工具或用手以合适的力度取下扼流线圈,拆除时注意下部有固定胶。扼流线圈有磁性,如图所示 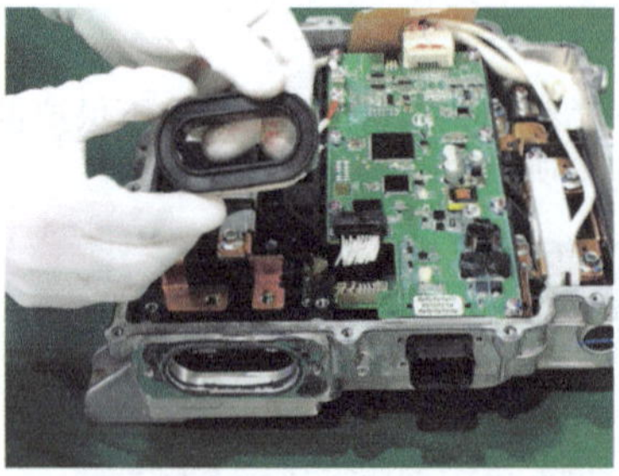	已完成□ 未完成□
总结 提升		
质检 意见	原因:	已完成□ 未完成□

电机控制器电容的拆卸与检测见表 4-3-7。

表 4-3-7　电机控制器电容的拆卸与检测

步骤	操作	完成情况
1	使用套筒连接杆，松开电容表面的母排固定螺钉，取下母排，如图所示  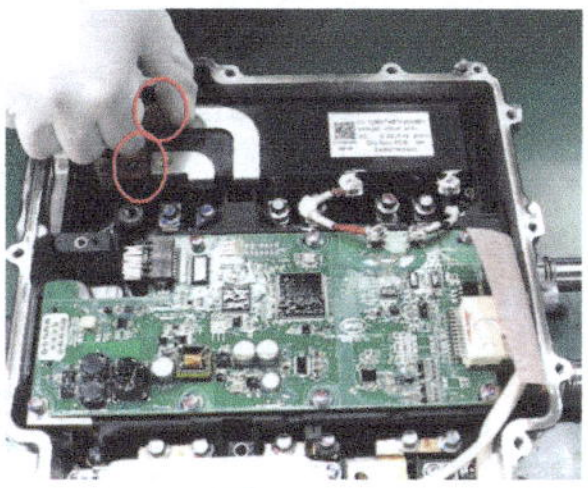	已完成□ 未完成□
2	使用螺钉旋具松开扼流线圈支架的固定螺栓。取下支架，如图所示 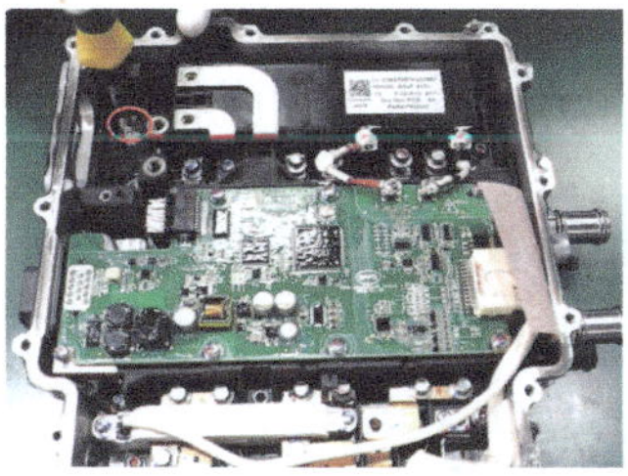 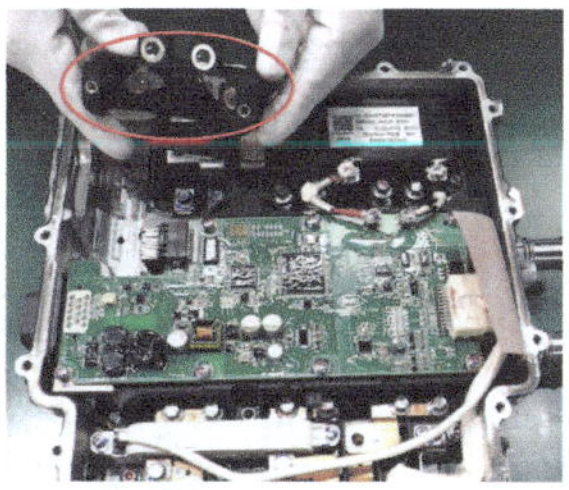	已完成□ 未完成□
3	使用螺钉旋具拆卸薄膜电容的固定螺钉，如图所示 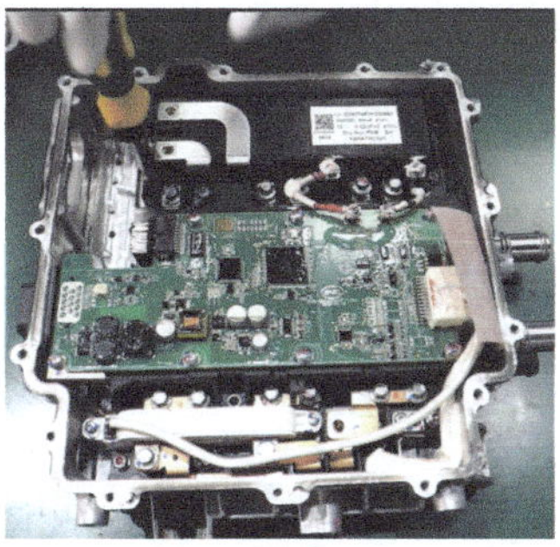	已完成□ 未完成□
4	使用套筒连接杆松开电容与IGBT的固定螺栓，如图所示 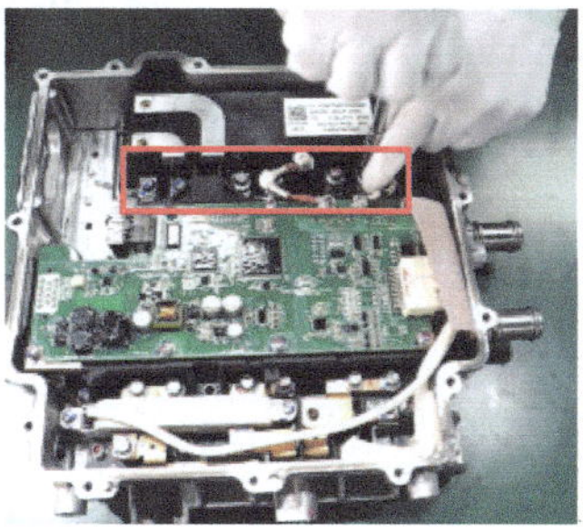	已完成□ 未完成□

（续）

步骤	操作	完成情况
5	使用螺钉旋具与棘轮拆卸主控板与电容预充检测线，如图所示 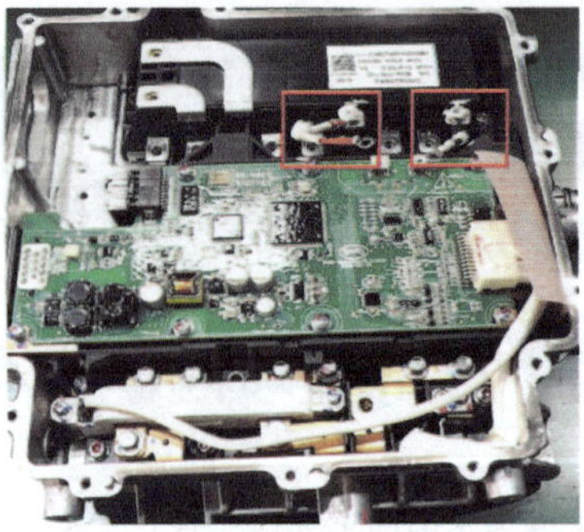	已完成□ 未完成□
6	取下电容。查看薄膜电容标准参数规格。观察薄膜电容外观是否有鼓包、绝缘层是否有损坏等情况，若有，请及时更换，如图所示 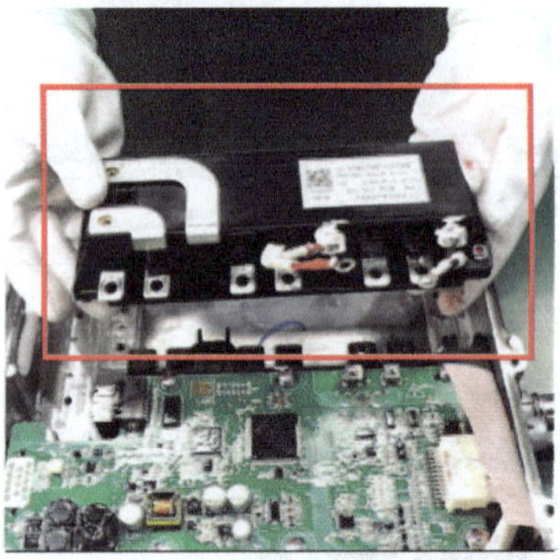	已完成□ 未完成□
7	使用万用表，打开电容档，红笔与黑笔分别搭在三组铜排上，读取并记录三组电容示数。若测得的电容值均在电容标准值范围内，说明电容正常，否则说明电容损坏，如图所示 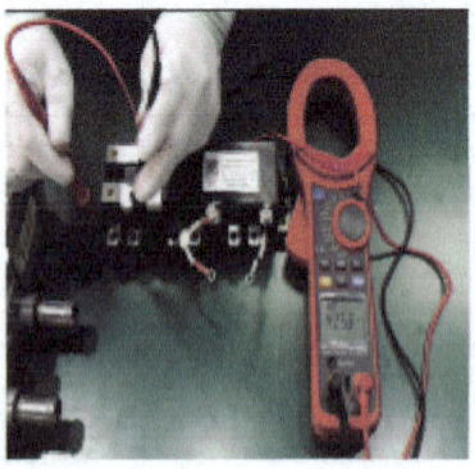 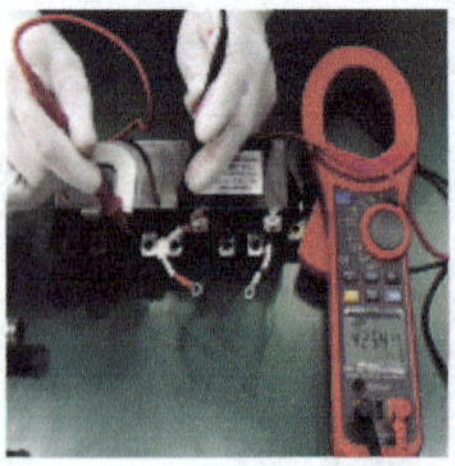 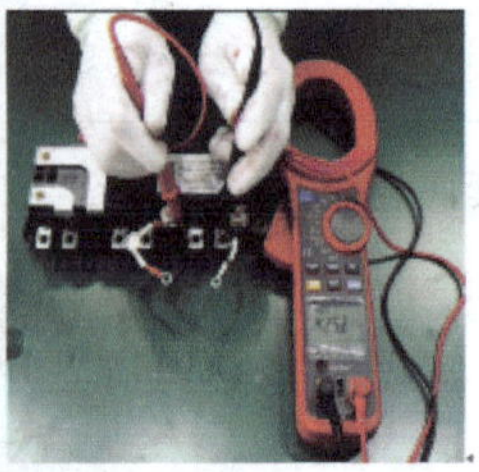	已完成□ 未完成□
总结提升		
质检意见	原因：	已完成□ 未完成□

电机控制器主控板与IGBT驱动板的拆卸见表4-3-8。

表 4-3-8　电机控制器主控板与 IGBT 驱动板的拆卸

步骤	操作	完成情况
1	识别电机控制器主控板结构：低压插头、连接线、主控板芯片、IGBT 驱动板（位于主控板下方），如图所示 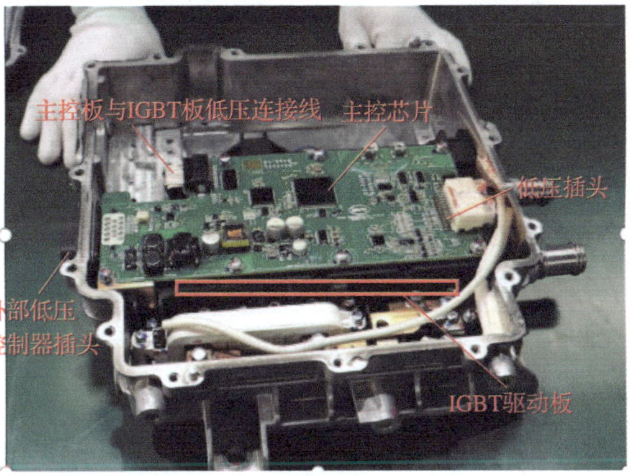	已完成□ 未完成□
2	使用螺钉旋具松开控制器主控板上层板的螺栓，松开控制器两侧的搭铁线以及温度传感器，如图所示 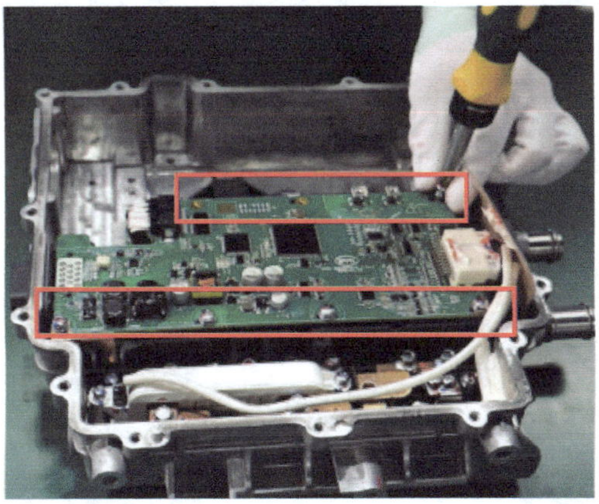	已完成□ 未完成□
3	使用螺钉旋具松开侧面螺钉，如图所示 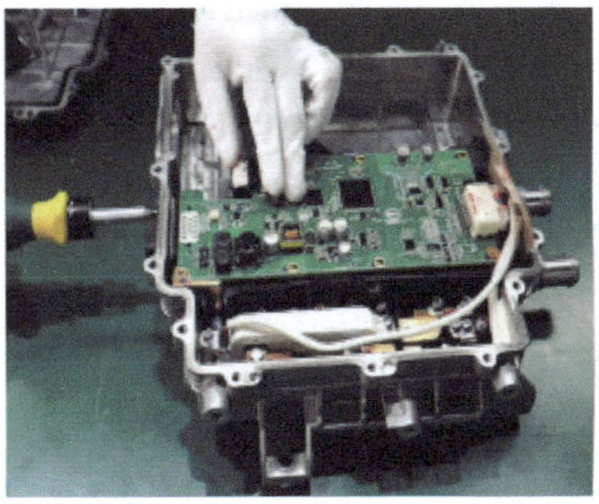 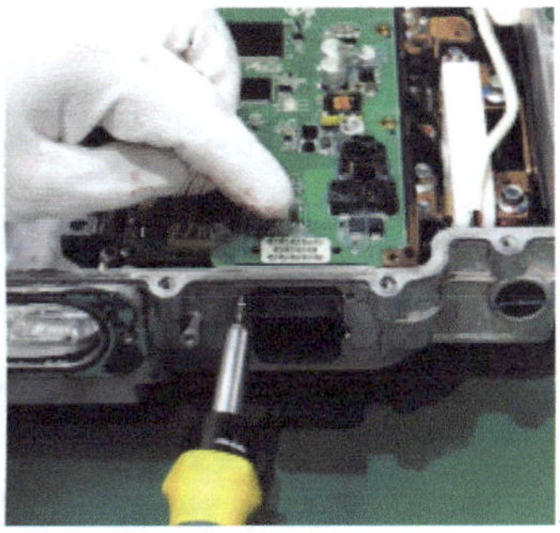	已完成□ 未完成□

（续）

步骤	操作	完成情况
4	按住控制器端口卡扣，以合适的力度拔掉两个低压插头，如图所示 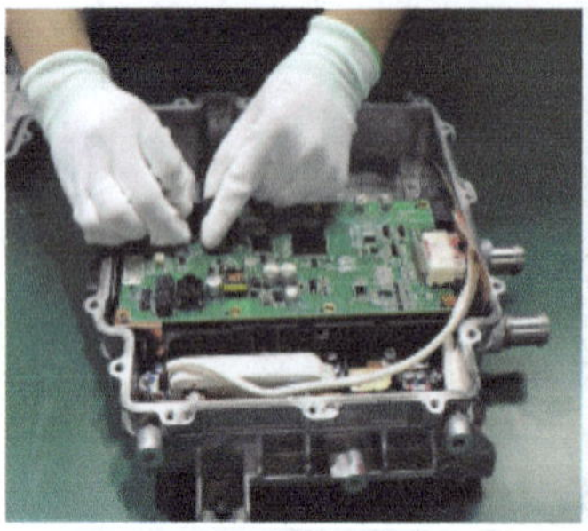 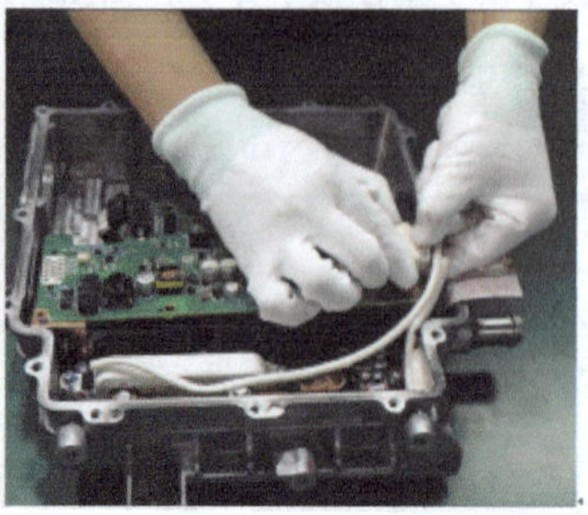	已完成□ 未完成□
5	取下电机控制器主控板，拆卸完成，如图所示 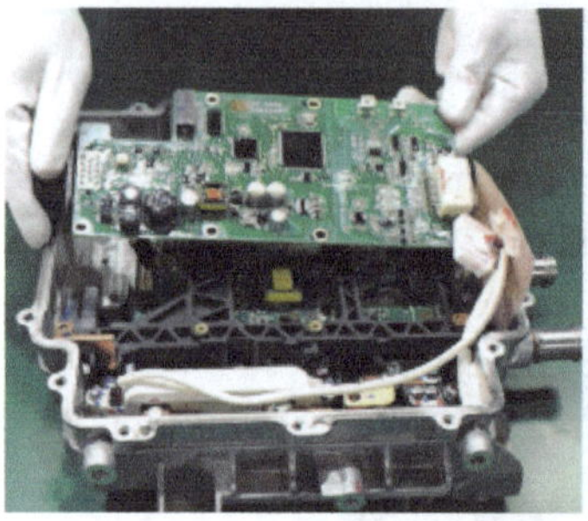 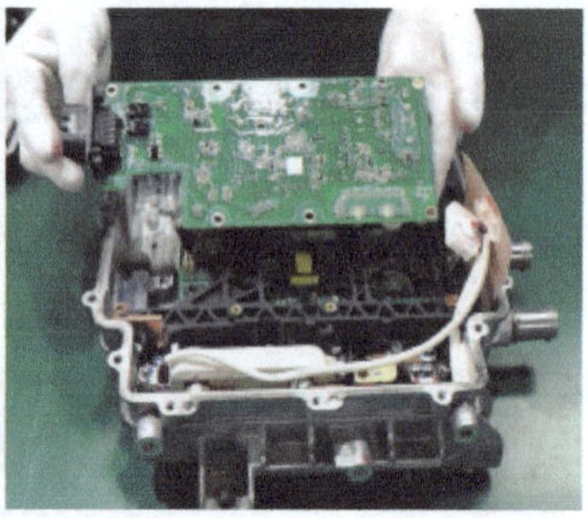	已完成□ 未完成□
6	松开支架固定螺钉，取下 IGBT 驱动板与电机控制器支架，如图所示  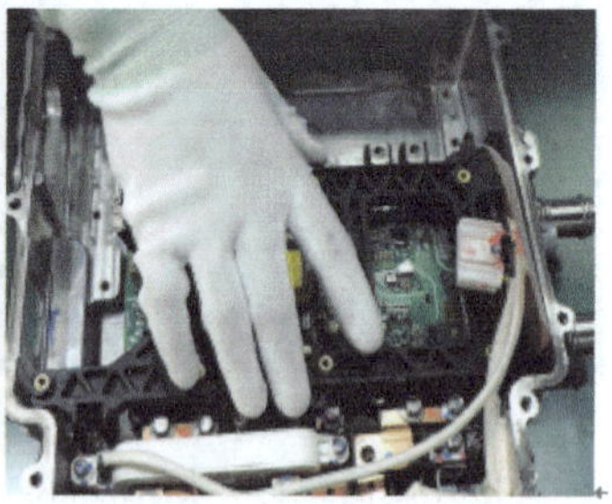	已完成□ 未完成□
7	识别 IGBT 的 A、B、C 三相铜排，使用电流传感器检测三相电流，如图所示 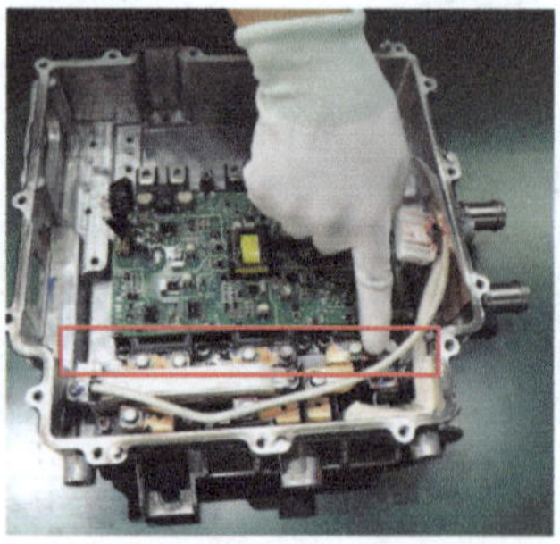	已完成□ 未完成□

(续)

步骤	操作	完成情况
8	拔下电流传感器的低压插头,如图所示 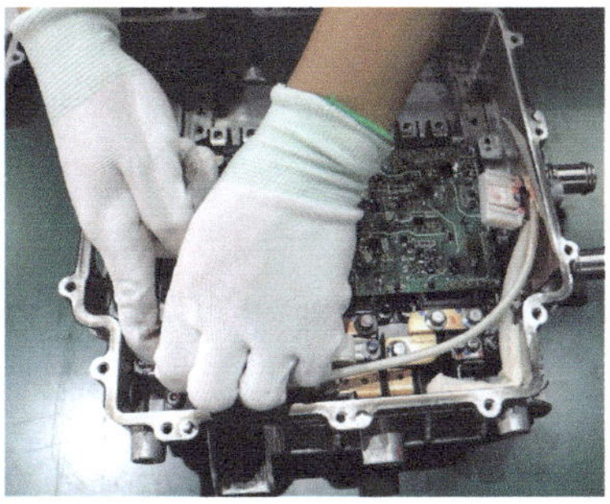	已完成□ 未完成□
9	使用螺钉旋具松开电流传感器两侧的固定螺栓,如图所示 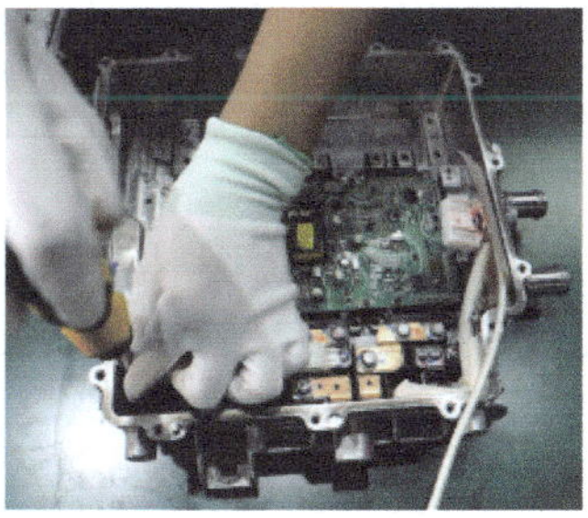 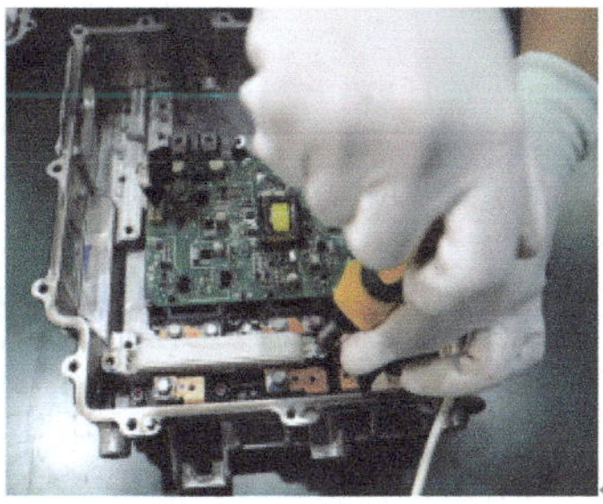	已完成□ 未完成□
10	使用套筒,松开 B、C 相母排螺钉,取下电流传感器与母排,如图所示 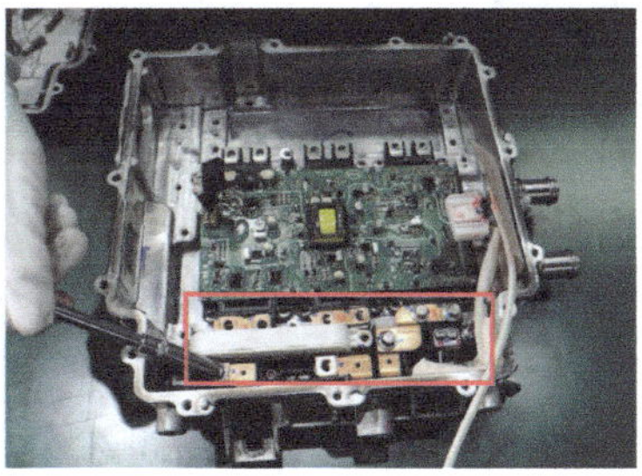	已完成□ 未完成□
11	使用螺钉旋具松开 IGBT 驱动板固定螺钉,使用套筒和棘轮松开 A 相母排螺栓,取下铜排和 IGBT 驱动板。电机控制器各部件拆卸完成,如图所示 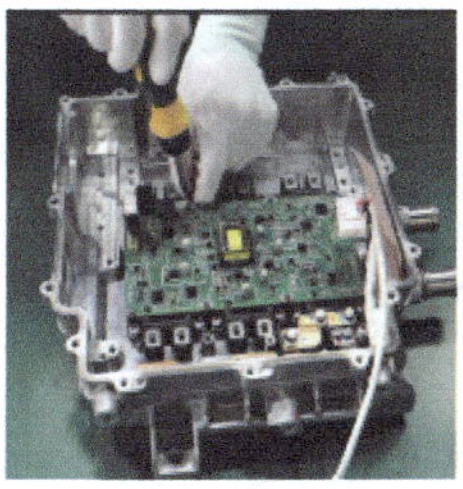 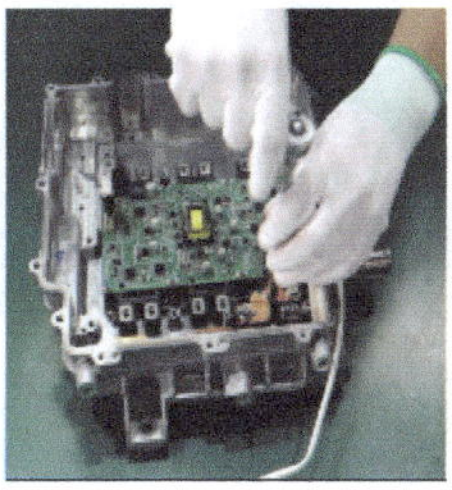 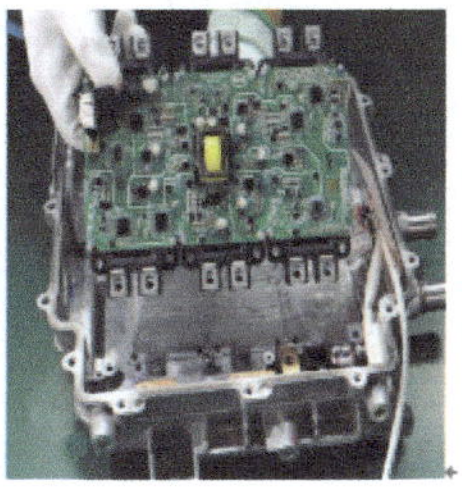	已完成□ 未完成□

(续)

步骤	操作	完成情况
12	识别 IGBT 驱动板主要结构位置，如识别驱动芯片、三组 IGBT 桥臂、三组 IGBT 正负极等，如图所示 	已完成□ 未完成□
总结提升		
质检意见	原因：	已完成□ 未完成□

控制器 IGBT 模块的检测见表 4-3-9。

表 4-3-9　控制器 IGBT 模块的检测

步骤	操作	完成情况
1	（一）第一组 IGBT 上桥二极管测试 使用万用表，调至二极管档，红笔固定搭在 IGBT 的正极铜排，黑笔分别搭在两个输出端，测得二极管示数无穷大，如图所示 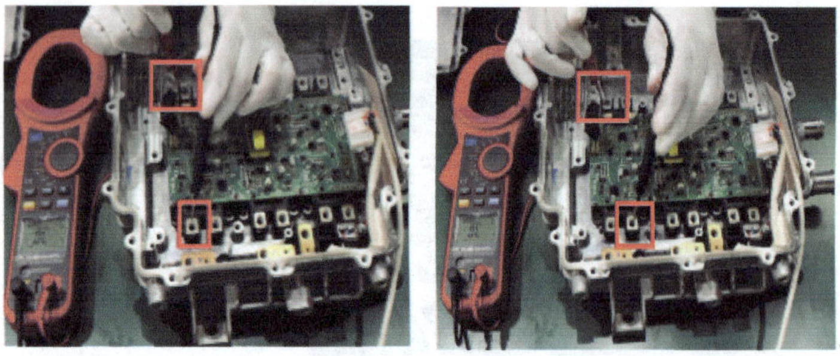	已完成□ 未完成□
2	交换表笔，黑笔固定搭在 IGBT 的正极铜排，红笔分别搭在两个输出端，测得二极管示数有电压降。电压降相同，二极管正常导通。说明上桥正常，如图所示 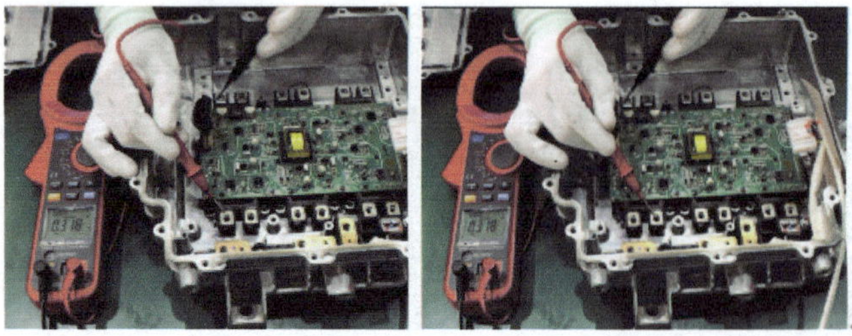	已完成□ 未完成□

（续）

步骤	操作	完成情况
3	（二）第一组 IGBT 下桥二极管测试 万用表红笔搭在 IGBT 的负极铜排，黑笔分别搭在输出端，测得二极管示数有电压降，电压降相同，说明二极管正常，如图所示 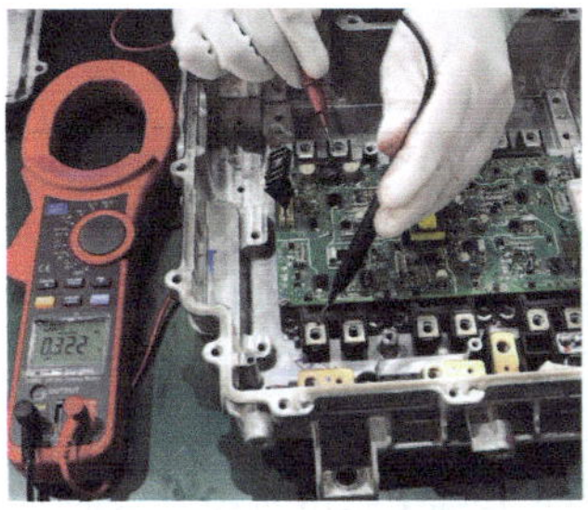 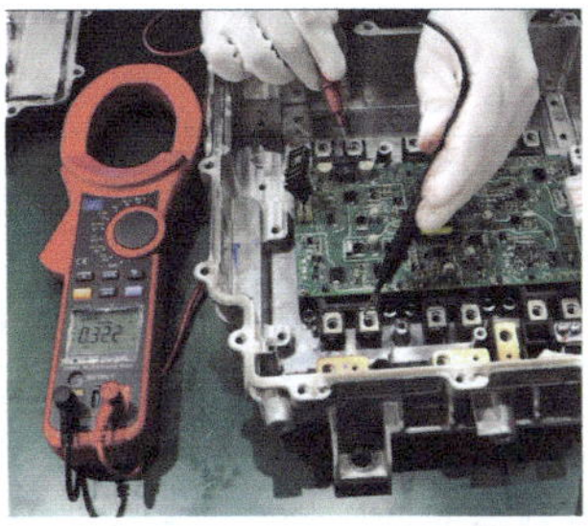	已完成□ 未完成□
4	变换表笔，红笔搭在负极铜排，黑笔搭在输出端，分别测得二极管示数，均显示无穷大，说明二极管正常，如图所示 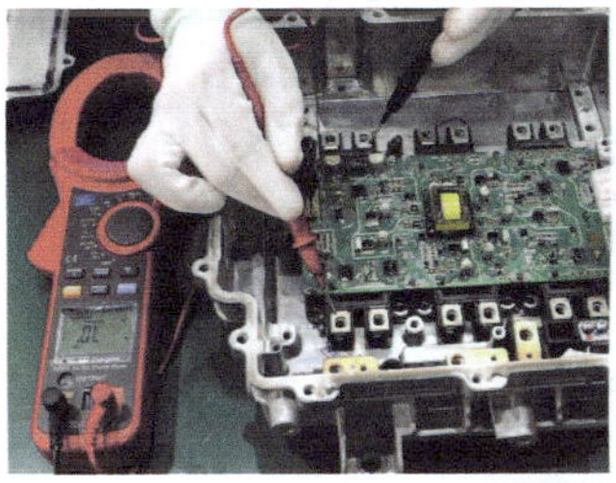 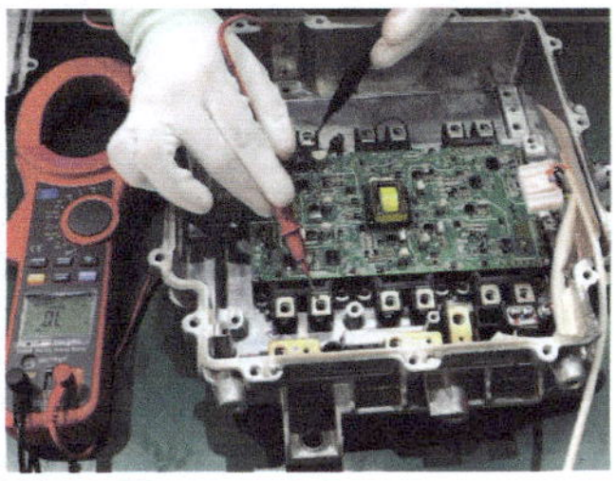	已完成□ 未完成□
5	（三）其他 2 组 IGBT 二极管测试 以相同的方式，分别测得剩下的 2 组 IGBT 上下桥的二极管示数，记录下来，如图所示 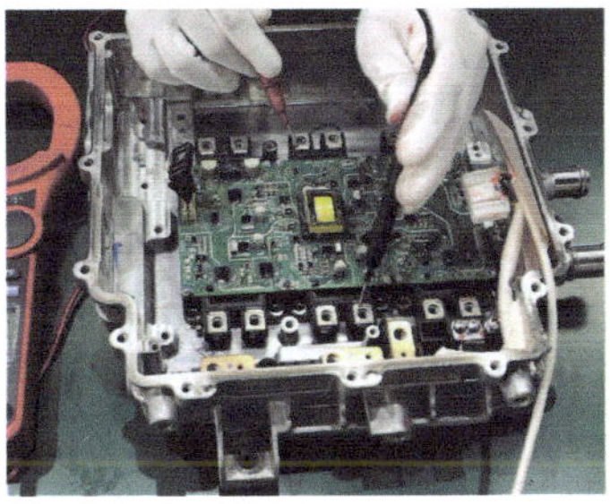	已完成□ 未完成□
6	查看 IGBT 的结构示意图，对照各组 IGBT 上下桥的测试数据结果，若每组 IGBT 上下桥二极管正向导通时有二极管压降，反向无穷大，说明 IGBT 二极管正常；否则，说明 IGBT 二极管损坏，如图所示  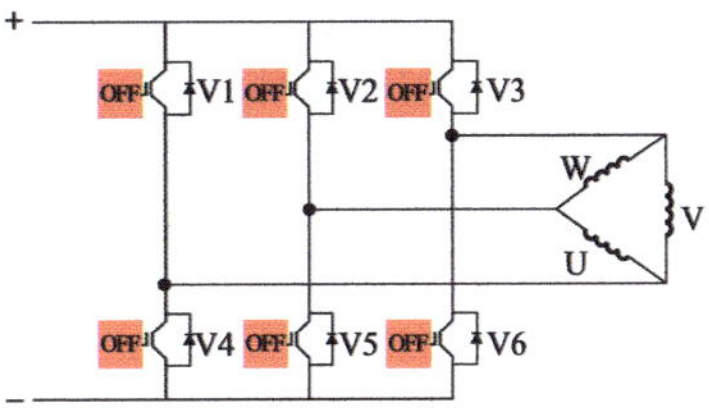	已完成□ 未完成□

（续）

步骤	操作	完成情况
总结提升		
质检意见	原因：	已完成☐ 未完成☐

电机控制器温度传感器的检测见表4-3-10。

表4-3-10　电机控制器温度传感器的检测

步骤	操作	完成情况
1	拔下电机控制器的低压插头，3号端子和4号端子是电机控制器的温度传感器的检测端子号。红笔探针插入3号端子，黑笔探针插入4号端子，接上万用表探头，测得传感器电阻值，如图所示。电阻值大小与所处环境的温度有关，参考厂家定义的温度与阻值对应表来判断传感器的好坏 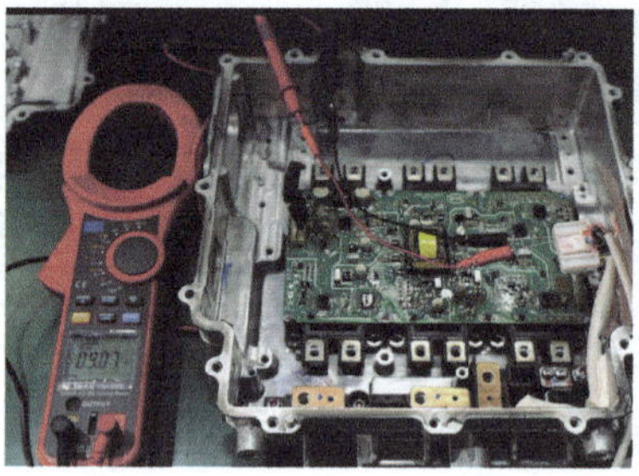	已完成☐ 未完成☐
2	实训现场整理	已完成☐ 未完成☐
总结提升		
质检意见	原因：	已完成☐ 未完成☐

评价反馈

1. 各组代表展示汇报PPT，介绍任务的完成过程。

2. 请以小组为单位，对各组的操作过程与操作结果进行自评和互评，并将结果填入表4-3-11中的小组评价部分。

3. 教师对学生工作过程与工作结果进行评价，并将评价结果填入表4-3-11中的教师评价部分。

表 4-3-11　综合评价表

班级			组别		姓名		学号	
实训任务								
评价项目			评价标准				分值	得分
小组评价	计划决策		制定的工作方案合理可行，小组成员分工明确				10	
	任务实施		能够正确检查并设置实训工位				5	
			能够准备和规范使用工具设备				5	
			能够正确检测电机控制器通信综合故障				20	
			能够正确排除电机控制器通信综合故障				20	
			能够规范填写任务工单				10	
	任务达成		能按照工作方案操作，按计划完成工作任务				10	
	工作态度		认真严谨、积极主动，安全生产，文明施工				10	
	团队合作		小组组员积极配合、主动交流、协调工作				5	
	7S 管理		完成竣工检验、现场恢复				5	
			小计				100	
教师评价	实训纪律		不出现无故迟到、早退、旷课现象，不违反课堂纪律				10	
	方案实施		严格按照工作方案完成任务实施				20	
	团队协作		任务实施过程互相配合，协作度高				20	
	工作质量		能准确规范完成实训任务				20	
	工作规范		操作规范，三不落地，无意外事故发生				10	
	汇报展示		能准确表达、总结到位、改进措施可行				20	
			小计				100	
综合评分			小组评价分 ×50% + 教师评价分 ×50%					
总结与反思								
（如：学习过程中遇到什么问题→如何解决的 / 解决不了的原因→心得体会）								

任务四 诊断与排除电机控制系统故障

学习目标

- 了解前驱电动总成的组成。
- 了解前驱电动总成的高压保护措施。
- 了解前驱电动总成的高压互锁故障。
- 掌握前驱电动总成相关故障的现象和处理办法。
- 能够诊断与排除电机旋变故障。
- 掌握系统性排查电机系统故障的思路与方法,提升逻辑思维能力。

知识索引

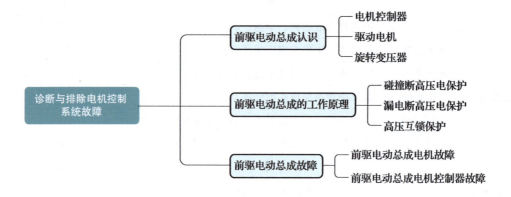

情境导入

一辆已行驶 60000km 的秦 EV 汽车,车主小李起动车辆时,发现车辆无法行驶,仪表显示"请检查动力系统",小李将车辆送至售后服务店维修,经技术人员诊断发现属于 P1B0100 旋变故障,请问,技术人员接下来应该如何完成故障排除与修复呢?

获取信息

引导问题 1

请查阅相关资料,简述电机控制器中 3 组 IGBT 的作用。

_____

_____

_____

引导问题 2

请查阅相关资料,简述电机控制器中 DSP 控制芯片和 FPGA 芯片的作用。

_____

_____

_____

前驱电动总成认识

比亚迪秦 EV 前驱电动总成由驱动电机控制器、驱动电机、单档变速器组成,驱动电机及控制器采用直连的方式,减少电机的三相电缆,驱动电机和控制器共用冷却系统,成本降低了 33%,体积减少了 30%,重量也减轻了 25%,功率密度增加了 20%,NEDC 效率提升了 1%,转矩密度增加了 17%。电机在 0~4775r/min 转速下的额定转矩为 70N·m。30s 内,电机的转速在 0~3714r/min 时输出的转矩为 180N·m。电机的转速在 4775~12000r/min 下持续额定功率为 35kW,当电机的转速在 5305~6000r/min 时持续 5s 可获得输入的最大功率为 100kW。

一、电机控制器

比亚迪秦 EV 前驱电动总成控制器采用了三组分立的 IGBT 模块,夹在冷却水道与驱动板之间,依靠上方的驱动板来驱动。如图 4-4-1 所示,驱动板通过一个变压器来实现高压侧和低压侧的隔离,采用六片独立的驱动芯片,对每一个 IGBT 的上管和下管进行驱动。如图 4-4-2 所示,电机控制器将动力电池输出的高压直流电通过 3 组 IGBT 逆变成三相可调电压、可变频率的交流电供驱动电机使用。

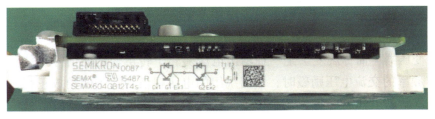

图 4-4-1 比亚迪秦 EV 前驱电动总成 IGBT 模块

图 4-4-2　比亚迪秦 EV 前驱电动总成电机控制器中的驱动板和 IGBT 模块

驱动电机旋变线圈的信号直接通过硬线信号传输到电机控制器，电机控制器通过转码后输出电机转速信号。前驱电动总成中的电机控制器上有一块主控制板，如图 4-4-3 所示。主控板的电路架构上使用了一片 DSP 控制芯片以及一片 FPGA 芯片。FPGA 芯片反应速度快，在车辆发生故障时，如电机出现绝缘不良导致电流过大时，电机控制器能够及时切断高压，对驱动电机和控制器进行保护。

图 4-4-3　比亚迪秦 EV 前驱电动总成中的电机控制器主控制板

二、驱动电机

驱动电机采用额定功率为 35kW 的永磁同步电机。永磁是指在制造电机转子时加入永磁体，使电机性能得到进一步提升。同步指的是转子的转速与定子绕组的电流频率始终保持一致。因此，可通过控制电机的定子绕组输入电流频率，来控制电动汽车的车速。

温度在 25℃时，使用万用表分别测量电机三相绕组 U/V/W 之间的阻值，将万用表两端子分别接在电控端 U 相、V 相，可测得 UV 相间的阻值；同理，可测量 UW 相电阻值、VW 相电阻值，看万用表显示的电阻值是否在（29.4±2.5）mΩ 范围内，且三相偏差不超过 1mΩ。

室温下使用绝缘电阻测试仪分别测量电机三相 U/V/W 端与壳体之间的阻值。测量阻值大于 20MΩ 即为电机绝缘良好。

三、旋转变压器

旋转变压器（简称旋变）是一种输出电压随转子转角变化的信号元件。当励磁绕组以一定频率的交流电压励磁时，输出绕组的电压幅值与转子转角成正弦、余弦函数关系，这种旋转变压器又称为正余弦旋转变压器；旋变信号通过硬线信号传输到电机控制器后解码转换成车速信号，如图 4-4-4 所示。

图 4-4-4　比亚迪秦 EV 前驱电动总成旋变传感器

注意： 旋转变压器检测电机的转速、旋转方向（正转或反转）、电机位置（旋转角度），如果旋变信号失效或丢失，车辆将无法起动，它相当于发动机上的曲轴位置传感器。旋转变压器由旋变线圈、信号盘组成。使用万用表测试，sin+ 与 sin− 的标准电阻值应为（60±5）Ω、cos+ 与 cos− 的标准电阻值应为（60±5）Ω、励磁+ 与 励磁− 的标准电阻值应为（20±5）Ω。

引导问题 3

请查阅相关资料，简述电机控制器的功能。

_____
_____
_____

引导问题 4

请查阅相关资料，简述碰撞断高压电保护的过程。

_____
_____
_____

引导问题 5

请查阅相关资料，简述结构互锁和功能互锁的差异。

_____
_____
_____

前驱电动总成的工作原理

前驱电动总成通过动力 CAN 传输过来的档位信号、加速踏板、制动踏板信号，电机控制器采集的驱动电机的旋变信号，控制电机正向、反向驱动，正、反转发电功能；具有高压输出电压和电流控制限制功能，具有电压跌落、过电流、过温、IPM过温、IGBT过温保护、功率限制、转矩控制限制等功能。同时具备电控系统防盗、能量回馈控制、主动泄放、被动泄放控制功能。

前驱电动总成可以实现高压保护，当出现以下情况时，高压电路能够自动断开，起到保护作用。

一、碰撞断高压电保护

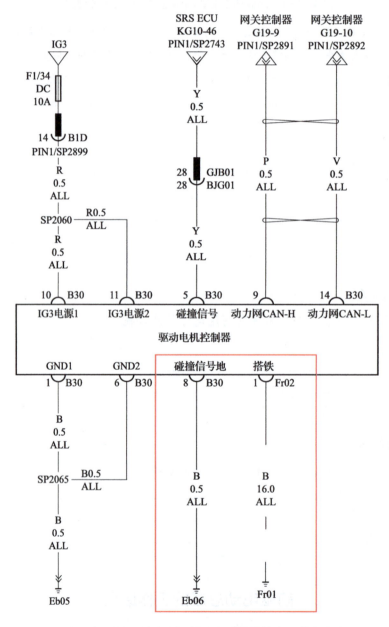

图 4-4-5　比亚迪秦 EV 前驱电动总成旋变传感器电路

如果车辆发生碰撞,电池管理器接收到安全气囊展开信号后,电池管理器控制电池包内部的正、负极接触器断开,通过动力CAN向电机控制器发送断高压的控制策略,电机控制器通过FPGA芯片控制电容器进行主动泄放策略,5s内迅速将电容端的电压释放到60V以下。当主动泄放失效的情况下,电机控制器会做出被动泄放的控制策略,保证控制器内的电容器在2min内将电容端的电压释放到60V以下。所以,被动泄放是主动泄放的二重保护。旋变传感器电路如图4-4-5所示。

二、漏电断高压电保护

漏电传感器集成在充配电总成中。漏电传感器主要通过监测与高压电池相连接的正极母线或负极母线与车身底盘间的绝缘电阻,来判定高压系统是否存在漏电。漏电传感器将漏电数据信息通过动力CAN通信发送给电池管理器和前驱电动总成的电机控制器,然后采取相应保护措施。漏电判定及措施见表4-4-1。

表4-4-1 秦EV高压漏电判定及措施

高压回路正极或负极对搭铁等效绝缘电阻值	漏电状态	措施	
绝缘电阻值≥500Ω/V	正常	无	
100Ω/V<绝缘电阻值<500Ω/V	一般漏电报警	仪表指示灯亮,报动力系统故障	
绝缘电阻值≤100Ω/V	严重漏电报警	行车中	仪表指示灯亮,断开主接触器、分压接触器、高压电池包内接触器和负极接触器
		停车中	1)禁止上电 2)仪表指示灯亮,报动力系统故障
		充电中	1)断开交流充电接触器、分压接触器、高压电池包内接触器和负极接触器 2)仪表指示灯亮,报动力系统故障

三、高压互锁保护

高压互锁保护分为结构互锁和功能互锁两部分。结构互锁是指车辆的主要高压插接器均带有互锁回路,当其中某个插接器带电断开时,BMS便会检测到高压互锁回路存在断路,为保护人员安全,将立即进行报警并断开主高压回路电气连接,同时激活主动泄放。功能互锁是指当车辆进行充电或充电检验时,高压电控系统会限制车辆不能通过自身驱动系统进行驱动,以防发生安全事故。

秦EV车型有2条高压互锁电路,如图4-4-6所示。高压互锁1的回路,由电池管理器BK45(B)-4端输出高压互锁信号至动力电池包BK51-30输入,从动力电池包BK51-29输出至PTC端的BG34-3输入,BG34-6端输出至充配电总成中的BK46-12输入,从BK46-13输出至电池管理器BK45(B)-5输入形成高压互锁1的回路。

高压互锁2的回路,由电池管理器BK45(B)-10端输出高压互锁信号至充配电总成 BK46-15 端输入，从 BK46-14 端输出到电池管理器 BK45（B）-11 端输入形成整个高压互锁 2 的回路。

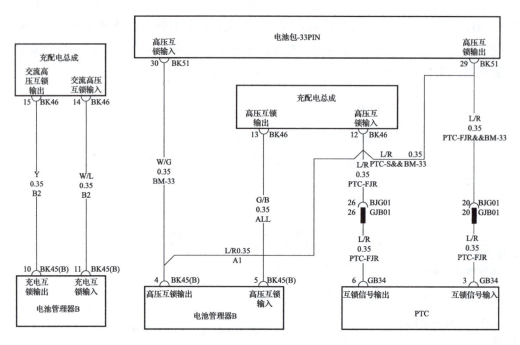

图 4-4-6　比亚迪秦 EV 高压互锁电路

引导问题 6

请查阅相关资料，简述秦 EV 前驱电动总成电机常见的故障。

_____
_____

引导问题 7

请查阅相关资料，简述前驱动电机旋变故障应如何处理。

_____
_____
_____

前驱电动总成故障

一、前驱电动总成电机故障

秦 EV 前驱电动总成电机故障见表 4-4-2。

表 4-4-2　秦 EV 前驱电动总成电机故障

常见相关故障	故障确认	处理方法
整车报旋变故障	通过转接线检测旋变正余弦和励磁阻抗，测试时频率设置为 10kHz，对应的阻抗要求正弦：（60±5）Ω，余弦：（60±5）Ω，励磁：（20±5）Ω	如果阻值正常，则排查控制器；如果阻值异常，则更换旋变（若未有旋变的分件通知，则不容许单独更换旋变）
整车报漏电故障	拆开电机小端盖，同时拆下定子引出线固定螺栓，测试定子组件对电机壳体的绝缘电阻和耐受电压。绝缘电阻的要求为：DC 1000V、10s、大于 50MΩ。耐受电压要求为：AC 2000V、60s、小于 20mA	若测试结果正常，则检测排查控制器，若检测出绝缘电阻和耐受电压不良，则需将电机拆下更换维修
整车报异响故障	确认异响出现的工况，并进行录音	将录音数据提供给技术部门进行同步确认
其他问题	确认总成故障	拆解返厂

二、前驱电动总成电机控制器故障

秦 EV 驱动电机控制器故障诊断见表 4-4-3。

表 4-4-3　秦 EV 驱动电机控制器故障诊断

故障类型	排查方法
前驱动电机过电流	1）检查整车是否能够正常上"OK"电，如不能则首先更换驱动电机控制器；更换后重新上电，若能上"OK"电，将整车开至空旷场地进行急加速急减速行驶，若故障重新触发，记录整车 VIN 和前驱电动总成编号，并联系厂家处理；若依然无法点亮"OK"指示灯，则更换前驱电动总成后重复上述操作 2）若整车能正常上"OK"电，清除故障码后将整车开至空旷场地进行急加速急减速行驶，若故障重新触发，记录整车 VIN 和前驱电动总成编号，并联系厂家处理
前驱动电机严重过温警告	1）检查整车冷却系统是否异常，冷却风扇、冷却液泵是否正常工作，冷却液加注是否到位，冷却液是否正常循环 2）如冷却系统无故障，将车辆静置 2h 后开至空旷场地正常行驶 10min 左右；若故障重现，待整车冷却至常温后拆除电机控制器与驱动电机铜排连接处端盖，测量电机绕组温度传感器阻值是否在正常范围内 接插件 1、6# 端子之间的阻值，见下表：<table><tr><th>温度 /℃</th><th>标准阻值 /kΩ</th></tr><tr><td>-30</td><td>2280</td></tr><tr><td>-20</td><td>1190</td></tr><tr><td>-10</td><td>646.9</td></tr><tr><td>0</td><td>364.9</td></tr><tr><td>10</td><td>212.5</td></tr><tr><td>20</td><td>127.7</td></tr><tr><td>30</td><td>78.88</td></tr><tr><td>40</td><td>50.04</td></tr></table>

（续）

故障类型	排查方法
前驱动电机一般过温警告	若阻值不在正常范围内，且接插件连接无异常，则更换前驱电动总成；若阻值正常，则记录整车 VIN 和前驱电动总成编号，并联系厂家处理
前驱动电机控制器 IGBT-NTC 一般过温警告	1）检查整车冷却系统是否异常，冷却风扇、冷却液泵是否正常工作，冷却液加注是否到位，冷却液是否正常循环 2）如冷却系统无故障，将车辆静置 2h 后开至空旷场地正常行驶 10min 左右；使用 VDS 读取驱动电机控制器 IGBT 温度数据流，若温度未明显下降或异常，且严重过温故障重现，则记录整车 VIN 和前驱电动总成编号，并联系厂家处理
前驱动电机控制器 IGBT 核心温度一般过温警告	
前驱动电机控制器 IGBT-NTC 严重过温警告	
前驱动电机控制器 IGBT 核心温度严重过温警告	
前驱动电机控制器高压欠电压	1）检查整车能否正常上"OK"电。若能上"OK"电，则将故障码清除后，正常行驶 10min。使用 VDS 观察电池管理器数据流，直流母线电压值是否在 356~676.4V 范围内，是否有相关故障码；若故障重现，且电压值超过正常范围，则排查动力电池及充配电三合一 2）若整车无法上"OK"电，则排查动力电池及充配电三合一
前驱动电机控制器高压过电压	
前驱动电机控制器电压采样故障	更换驱动电机控制器
前驱动电机控制器碰撞信号故障	1）断开后再重新连接低压蓄电池，观察故障能否清除，若无法清除则继续下一步 2）检查 SRS-ECU 模块、低压线束、接插件是否正常
前驱动电机控制器 EEPROM 错误	更换驱动电机控制器
前驱动电机控制器主动泄放故障	清除故障码，整车重新上退电，若故障重现，使用 VDS 检查动力电池主接触器是否烧结
前驱动电机旋变故障–信号丢失	1）拆除驱动电机控制器与驱动电机三相铜排连接处端盖，使用万用表测量电机旋变接插件阻值，正常为：励磁正负极之间的电阻，阻值应为（14.5±2）Ω；sin 正负极之间的电阻，阻值应为（36±4）Ω；cos 正负极之间的电阻，阻值应为（42±4）Ω，若阻值不正常，则更换前驱电动总成 2）若电机旋变接插件阻值正常，则更换驱动电机控制器
前驱动电机旋变故障–角度异常	
前驱动电机旋变故障–信号幅值减弱	
前驱动电机缺 A 相	1）更换驱动电机控制器，上电观察能否上"OK"电或仪表提示 EV 功能受限 2）若无法上"OK"电，更换前驱电动总成
前驱动电机缺 B 相	
前驱动电机缺 C 相	
前驱动电机控制器电流霍尔传感器 A 故障	更换驱动电机控制器
前驱动电机控制器电流霍尔传感器 B 故障	
前驱动电机控制器电流霍尔传感器 C 故障	

（续）

故障类型	排查方法
前驱动电机控制器 IGBT 三相温度校验故障报警	1）检查整车冷却系统是否异常，冷却风扇、冷却液泵是否正常工作，冷却液加注是否到位，冷却液是否正常循环 2）如冷却系统无故障，将车辆静置 2h 后开至空旷场地正常行驶 10min 左右；若故障重现，则记录整车 VIN 和前驱电动总成编号，并联系厂家处理
与整车控制器通信故障	1）检测低压线束和低压接插件是否有退针、断线问题，低压供电是否正常，低压蓄电池电压是否在 11~14V 之间 2）测量整车控制器 CAN 线电压，CAN-H 正常电压应在 2.5~3.5V 之间，CAN-L 正常电压应在 1.5~2.5V 之间 3）若确认上述无问题，且 VDS 读取到整车控制器存在故障，则进一步排查或更换整车控制器
前驱动电机控制器驱动 CPLD 过电流故障	1）清除故障码后若能正常点亮"OK"指示灯，将车辆开至空旷场地进行整车急加速、急减速行驶，若故障重现，则更换驱动电机控制器 2）若"OK"指示灯无法点亮，则直接更换驱动电机控制器
前驱动电机控制器驱动 CPLD 过电压故障	1）清除故障码后若能正常点亮"OK"指示灯，将车辆开至空旷场地进行整车急加速、急减速行驶，若故障重现，则更换驱动电机控制器 2）若"OK"指示灯无法点亮，则直接更换驱动电机控制器
前驱动电机控制器驱动 DSP1 死机故障	1）清除故障码后若能正常点亮"OK"指示灯，将车辆开至空旷场地进行整车急加速、急减速行驶，若故障重现，则更换驱动电机控制器 2）若"OK"指示灯无法点亮，则直接更换驱动电机控制器
前驱动电机控制器驱动 CPLD 运行故障	1）清除故障码后若能正常点亮"OK"指示灯，将车辆开至空旷场地进行整车急加速、急减速行驶，若故障重现，则更换驱动电机控制器 2）若"OK"指示灯无法点亮，则直接更换驱动电机控制器
前驱动电机控制器驱动 CPLD 检测 IGBT 上桥报错故障	1）清除故障码后若能正常点亮"OK"指示灯，将车辆开至空旷场地进行整车急加速、急减速行驶，若故障重现，则更换驱动电机控制器 2）若"OK"指示灯无法点亮，则直接更换驱动电机控制器
前驱动电机控制器驱动 CPLD 检测 IGBT 下桥报错故障	1）清除故障码后若能正常点亮"OK"指示灯，将车辆开至空旷场地进行整车急加速、急减速行驶，若故障重现，则更换驱动电机控制器 2）若"OK"指示灯无法点亮，则直接更换驱动电机控制器
低压输出断线	重新接线
低压蓄电池电压过高	1）检查低压蓄电池电压是否正常（正常为 11~14V） 2）检直低压配电熔断器、线路连通性是否正常 3）检查 DC 系统是否正常工作
低压蓄电池电压过低	
与 BMC 通信故障	电池管理器
电机控制器接收 SRSCAN 信号异常	1）检查 SRS-ECU 低压接插件、低压线束是否有退针、断线等异常现象 2）读取整车故障码，若同时存在多个模块通信异常，则排查网关是否正常 3）若上述无异常且排查 SRS 模块正常，则更换 SRS-ECU 控制器
电机控制器接收 SRS 硬线信号异常	1）检查 SRS-ECU 低压接插件、低压线束是否有退针、断线等异常现象 2）若步骤1）检查无异常且排查 SRS 模块正常，则更换 SRS-ECU 控制器

213

（续）

故障类型	排查方法
前驱动电机控制器 IPM 故障	更换驱动电机控制器
备用电源故障	更换驱动电机控制器
前驱动电机控制器 IPM 散热器过温故障	1）将车辆静置 2h 后观察故障是否恢复，若无法恢复，继续以下步骤 2）检查驱动电机控制器冷却系统是否异常，冷却风扇、冷却系是否正常工作，冷却液加注是否到位，冷却液是否正常循环 3）确认冷却系统无异常后，更换驱动电机控制器
前电机绕组温度传感器采样异常	1）重新上电后若故障无法清除，拆除驱动电机控制器与驱动电机三相铜排连接处端盖，测量电机绕组温度传感器阻值是否在下表给出的正常范围内 温度传感器标准阻值 | 温度 /℃	标准阻值 /kΩ | |---|---| | –30 | 280 | | –20 | 1190 | | –10 | 646.9 | | 0 | 364.9 | | 10 | 212.5 | | 20 | 122.7 | | 30 | 78.9 | | 40 | 50.0 | 2）若阻值不在正常范围内，则更换前驱电动总成 3）若阻值在正常范围内，则更换驱动电机控制器后重新上电，检测故障是否重现；若故障重现，则记录整车 VIN 和前驱电动总成编号并联系厂商处理
前驱动电机控制器 IPM 温度采样异常	重新上电后若故障无法清除，则更换驱动电机控制器

拓展阅读

当下新能源汽车已是汽车产业发展的必然方向，我国新能源汽车的核心技术仍有待突破，关键零部件还面临"卡脖子"问题。

动力电池方面，中企已经独占鳌头。根据能源调研机构的数据，2023 年上半年，电芯销量排名前十名，中国上榜 5 家，市场份额为 43.2%。宁德时代市场占有率为 29.9%，位居全球第一。虽然我国在电池正负极材料、隔膜、电解液、制造工艺、高端制造装备等方面已经突破，但是隔膜和高端制造装备方面现在仍需要进口，属于动力电池"卡脖子"技术。

对于汽车而言，电池只是具有储能用途，真正决定汽车性能的是电机、电控两大技术。这方面的技术中国仍有不足。电机相当于传统燃油车的发动机，其性能好坏直接决定了新能源汽车的爬坡、加速、最高速度等主要性能指标和成本。电控系统中的电机控制器，是连接电池与电机的电能转换单元，可将电池提供的直流电转换为驱动电机需要的交流电，可以说，电控是必不可少的控制核心。目前，我国电控系统正处于被卡脖子的局面，电机控制器中 IGBT 功率半导体模块与关联电路是核心硬件，其中，IGBT 模块占电控系统成本的 40% 以上，折合到整车，大概占总成本的 5%。如此关键的芯片，目前仍严重依赖进口，进口占比高达 90% 左右。

提到半导体模块，不得不提及第三代半导体材料——碳化硅 SiC。碳化硅具有开关速度快、关断电压高、耐高温能力强等多重优点，比原先的 IGBT 模块具备更多优势。电控系统采用碳化硅芯片后，能在电能转换过程中，减少 50% 的热损耗，将大幅度提升电子器件的效率。据估算，单次充电后，续驶里程可以在现有情况下再提升 6%。碳化硅芯片替换硅基 IGBT，已经是大势所趋。但碳化硅制造技术更为艰难，目前碳化硅的制造技术被美国、欧洲、日本把控，中企还没有形成完整的产业链。值得欣慰的是，国内也有厂家在计划量产碳化硅电驱动系统。比如比亚迪，已投入巨资布局碳化硅，希望将单晶、外延、芯片、封装等碳化硅基半导体全产业链掌握在自己手中。

以碳化硅芯片为代表的汽车芯片、新型芯片与电控系统的结合，将是电动汽车下一个十年发展的关键。这一次，能否掌握核心科技，将决定新能源汽车产业是否能够不再走上燃油车老路。中企任重道远！

任务分组

学生任务分配表见表 4-4-4。

表 4-4-4　学生任务分配表

班级		组号		指导老师	
组长		学号			
组员角色分配					
信息员		学号			
操作员		学号			
记录员		学号			
安全员		学号			
任务分工					
（就组织讨论、工具准备、数据采集、数据记录、安全监督、成果展示等工作内容进行任务分工）					

工作计划

按照前面所了解的知识内容和小组内部讨论的结果，制定工作方案，落实各项工作负责人，如任务实施前的准备工作、实施中主要操作及协助支持工作、实施过程中相关要点及数据的记录工作等。

工作计划表见表 4-4-5。

表 4-4-5　工作计划表

步骤	工作内容	负责人
1		
2		
3		
4		
5		
6		
7		
8		

进行决策

1. 各组派代表阐述资料查询结果。
2. 各组就各自的查询结果进行交流，并分享技巧。
3. 教师对各组的计划方案进行点评。
4. 各组长对组内成员进行任务分工，教师确认分工是否合理。

任务实施

> **引导问题 8**
>
> 查阅相关资料，简述电机绕组缺相故障的诊断与排除的步骤要点。
>
>
> 驱动电机绕组缺相故障的诊断与排除
>
> _____
> _____

根据前驱电动总成电机控制器相关的内容，完成电机绕组缺相故障的诊断与排除。实训准备见表 4-4-6。

表 4-4-6　实训准备

实训准备			
序号	设备及工具名称	数量	设备及工具是否完好
1	数字式万用表	1 台	□是 □否
2	诊断仪	1 台	□是 □否
3	绝缘防护套装	1 套	□是 □否
4	绝缘工具套装	1 套	□是 □否
5	常规工具套装	1 套	□是 □否
6	比亚迪秦 EV 整车	1 辆	□是 □否
质检意见	原因：		

电机旋变故障诊断与排除见表 4-4-7。

表 4-4-7　电机旋变故障诊断与排除

步骤	操作	完成情况
1	一辆比亚迪秦 EV 汽车，行驶里程为 80000km，按压起停开关，高压不能上电，仪表"OK"指示灯不亮，同时仪表显示"请检查动力系统"，如图所示 	已完成□ 未完成□
2	故障诊断与分析：电动汽车电机的旋变信号检测是上电的必要条件之一，旋变信号类似于传统汽车的发动机曲轴位置传感器。旋变传感器用于检测电机转子的位置、转速以及旋转方向，并且将信号反馈给电机控制器，用于控制电机的驱动。当控制器接收不到此信号时，控制器无法获得电机转子位置等信号，无法判断电机通电相位顺序，故车辆无法进行高压上电 旋变故障一般分为硬件故障，即旋变传感器本身线圈绕组及电机控制器故障，以及旋变传感器线束或接插件故障，如图所示 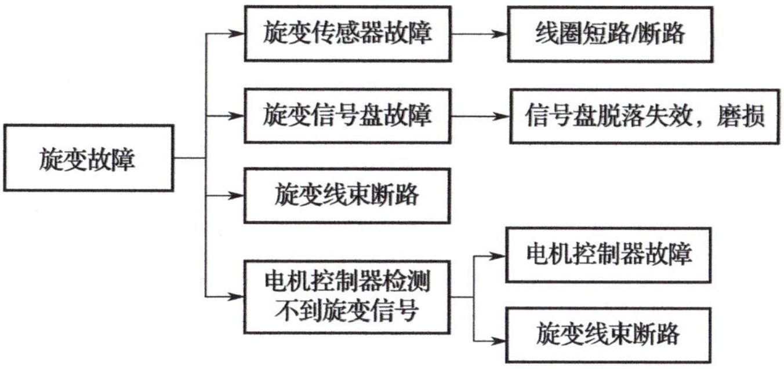	已完成□ 未完成□

（续）

步骤	操作	完成情况
3	车辆基本检查，检查前舱接插件线束是否连接到位	已完成□ 未完成□
4	运用诊断设备，连接解码仪，读取故障码，出现动力网－前驱动电机控制器 P1BBF00、P1BF200 两个故障码，如图所示。通过故障码可以非常明确看出是旋变故障，此时需要进一步进行检查，并且读取数据流，检查有无异常 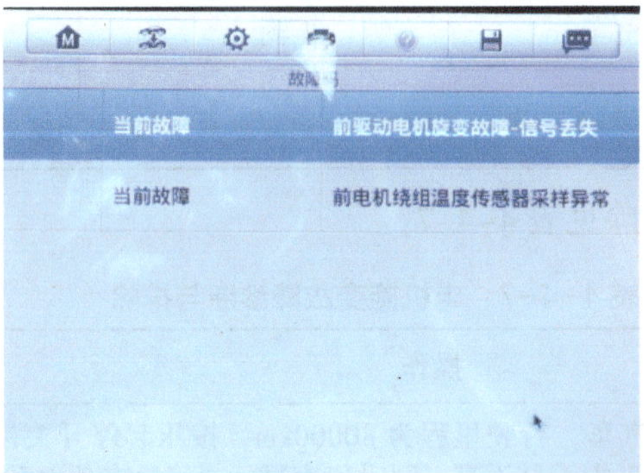	已完成□ 未完成□
5	关闭点火开关，断开低压蓄电池负极（等待 3min），拆卸前驱电动总成的后端盖，如图所示 	已完成□ 未完成□
6	查阅电气原理图，找到旋变信号线路端子号，分别测量旋变传感器正弦、余旋、励磁的阻值，正常时的测量值如图所示 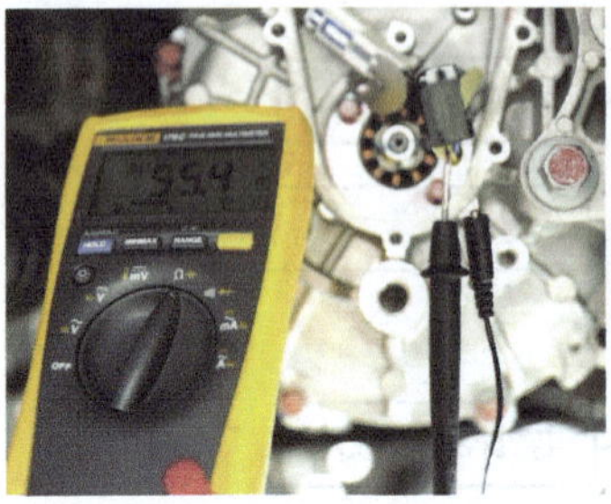 旋变传感器正弦电阻 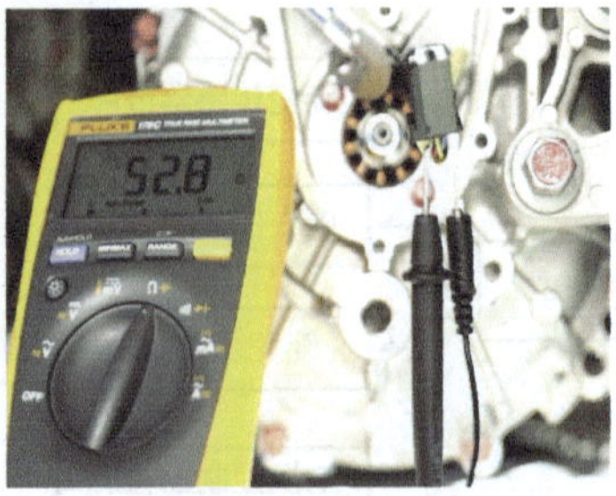　　　　旋变传感器余弦电阻	已完成□ 未完成□

（续）

步骤	操作	完成情况
6	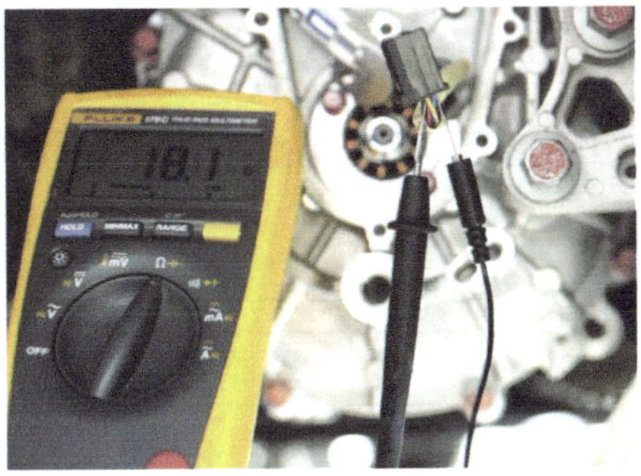 旋变传感器励磁电阻	已完成□ 未完成□
7	测量旋变传感器接插件电阻，阻值为无穷大，继续查找，发现电机插头处针脚，发现退针，如图所示 	已完成□ 未完成□
8	修复传感器线束插针，重新起动汽车，仪表显示正常，汽车正常上电，故障排除，如图所示 	已完成□ 未完成□
9	实训现场整理	已完成□ 未完成□
总结提升		
质检意见	原因：	已完成□ 未完成□

评价反馈

1. 各组代表展示汇报 PPT，介绍任务的完成过程。

2. 请以小组为单位，对各组的操作过程与操作结果进行自评和互评，并将结果填入表 4-4-8 中的小组评价部分。

3. 教师对学生工作过程与工作结果进行评价，并将评价结果填入表 4-4-8 中的教师评价部分。

表 4-4-8　综合评价表

班级			组别		姓名		学号	
实训任务								
评价项目			评价标准				分值	得分
小组评价	计划决策		制定的工作方案合理可行，小组成员分工明确				10	
	任务实施		能够正确检查并设置实训工位				5	
			能够准备和规范使用工具设备				5	
			能够正确检测电机绕组缺相故障				20	
			能够正确排除电机绕组缺相故				20	
			能够规范填写任务工单				10	
	任务达成		能按照工作方案操作，按计划完成工作任务				10	
	工作态度		认真严谨、积极主动，安全生产，文明施工				10	
	团队合作		小组组员积极配合、主动交流、协调工作				5	
	7S 管理		完成竣工检验、现场恢复				5	
			小计				100	
教师评价	实训纪律		不出现无故迟到、早退、旷课现象，不违反课堂纪律				10	
	方案实施		严格按照工作方案完成任务实施				20	
	团队协作		任务实施过程互相配合，协作度高				20	
	工作质量		能准确规范完成实训任务				20	
	工作规范		操作规范，三不落地，无意外事故发生				10	
	汇报展示		能准确表达、总结到位、改进措施可行				20	
			小计				100	
综合评分			小组评价分 ×50% + 教师评价分 ×50%					
总结与反思								

（如：学习过程中遇到什么问题→如何解决的 / 解决不了的原因→心得体会）

新能源汽车保养
与故障诊断技术

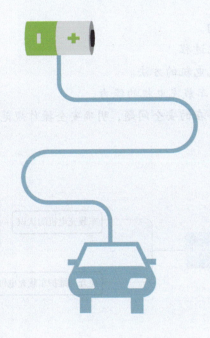

能力模块五
掌握充电系统的保养与故障诊断方法

任务一　检查与维护车载充电机

学习目标

- 掌握车载充电机的结构。
- 掌握车载充电机的充电过程。
- 掌握检查与维护车载充电机的方法。
- 具备检查与更换秦 EV 车载充电机的能力。
- 了解充电过程中可能存在的安全问题，明确安全操作规范在实际操作中的重要性。

知识索引

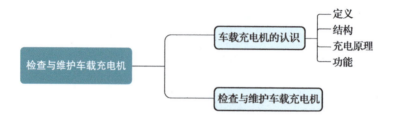

情境导入

　　小王是比亚迪秦 EV 车主，在进行交流充电时，发现充电连接指示灯点亮，但仪表上没有充电电流、充电功率等信息，车辆慢充不成功。维修主管检查后认为需要更换该车的车载充电机，他将这个任务交给了身为维修技师的你，你能完成此任务吗？

获取信息

引导问题 1

请查阅相关资料，简述什么是车载充电机。

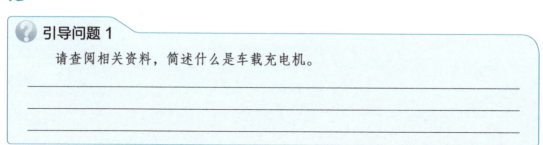

> **引导问题 2**
>
> 请查阅相关资料，简述车载充电机的结构组成。
> _____
> _____
> _____

车载充电机的认识

一、定义

车载充电机是指固定安装在电动汽车上的充电机，具有为电动汽车动力电池安全、自动充满电的功能，充电机依据电池管理系统（BMS）提供的数据，能动态调节充电电流或电压参数，执行相应动作，完成充电过程。

二、结构

车载充电机由交流输入接口、功率单元、充电控制单元、低压辅助单元、直流输出接口等部分组成，如图 5-1-1 所示，充电过程中一般由车载充电机作为电池管理系统、充电接触器、仪表、冷却系统等低压用电设备的电源。

图 5-1-1　车载充电机结构

1. 交流输入接口

交流输入接口一共 7 个 pin 口，有三类连接，包括高压电源连接、高压中性线、车辆底盘地、低压信号的充电连接确认和控制确认。标准的输入接口采用工频单相输入 220V 电压。但如果功率需要，也可以启用两个备用 pin 口（NC1 和 NC2），可以实现 380V 输入。

2. 充电控制单元

充电控制单元主要用于采样输出电流和电压，经过处理后将实时值传递给 PID（一种闭环自动控制技术，是"比例、积分、微分控制器"的简称）控制回路，由控制器比较测量值与期望值之间的差距，再将调节要求传递给 PWM 回路（PWM——脉冲宽度调制技术），通过脉冲宽度变化来控制高压回路中功率器件的开闭时间的长短，最终实现输出电流和电压尽量接近于主控系统要求的数值。

3. 低压辅助单元

低压辅助单元是一个标准低压电源，输出电压为 12V 或者 24V，用于充电期间给电动汽车上的用电器供电，比如电池管理系统、热管理系统、汽车仪表等。

4. 功率单元

功率单元一般包括输入整流、逆变电路和输出整流 3 个部分，将输入的工频交流电转化成动力电池系统能够接受的适当电压的直流电。

5. 直流输出接口

直流输出接口包括低压辅助电源正负极两个 pin 口、高压充电回路正负极两个 pin 口、底盘地、通信线 CAN-H 和 CAN-L（还可以有 CAN 屏蔽）和充电请求信号线。其中，两个高压 pin 口与电池包相连；充电请求信号线的作用是当充电机的输入接口与外部电源之间完成充电连接确认以后，通过"充电请求信号"线向车辆控制器发送充电请求信号，同时或延时一小段时间后，用低压辅助电源给整车供电。

三、充电原理

车载充电机的工作原理如图 5-1-2 所示。当车载充电机接上交流电后，并不是立刻将电能输出给电池，而是通过电池管理系统（BMS）首先对电池的状态进行采集分析和判断，进而调整充电机的充电参数。

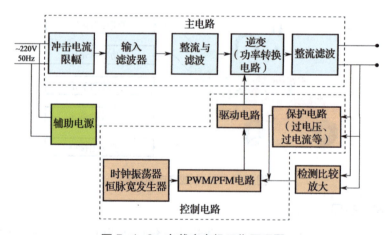

图 5-1-2　车载充电机工作原理图

车载充电机有两大部分，电源部分（主电路）和充电机控制主板（控制电路）。电源部分主要作用是将交流电转化为直流电，电源部分又分为 PFC 和 LLC 两部分，实际上可以把 PFC 看作是 AC/DC，而把 LLC 看作是 DC/DC。充电机控制主板主要是对电源部分进行控制、监测、计量、计算、修正、保护，以及实现与外界网络通信等功能，是车载充电机的"中枢大脑"。

四、功能

1）充电机具备高速 CAN 网络与 BMS 通信的功能，判断电池连接状态是否正确；

获得电池系统参数及充电前和充电过程中整组和单体电池的实时数据。

2）充电机可通过高速 CAN 网络与车辆监控系统通信，上传充电机的工作状态、工作参数和故障告警信息，接受启动充电或停止充电控制命令。

3）能提供完备的安全防护措施，主要包括以下几条。

①交流输入过电压保护功能。

②交流输入欠电压告警功能。

③交流输入过电流保护功能。

④直流输出过电流保护功能。

⑤直流输出短路保护功能。

⑥输出软启动功能，能防止电流冲击。

⑦在充电过程中，充电机能保证动力电池的温度、充电电压和电流不超过允许值；并具有单体电池电压限制功能，自动根据 BMS 的电池信息动态调整充电电流。

⑧自动判断充电插接器、充电电缆是否正确连接。当充电机与充电桩和电池正确连接后，充电机才允许启动充电过程；当充电机检测到与充电桩或电池连接不正常时，它会立即停止充电。

⑨充电联锁功能，保证充电机与动力电池连接分开以前车辆不能起动。

⑩高压互锁功能，当有危害人身安全的高电压时，模块锁定无输出。

⑪车载充电机具有阻燃功能。

> **引导问题 3**
>
> 请查阅相关资料，简述车载充电机检查与维护的要点有哪些。
> _____
> _____
> _____

检查与维护车载充电机

1）检查车载充电机外观，查看是否有明显碰撞、磕碰痕迹，外壳有无变形及破损，必要时进行更换。

2）检查车载充电机各连接线束有无破损、裂缝，高低压连接是否牢固，有无松动。

3）检查车载充电机紧固螺栓有无锈蚀，紧固力矩是否足够。

4）检查车载充电机风扇转动是否灵活，挡风圈上是否有异物，必要时清洁风扇外表面。

5）检查车载充电机冷却管路连接处是否出现液体泄漏及渗出（部分车型使用液冷冷却）。

6）检测车载充电机的绝缘性能，使用绝缘电阻测试仪测量车载充电机中带电电路与外壳之间的绝缘电阻。

7）检查车载充电机工作状态，必须先接电池，插头接线正常，充电红色指示灯微亮，后接交流电源。进入充电状态，充电红色指示灯闪烁，冷却风扇工作，仪表显示充电功率，正在充电。否则需要检查连接线、插头等。

8）远离易燃易爆物品，保证冷却风道畅通。禁止任何液体、酸碱雾、杂物进入机内。

9）请架空充电器（机）离地面50cm以上，避免过多粉尘进入机内。在通风、清凉的环境中使用。夏季高温时，外壳温度高为正常现象。禁止在腐蚀、潮湿、高温或尘土飞扬的环境中使用。

拓展阅读

随着新能源汽车广泛使用，发生过多起新能源车自燃事故，其中不乏车辆在完全静置充电状态下发生自燃的现象。如2022年6月11日，广东省河源市两辆新能源轿车在充电过程中发生自燃，其中一辆小轿车被烧成一堆废铁，所幸事故未造成人员伤亡；2022年6月12日，广东省珠海市一辆购买两年的新能源车在充电后不久冒烟起火；2022年6月下旬，安徽省合肥市一辆正在充电的新能源车突然冒烟自燃。

对此，不少消费者提出疑问，为何夏季新能源汽车自燃事件时有发生？如何才能避免这一问题呢？

夏季，全国各地普遍高温多雨，对于新能源汽车而言，充电时要从电池特性出发，根据天气特征合理充电，以确保电池安全。

那新能源汽车夏季充放电需要注意些什么呢？

一、注意散热

电池的最佳工作温度区间为8~25℃。在此温度区间工作，电池的性能最好，使用寿命也最长。如果电池在55℃以上的环境下以1C的充电速度连续充放电50次以上，电池容量会明显下降，电池寿命相应缩短。当环境温度超过60℃，电池就会因温升过大而产生过热燃烧、爆炸的风险。

电池内部是有内阻的，只要有电流流经电池，就会使电池升温，而且流经的电流越大，电池温升越高。由于新能源汽车在行驶时，电池放电电流较大，所以用车后电池的温度较高。夏季气温本来就高，如果停车后立即充电，很可能使充电温度继续上升。所以，夏季用车完毕，应让车辆自然冷却一段时间再充电为宜。当然，充电时，要避免在阳光直射处进行，尤其不要停放在温度非常高的沥青路面上充电。

二、忌讳过充过放

一旦车载动力电池过充电，正极材料中的锂离子析出进入负极，负极材料产生大量锋利的锂晶体，锂晶体刺破隔膜导致整个电池发生短路，造成车辆起火自燃，这是导致不少新能源车在充电或刚刚充满电状态发生自燃的根本原因。车载电池过放电时会造成负极层状坍塌，再充电时，就限制嵌入负极碳层的锂离子数量，造成电池容量下降，内阻增加，寿命缩短且不可恢复。

三、注意用车安全

新能源汽车车主在夏季用车时，一定要注意避免将车辆长时间暴晒，避免车内温度过高而发生自燃；当底盘发生托底、磕碰等情况后，应及时到维修点进行检查维修；当车内突然出现异味或烟雾时，一定要第一时间撤离车辆并树立危险标志，避免波及其他车辆；避免夏季雷雨天气充电，打雷的时候不要充电，以免车辆被雷击引发燃烧事故。

道路千万条，安全第一条，在新能源车辆逐渐普及的今天，一定要注意规范操作，安全用车。

任务分组

学生任务分配表见表 5-1-1。

表 5-1-1 学生任务分配表

班级		组号		指导老师	
组长		学号			
组员角色分配					
信息员		学号			
操作员		学号			
记录员		学号			
安全员		学号			
任务分工					
（就组织讨论、工具准备、数据采集、数据记录、安全监督、成果展示等工作内容进行任务分工）					

工作计划

按照前面所了解的知识内容和小组内部讨论的结果，制定工作方案，落实各项工作负责人，如任务实施前的准备工作、实施中主要操作及协助支持工作、实施过程中相关要点及数据的记录工作等。

工作计划表见表 5-1-2。

表 5-1-2　工作计划表

步骤	工作内容	负责人
1		
2		
3		
4		
5		
6		
7		
8		

进行决策

1. 各组派代表阐述资料查询结果。
2. 各组就各自的查询结果进行交流，并分享技巧。
3. 教师对各组的计划方案进行点评。
4. 各组长对组内成员进行任务分工，教师确认分工是否合理。

任务实施

引导问题 4

查阅相关资料，简述比亚迪海豚充电系统的检查与紧固的要点是什么。

_____

_____

充电系统的检查与紧固（海豚）

根据所学的车载充电机相关内容，完成比亚迪海豚充电系统的检查与紧固。
实训准备见表 5-1-3。

表 5-1-3　实训准备

实训准备			
序号	设备及工具名称	数量	设备及工具是否完好
1	数字式万用表	1 台	□是　□否
2	诊断仪	1 台	□是　□否
3	绝缘防护套装	1 套	□是　□否
4	绝缘工具套装	1 套	□是　□否
5	常规工具套装	1 套	□是　□否
6	比亚迪秦 EV	1 辆	□是　□否
质检意见	原因：		

秦 EV 检查和更换车载充电机见表 5-1-4。

表 5-1-4　秦 EV 检查和更换车载充电机

步骤	操作	完成情况
车载充电机更换前准备		
1	将车辆正确停放至工位，放置车轮挡块	已完成□ 未完成□
2	按下钥匙解锁键进行车辆解锁	已完成□ 未完成□
3	打开车门	已完成□ 未完成□
4	规范铺设车内四件套	已完成□ 未完成□
5	进入车内，踩下制动踏板，按下起动开关	已完成□ 未完成□
6	按下驾驶位车窗按钮，降下驾驶位车窗，以防车辆意外断电造成车门误锁	已完成□ 未完成□
7	拉前机舱盖开关，打开前舱盖，规范铺设车外三件套	已完成□ 未完成□
车载充电机的拆卸		
1	戴上耐磨手套，取出棘轮扳手、10 号套筒	已完成□ 未完成□
2	使用 10 号套筒及棘轮扳手断开低压蓄电池负极，并使用绝缘胶带缠绕负极插头	已完成□ 未完成□
3	规范佩戴绝缘手套与护目镜，使用绝缘一字螺钉旋具松开高压母线锁止开关并拔下高压母线	已完成□ 未完成□
4	使用万用表直流电压档对高压母线插头正负极进行验电。测得的电压值小于 10V，正常	已完成□ 未完成□
5	使用绝缘胶带或专用防护袋对高压母线接插件进行防护	已完成□ 未完成□
6	使用 10 号套筒及 T25 防盗螺钉专用工具，组合小号棘轮扳手，将充配电三合一盖板拆开	已完成□ 未完成□
7	依次拆除交流充电高压母线、直流充电高压母线、压缩机高压母线、PTC 高压母线、电机控制器输入高压母线	已完成□ 未完成□
8	使用 14 号绝缘工具拆除 DC 输出线束	已完成□ 未完成□
9	打开前驱电动总成冷却系统储液罐盖，举升车辆，将驱动系统冷却液排出	已完成□ 未完成□
10	拆除充配电总成上的冷却水管及剩余附件	已完成□ 未完成□
11	检查充配电总成上是否还有与车身连接的线束及附件，若有则进行拆除	已完成□ 未完成□
12	使用 13 号套筒，组合中号棘轮扳手及加长杆将充配电总成的 4 颗固定螺钉拆除	已完成□ 未完成□

（续）

步骤	操作	完成情况
13	抬下充配电三合一，使用十字螺钉旋具拆除交流充电稳压模块及 DC/DC 稳压模块与下层的两颗连接螺钉	已完成□ 未完成□
14	将充配电三合一翻转一面，使用十字螺钉旋具拆卸充配电总成下盖紧固螺钉，取下下盖板，使用专用工具拆卸车载充电机与充配电总成连接铆点，并取下车载充电机相关连接线束	已完成□ 未完成□
15	取下损坏的车载充电机	已完成□ 未完成□
车载充电机的安装		
1	取出新的车载充电机，放置到充配电总成合适位置并连接相应线束，使用铆接器进行紧固	已完成□ 未完成□
2	涂上密封胶，安装充配电总成下盖板，使用十字螺钉旋具紧固盖板与充配电总成固定螺栓	已完成□ 未完成□
3	翻转充配电总成至正面，使用十字螺钉旋具紧固交流充电稳压模块及 DC/DC 稳压模块与下层的 2 颗连接螺栓	已完成□ 未完成□
4	将充配电总成放置于车辆合适位置，使用 13 号套筒安装并预紧充配电总成与车架的连接螺栓，使用 13 号套筒与扭力扳手以 22N·m 的力矩紧固	已完成□ 未完成□
5	使用 8 颗固定螺栓连接并预紧直流充电高压母线及电机控制器输入高压母线接线端子，使用 10 号套筒与扭力扳手以 9N·m 的力矩紧固	已完成□ 未完成□
6	依次安装交流充电高压母线、压缩机高压母线、PTC 高压母线、DC 输出线束、冷却水管	已完成□ 未完成□
7	检查线束连接有无异常，使用绝缘测试仪检测各高压线束绝缘阻值，大于 20MΩ 则为正常	已完成□ 未完成□
8	使用 21 颗紧固螺栓安装并预紧充配电总成盖板，使用 7 号套筒与扭力扳手以 2.8N·m 的力矩紧固	已完成□ 未完成□
9	添加驱动系统冷却液	已完成□ 未完成□
10	连接高压母线、连接低压蓄电池负极	已完成□ 未完成□
11	上电查看 OK 指示灯是否正常点亮，解码仪有无故障码显示；正确连接随车充电枪，查看车辆仪表是否正常显示充电功率及剩余时间等充电数据，使用解码仪读取车载充电机数据流，查看充电电流、充电电压及 CP 占空比等数据是否正常	已完成□ 未完成□
12	车载充电机更换完毕	已完成□ 未完成□
13	实训现场整理	已完成□ 未完成□
总结提升		
质检意见	原因：	已完成□ 未完成□

评价反馈

1. 各组代表展示汇报 PPT，介绍任务的完成过程。
2. 请以小组为单位，对各组的操作过程与操作结果进行自评和互评，并将结果填入表 5-1-5 中的小组评价部分。
3. 教师对学生工作过程与工作结果进行评价，并将评价结果填入表 5-1-5 中的教师评价部分。

表 5-1-5 综合评价表

班级		组别		姓名		学号	
实训任务							
评价项目			评价标准			分值	得分
小组评价	计划决策		制定的工作方案合理可行，小组成员分工明确			10	
	任务实施		能够正确检查并设置实训工位			5	
			能够准备和规范使用工具设备			5	
			能够正确检查海豚的充电系统			20	
			能够正确紧固海豚的充电系统相关零部件			20	
			能够规范填写任务工单			10	
	任务达成		能按照工作方案操作，按计划完成工作任务			10	
	工作态度		认真严谨、积极主动，安全生产，文明施工			10	
	团队合作		小组组员积极配合、主动交流、协调工作			5	
	7S 管理		完成竣工检验、现场恢复			5	
			小计			100	
教师评价	实训纪律		不出现无故迟到、早退、旷课现象，不违反课堂纪律			10	
	方案实施		严格按照工作方案完成任务实施			20	
	团队协作		任务实施过程互相配合，协作度高			20	
	工作质量		能准确规范完成实训任务			20	
	工作规范		操作规范，三不落地，无意外事故发生			10	
	汇报展示		能准确表达、总结到位、改进措施可行			20	
			小计			100	
综合评分			小组评价分 ×50% + 教师评价分 ×50%				
总结与反思							

（如：学习过程中遇到什么问题→如何解决的/解决不了的原因→心得体会）

任务二 诊断与排除充电系统故障

学习目标

- 掌握交流充电系统结构与功能。
- 掌握直流充电系统结构与功能。
- 了解秦 EV 车型充电系统的端子定义与信号。
- 具备诊断与排除随车充电设备故障的能力。
- 了解实训中可能存在的安全问题,明确职业道德中的敬业精神在实际操作中的重要性。

知识索引

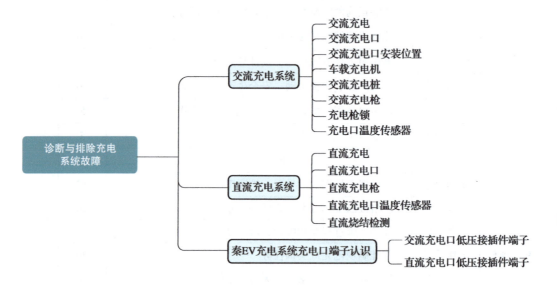

情境导入

一辆比亚迪秦 EV 纯电动汽车,可以正常上 "OK" 电。断电后使用随车充电枪充电,仪表充电连接指示灯正常点亮,仪表没有显示充电电流。当出现这种故障时,你能判断是充电枪的故障还是车辆的故障吗?

获取信息

引导问题 1
请查阅相关资料，简述交流充电的定义。

引导问题 2
请查阅相关资料，简述交流充电系统的结构组成。

交流充电系统

一、交流充电

通过交流充电桩连接新能源汽车的交流充电口，并通过车载充电机（简称 OBC）对交流电进行升压，然后通过 OBC 内部的整流模块整流成该车辆所需要的电压对其动力电池充电，这一过程称为交流充电。

二、交流充电口

国标交流充电口有 7 个端子，分别为 CC、CP、L1、L2、L3、N、PE。目前在售的新能源汽车的交流充电口中 L2 和 L3 两个端子都是空脚，只有 2016/2017 款比亚迪 e5 或 2016/2017 款比亚迪秦 EV 才具有三相交流充电功能，如图 5-2-1 所示。

图 5-2-1　国标交流充电口

国标交流充电口端子作用见表 5-2-1。

表 5-2-1　国标交流充电口端子作用

序号	端子名称	作用
1	L1	交流电源（单相）
2	L2	交流电源（三相）空
3	L3	交流电源（三相）空
4	N	中性线
5	PE	保护接地（PE），连接供电设备搭铁线和车辆电平台
6	CC	充电连接确认
7	CP	控制引导

三、交流充电口安装位置

不同品牌或车型的新能源汽车的交流充电口安装的位置可能有所不同，全新秦 EV 车型的交流充电口的位置比较老款秦 EV 车型有所改变。老款秦 EV 的充电口前置安装在车辆 logo 后面，全新秦 EV 车型更改为直流充电口单独前置的布局，交流充电口则移动到车身右后翼子板上。全新秦 EV 交流充电口位置如图 5-2-2 所示。

图 5-2-2　全新秦 EV 交流充电口位置

四、车载充电机

车载充电机（On-Board-Charger，OBC）是指固定安装在电动汽车上的充电机，具备为新能源汽车的动力电池安全、自动充满电的能力，充电机依据电池管理系统（BMS）提供的数据，能动态调节充电电流或电压参数，执行相应动作，完成充电过程。

注意：比亚迪车型没有独立的车载充电机，而是集成在高压充配电总成中。

五、交流充电桩

交流充电桩是指采用传导方式为具有车载充电装置的电动汽车提供交流电源的专用供电装置。

按照功率划分，常见的交流充电桩的功率有 2kW、3.3kW、7kW 和 40kW 四种。按照安装方式划分，可分为便携式交流充电枪、壁挂式交流充电桩、落地式交流充电桩。

六、交流充电枪

新能源汽车的充电枪作为充电设备与电动汽车充电电池的接口，必须符合国家强制标准规定，所有充电桩和新能源汽车主机厂都必须共同遵守，以保证桩和枪的连接一致性。充电枪中不同的端子代表不同的电源或控制信号。

七、充电枪锁

交流充电桩和便携充电枪都未设计有充电枪锁止机构，它依靠安装在车辆充电口内的伸缩锁栓来卡住交流充电枪，以达到车锁枪的目的。当充电开始时，充电口锁栓自动伸出卡住充电枪的开关，当充电完成后释放充电口锁栓，充电枪开关释放，或按下电子钥匙的解锁键后，充电口的锁栓释放，允许拔枪。充电枪锁如图 5-2-3 所示。

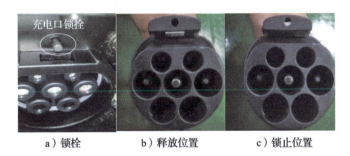

图 5-2-3　充电枪锁

秦 EV 车型新车默认充电防盗是停用状态。在停用状态下给车辆进行交流充电，充电枪不会自动闭锁。

在"启用防盗"，车辆闭锁后，充电过程中充电枪均会处于闭锁状态，此时，充电枪会被锁止，可以通过以下几种方式进行解锁。

1）按智能钥匙解锁按钮进行解锁（点火开关 OFF 档充电时）。

2）按驾驶人侧车门外把手旁边的微动开关进行解锁（智能钥匙在车辆附近时）。

3）按左前门窗控制开关上的开锁按键进行解锁。解锁充电枪后，30s 内可拔枪，30s 后充电枪锁会重新闭合。

注意： 秦 EV 车型中控屏大小不一样，对于充电枪锁的设置方式也不一样。如图 5-2-4 所示，10.1in 屏是在车辆菜单内进行充电枪锁设置；对于 8in 中控屏，直接在锁的界面进行设置。

图 5-2-4　充电枪锁显示

八、充电口温度传感器

新能源汽车的充电口都安装有温度传感器，当新能源汽车在充电的过程中，充电口的温度达到预设温度时，充电枪温控系统会自行开启，降低充电功率，限制充电口温度上升，若充电口的温度持续攀升再次达到预设温度时，温控系统将自行切断电源，停止充电，等待温度回落后，再次开启充电。充电口的温度传感器可以有效防止充电时因温度过高导致的自燃或插座熔化等危险发生。充电口插座烧蚀如图 5-2-5 所示。

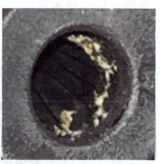

图 5-2-5　充电口插座烧蚀

引导问题 3

请查阅相关资料，简述直流充电系统的结构组成。

_____

_____

_____

直流充电系统

一、直流充电

直流充电是指使用直流充电设备直接给新能源汽车动力电池补充能量的充电方式。直流充电桩输出 DC 500V 的直流电，并且通过充配电总成中的直流充电正负极接触器给动力电池充电。

二、直流充电口

国标直流充电口有 9 个端子，分别为 A+、A−、CC1、CC2、S+、S−、PE、DC+、DC−，如图 5-2-6 所示。

CC1：充电连接确认，充电桩对车辆信号，车辆充电插座 CC1 端口与 PE 之间连接有 1kΩ 的电阻。

CC2：充电连接确认，车辆对充电桩信号，充电枪 CC1 端口与 PE 之间连接有 1kΩ 的电阻。

S+：充电通信 CAN-H，连接非车载充电机与电动汽车的通信线。

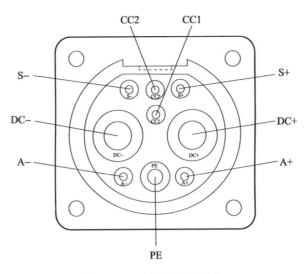

图 5-2-6 国标直流充电口

S-：充电通信 CAN-L，连接非车载充电机与电动汽车的通信线。
DC+：直流电源正，连接直流电源正与高压动力电池正极。
DC-：直流电源负，连接直流电源正与高压动力电池负极。
A+：低压辅助电源正，连接非车载充电机为电动汽车提供的低压辅助电源。
A-：低压辅助电源负，连接非车载充电机为电动汽车提供的低压辅助电源。
PE：保护接地，连接供电设备搭铁线和车辆电平台。

三、直流充电枪

直流充电枪适用于充电模式 4 方式 C 的车辆接口，按照国标 GB/T 20234.3—2023 设计，充电枪带有电子锁止装置，国标直流充电枪如图 5-2-7 所示。

图 5-2-7 国标直流充电枪

四、直流充电口温度传感器

秦 EV 直流充电口安装有温度传感器，当新能源汽车在充电的过程中，充电口的温度达到预设温度时，充电枪温控系统会自行开启，降低充电功率，限制充电口温度上升。若充电口的温度持续攀升再次达到预设温度时，温控系统将自行切断电源，停止充电，等待温度回落后，再次开启充电。充电口的温度传感器可以有效防止充电时因温度过高导致的自燃或插座熔化等危险发生。直流充电口的温度传感器安装在 DC+ 与 DC− 之间，阻值为 2kΩ，如图 5-2-8 所示。

图 5-2-8　秦 EV 直流充电口温度传感器

五、直流烧结检测

秦 EV 车型的直流充电系统具备充电接触器烧结检测功能。它的工作原理为直流充电在进入到直流充电确认之前，通过烧结检测模块分别对直流充电正极接触器、直流充电负极接触器进行烧结检测。当检测直流充电正极接触器时，烧结检测模块控制直流充电负极接触器吸合，检测光耦电子元件是否导通，若导通则说明正极接触器烧结。检测负极接触器烧结的原理如图 5-2-9 所示。

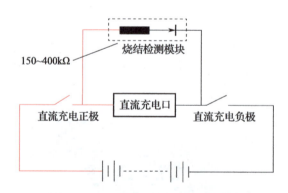

图 5-2-9　秦 EV 直流充电接触器烧结检测原理

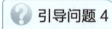 引导问题 4

请查阅相关资料，简述秦 EV 交流充电口低压接插件安装位置。

秦 EV 充电系统充电口端子认识

一、交流充电口低压接插件端子

秦 EV 车型的交流充电口安装在右后侧围内，充电口上端安装有充电枪锁电动机及锁拴。充电口包括高压电缆及低压线束，如图 5-2-10 所示。

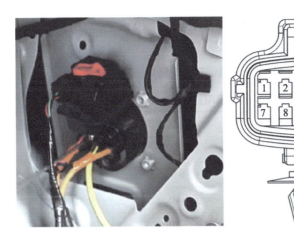

图 5-2-10　秦 EV 交流充电口低压线束接插件

交流充电口低压线束接插件及定义见表 5-2-2。

表 5-2-2　秦 EV 交流充电口低压线束接插件及定义

端子号	端口名称	端口定义	线束接法	信号类型
1	CP	充电控制导引	接充配电总成 33PIN-5	—
2	CC	充电连接确认	接充配电总成 33PIN-4/ 接电池包 33PIN-25	—
3	—	闭锁电源	接集成式车身控制器 -F8	有效为 12V；无效为接地
4	—	开锁电源	接集成式车身控制器 -F7	有效为 12V；无效为接地
5	—	闭锁状态检测	接集成式车身控制器 -E9	闭锁为悬空；开锁为接地
6	—	—	—	—
7	—	温度传感器高	接充配电总成 33PIN-7	—
8	—	温度传感器低	接车身地	—

二、直流充电口低压接插件端子

秦 EV 车型的直流充电口安装在车辆 logo 的后面，按压 logo 即可打开直流充电口。充电口包括高压电缆及低压线束，如图 5-2-11 所示。

直流充电口低压线束接插件及定义见表 5-2-3。

 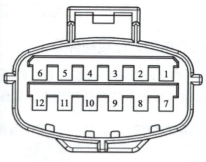

图 5-2-11　秦 EV 直流充电口低压线束接插件

表 5-2-3　秦 EV 直流充电口低压线束接插件及定义

端子号	端口名称	端口定义	线束接法	信号类型	稳态工作电流
1	A-	低压辅助电源负	车身地		
2	A+	低压辅助电源正	接 BMC01-6	电平信号	<1A
3	CC2	直流充电感应信号	接 BMC02-15	模拟信号	<1A
4	CAN-L	充电子网 CAN-L	接 BMC02-25	CAN 信号	<1A
5	CAN-H	充电子网 CAN-H	接 BMC02-24	CAN 信号	<1A
6	CAN 屏蔽	CAN 通信屏蔽	接 BMC02-18	接地	<1A
7	—	温度传感器高 1	接 BMC02-19	模拟信号	<1A
8	—	温度传感器低 1	接 BMC02-12	接地	<1A
9	—	温度传感器高 2	接 BMC02-13	模拟信号	<1A
10	—	温度传感器低 2	接 BMC02-06	接地	<1A

拓展阅读

亚洲电动车之父——陈清泉

明月松间照，

其光辉透射过未知的黑暗，找寻真理。

清泉石上流，

那涟漪回溯到遥远的故乡，滋润岸堤。

他本是香港大学教授，却领导了世界电动车协会的建立。他足迹遍布四海，却坚持回到当时百废待兴的中国。他就是"亚洲电动车之父"陈清泉。

生于乱世，他能够历经战火，以平心静气去积淀个人的才华。几经波折，他不忘追本溯源，用一己之力来谋取国家的福祉。年近耄耋，依旧壮心不已，为电动车事业奉献自己的余温。1997 年，香港回归，陈清泉成为特区第一位中国工程院院士。

电动汽车是新能源发展的产物，而锂离子动力电池是发展电动汽车的核心。陈清泉表示："发展安全的锂离子动力电池是动力电池大规模应用的先决条件。我们一定要协同突破动力电池及系统的安全性、一致性、可靠性与低成本等关键技术，促进动力电池系统集成和模块技术的快速发展，加强电池单体、模块、电池系统的安全、运行环境下的可靠性与寿命等的考核，完善动力电池评价体系软硬件建设，深入开展电池日历寿命、温度适应性等考核。"

陈清泉提出的电动汽车研究核心和总体指导思想，将汽车技术、电机技术、电力驱动技术、电力电子技术和现代控制理论有机结合起来，为现代电动车学奠定了基础，并多次荣获国际性科技杰出成就奖。作为世界电动车协会的创办人和轮值主席，他被誉为"电动车三贤士"之一。

2022年3月在感动中国颁奖典礼的现场，86岁高龄的陈院士说，希望在有生之年能够亲眼看到祖国大大小小的马路，不单是汽车，轮船、高铁、飞机都是电动的。

2023年3月31日至4月2日，中国电动汽车百人会论坛上，陈院士提出："科学无国界，我们有很多世界上的科学家朋友，科学无国界，但是科学家有祖国，科学无止境，所以我也没有退休年龄。"

为弘扬新时代科学家精神，为建设科技强国汇聚磅礴力量，国务院发布《关于进一步弘扬科学家精神加强作风和学风建设的意见》，激励科学家群体自觉践行爱国、创新、求实、奉献、协同、育人的新时代科学家精神。新时代为科技工作者提供了建功立业的良好机遇，弘扬科学家精神正当其时、正当其势。

任务分组

学生任务分配表见表5-2-4。

表5-2-4 学生任务分配表

班级		组号		指导老师	
组长		学号			
组员角色分配					
信息员		学号			
操作员		学号			
记录员		学号			
安全员		学号			
任务分工					
（就组织讨论、工具准备、数据采集、数据记录、安全监督、成果展示等工作内容进行任务分工）					

 姓名　　　　班级　　　　日期

📑 工作计划

按照前面所了解的知识内容和小组内部讨论的结果，制定工作方案，落实各项工作负责人，如任务实施前的准备工作、实施中主要操作及协助支持工作、实施过程中相关要点及数据的记录工作等。

工作计划表见表 5-2-5。

表 5-2-5　工作计划表

步骤	工作内容	负责人
1		
2		
3		
4		
5		
6		
7		
8		

进行决策

1. 各组派代表阐述资料查询结果。
2. 各组就各自的查询结果进行交流，并分享技巧。
3. 教师对各组的计划方案进行点评。
4. 各组长对组内成员进行任务分工，教师确认分工是否合理。

任务实施

❓ 引导问题 5

查阅相关资料，简述诊断与排除 CP 信号断路故障的要点是什么。

_____

_____

CP 信号断路故障诊断与排除（秦 EV）

根据所学的交直流充电系统的相关知识，完成 CP 信号断路故障诊断与排除。
实训准备见表 5-2-6。

表 5-2-6　实训准备

实训准备			
序号	设备及工具名称	数量	设备及工具是否完好
1	数字式万用表	1台	□是　□否
2	诊断仪	1台	□是　□否
3	绝缘防护套装	1套	□是　□否
4	绝缘工具套装	1套	□是　□否
5	常规工具套装	1套	□是　□否
6	比亚迪秦 EV 整车	1辆	□是　□否
质检意见	原因：		

随车充电设备的故障诊断见表 5-2-7。

表 5-2-7　随车充电设备的故障诊断

步骤	操作	完成情况
1	一辆秦 EV 纯电动汽车，可以正常上"OK"电。断电后使用随车充电枪充电，仪表充电连接指示灯正常点亮，但是没有显示充电功率，即充电不成功，如图所示 	已完成□ 未完成□
2	故障现象分析： 　车辆充电异常是指电动汽车正确连接充电枪或充电桩后不能正确对车辆进行充电。车辆充电异常的故障现象可以分为三类： 　1）连接充电枪后仪表充电指示灯不亮 　2）连接充电枪后仪表充电指示灯点亮，但是不能显示充电电流、充电功率及时间，即不能正常充电 　3）充电过程中跳枪 　结合仪表故障现象，充电指示灯能正常点亮，说明充电连接信号正常，即可以排除充电口、充配电总成常电故障。交流充电口已检测到交流充电枪的插枪信号，交流充电枪已与车辆正常连接，但是仪表未显示充电电流，即充电不成功，可能原因有充电枪故障以及车辆充电系统故障	已完成□ 未完成□
3	故障原因分析： 　车辆不能正常充电的原因主要有四个：车辆外部设备故障、车辆充电控制系统故障、电池自身故障以及通信故障 　1）车辆外部设备故障：车辆充电时需要利用外部设备进行充电。充电的方式有两大类：交流充电和直流充电。采用充电桩充电，充电异常的原因则可能是充电桩及线路故障，具体故障点包括：充电桩自身故障、充电桩的地线接触不良、充电连接线故障、充电枪故障；采用家用 220V 电源充电，充电异常主要故障点则包括：充电插座故障、充电插座缺少地线、充电连接线故障、充电枪故障等	已完成□ 未完成□

（续）

步骤	操作	完成情况
3	2）车辆充电控制系统故障：结合仪表故障现象，如果外部充电设备正常，此时说明车辆充电控制系统出现故障，如充电确认控制信号 CP 故障，OBC 不能检测到充电枪输出的占空比信号，无法判断充电枪电流大小，故仪表正常充电，仪表不能显示充电电流 3）电池自身故障：电池是电能的载体，充电的过程就是将电能转化为化学能的过程。当电池自身发生故障时，也会发生充电异常现象。故障的主要原因可能是 BMS 故障、温度传感器故障、单体电池达到截止电压、接插件故障，若出现温度传感器故障或者电池自身的硬件故障时，需要对电池包进行进一步的拆检 4）通信故障：新能源车上采用总线通信，当新能源汽车动力 CAN 发生故障时，会导致充电不能唤醒，因此不能正常充电	已完成□ 未完成□
4	故障诊断步骤： 连接解码仪读取故障码和数据流，检查有无故障码及数据流 CP 占空比是否正常，如图所示 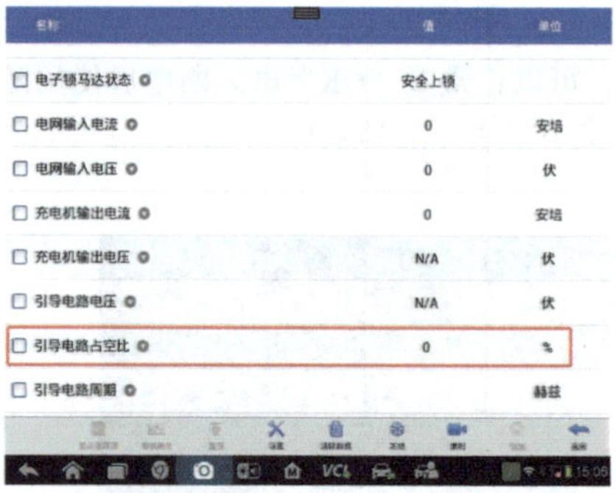	已完成□ 未完成□
5	打开充电口盖，检查交流充电口是否有异物及烧蚀现象；打开前舱盖检查充电高压线束是否正常；检查充电枪外观是否完好，如图所示 	已完成□ 未完成□
6	使用万用表测量交流充电枪 CC 与 PE 之间的电阻值，测得电阻值为 220.4Ω，标准电阻值为 220Ω（7kW 的充电桩），如图所示 	已完成□ 未完成□

（续）

步骤	操作	完成情况
7	使用万用表测量交流充电口 CC 与 PE 之间的电压值，标准值为 12V，如图所示 	已完成□ 未完成□
8	插上随车充电枪，同时观察插头端是否有红色的电源灯亮起，将万用表调至直流档，测量充电枪端的 CP 与 PE 之间的电压值，测得电压值为 0V，标准值为 12V。确认充电枪电源是否已可靠连接。检查充电枪 PE 是否导通，若正常，则为 CP 信号线故障	已完成□ 未完成□
9	故障排除： 修复充电枪 CP 线路（或更换随车充电枪），重新连接充电枪，仪表显示正常，汽车正常充电，故障排除。如图所示 	已完成□ 未完成□
10	故障总结： 结论：充电枪 CP 线路故障，引起充电系统存在故障。 结合故障现象，仪表充电指示灯能正常点亮，说明此时车辆检测完成，确认充电枪已与车辆连接，但由于 CP 信号故障，充电枪不能发送 CP 信号给车辆，车辆无法得知此时充电枪输出电流大小，充电枪内部控制导引主板未能检测 CP 信号拉低（占空比信号），不能吸合内部 L、N 接触器工作，导致 220V 交流电压不能输出，故仪表只能点亮连接指示灯，但不能正常充电	已完成□ 未完成□
11	实训现场整理	已完成□ 未完成□
总结提升		
质检意见	原因：	已完成□ 未完成□

📝 评价反馈

1. 各组代表展示汇报 PPT，介绍任务的完成过程。

2. 请以小组为单位，对各组的操作过程与操作结果进行自评和互评，并将结果填入表 5-2-8 中的小组评价部分。

3. 教师对学生工作过程与工作结果进行评价，并将评价结果填入表 5-2-8 中的教师评价部分。

表 5-2-8 综合评价表

班级		组别		姓名		学号	
实训任务							
评价项目		评价标准			分值	得分	
小组评价	计划决策	制定的工作方案合理可行，小组成员分工明确			10		
	任务实施	能够正确检查并设置实训工位			5		
		能够准备和规范使用工具设备			5		
		能够正确分析车辆不能正常充电故障的原因			20		
		能够正确进行秦 EV 充电故障的诊断与排除			20		
		能够规范填写任务工单			10		
	任务达成	能按照工作方案操作，按计划完成工作任务			10		
	工作态度	认真严谨、积极主动，安全生产，文明施工			10		
	团队合作	小组组员积极配合、主动交流、协调工作			5		
	7S 管理	完成竣工检验、现场恢复			5		
		小计			100		
教师评价	实训纪律	不出现无故迟到、早退、旷课现象，不违反课堂纪律			10		
	方案实施	严格按照工作方案完成任务实施			20		
	团队协作	任务实施过程互相配合，协作度高			20		
	工作质量	能准确规范完成实训任务			20		
	工作规范	操作规范，三不落地，无意外事故发生			10		
	汇报展示	能准确表达、总结到位、改进措施可行			20		
		小计			100		
综合评分		小组评价分 ×50% + 教师评价分 ×50%					
总结与反思							
（如：学习过程中遇到什么问题→如何解决的 / 解决不了的原因→心得体会）							

新能源汽车保养
与故障诊断技术

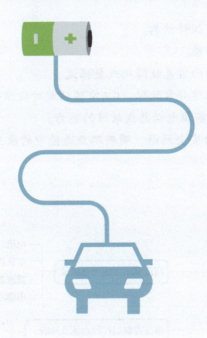

能力模块六
掌握新能源汽车综合故障诊断与排除方法

任务一 诊断与排除高压驱动组件故障

学习目标

- 掌握高压驱动系统外部组件结构。
- 掌握高压控制组件的功能。
- 了解高压控制组件故障的常见故障码或数据流。
- 掌握预充失败故障、工作异常故障、CAN 通信超时故障等问题的处理方法。
- 具备诊断与检修秦 EV 前驱电动总成故障的能力。
- 了解实训中可能存在的安全问题,明确职业道德中的敬业精神在实际操作中的重要性。

知识索引

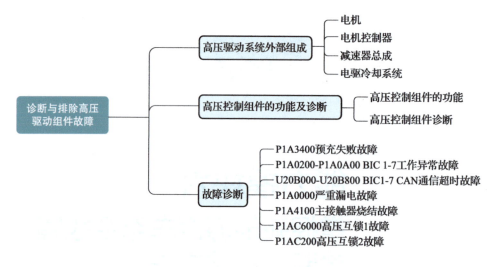

情境导入

一辆行驶里程约为 35000km 的秦 EV,客户反映起动秦 EV 车辆时,仪表"OK"指示灯不亮,仪表显示"EV 功能受限",上电不成功。维修技术主管使用诊断仪扫描全车故障码,报出 P1A3400 故障码,你知道这是什么故障吗?如何针对该故障进行检修呢?

获取信息

引导问题 1
请查阅相关资料，简述电机驱动系统的主要结构组成。
_____
_____
_____

引导问题 2
请查阅相关资料，简述目前主流的电动汽车驱动电机有哪些。
_____
_____
_____

引导问题 3
请查阅相关资料，简述电机控制器在高压驱动系统中的工作过程。
_____
_____
_____

高压驱动系统外部组成

新能源汽车与普通燃油汽车最重要的区别在于电机驱动系统，电机驱动系统是纯电动汽车三大核心部分之一，相当于纯电动汽车行驶的"躯干"。电机驱动系统主要由电机、电机控制器、减速器总成和电驱冷却系统组成，如图 6-1-1 所示。

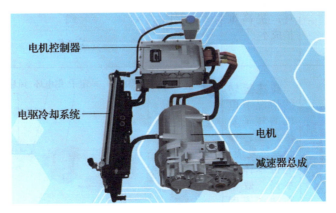

图 6-1-1　电机驱动系统

一、电机

电机是以电磁场为媒介进行机械能和电能互相转换的电磁装置,是驱动电动汽车行驶的动力装置。电机主要由电机的转子、定子、电机外壳、旋转变压器(也称旋变传感器,简称旋变)、前后转子轴承、电机前后端盖以及三相电缆等部件组成。图 6-1-2 所示为电动汽车常用的永磁同步电机的结构。

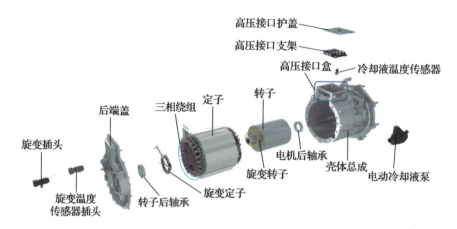

图 6-1-2　永磁同步电机

电动汽车驱动电机主要分为直流有刷电机、交流异步电机、永磁同步电机、开关磁阻电机,四类电机的优缺点比较见表 6-1-1。

表 6-1-1　电机优缺点比较

类别	优点	缺点	外观
直流有刷电机	电机技术比较成熟,控制方式容易,调速优良	机械结构复杂,导致瞬时过载能力和电机转速受到限制;电机的机械结构产生损耗,提高维护成本	
交流异步电机	结构简单,运行可靠,耐用,维修方便,效率高,比功率大,适合高速运转	高速运转的情况下电机的转子发热严重,控制系统复杂,电机本体成本高,效率和功率密度偏低	

(续)

类别	优点	缺点	外观
永磁同步电机	高效,高控制精度,高转矩密度,良好的转矩平稳性和低振动噪声	功率范围较小,电机及控制系统成本较高	
开关磁阻电机	结构简单坚固,可靠性高,质量轻,成本低,效率高,温升低,易于维修,具有直流调速四通的可控性好的优良特性,适用于恶劣环境	—	

二、电机控制器

电机控制器（MCU）是纯电动汽车驱动电机控制系统的重要组成部件,它主要起到调节电机运行状态,使其满足整车不同运行要求的作用。具体来说就是MCU从整车控制器获得整车需求（档位、加速、制动等指令）,从动力电池获得电能,经自身逆变器调制,获得驱动电机所需电能,从而使电机的转速和转矩满足整车的要求（包括起动、加速、制动、减速、爬坡、能量回收等）,如图6-1-3所示。

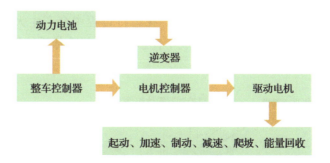

图 6-1-3　电机控制器的工作过程

驱动电机控制器对驱动电机的控制分为驱动控制、速度控制、方向控制和制动控制。

1）驱动控制：MCU内部的逆变器将动力电池提供的两相直流电逆变为电压、频率可调的三相交流电,供给驱动电机并驱动汽车运行。

2)速度控制:采用 PWM 控制改变逆变器输出的三相交流电的电压和频率,就可以改变电机的转速、转矩,从而对汽车进行调速。

3)方向控制:通过改变逆变器中 IGBT 的导通顺序,就可以改变输出三相交流电的相序,实现电机反转,从而改变汽车的运行方向。

4)制动控制:驱动电机作为发电机运行,将动能变为电能产生三相交流电,经逆变器变为直流电反馈回动力电池,进行再生制动。

三、减速器总成

减速器介于驱动电机和驱动半轴之间。驱动电机的动力输出轴通过花键直接与减速器输入轴齿轮连接。一方面减速器将驱动电机的动力传给驱动半轴,起到降低转速增大转矩的作用,另一方面它可以满足汽车转弯及在不平路面上行驶时,左右驱动轮以不同转速旋转的需求,保持车辆的平稳运行。它的结构如图 6-1-4 所示。

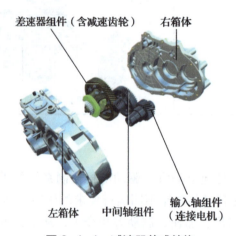

图 6-1-4 减速器总成结构

四、电驱冷却系统

电驱系统中的驱动电机和电机控制器,在运行过程中会产生大量热量,这些热量会对电驱系统的正常工作和使用寿命造成不良影响。电驱冷却系统结构组成如图 6-1-5 所示。

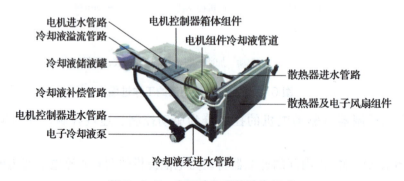

图 6-1-5 电驱冷却系统结构组成

> **? 引导问题 4**
>
> 请查阅相关资料，简述各高压控制组件在驱动系统中的功能。
>
> _____
> _____
> _____

> **? 引导问题 5**
>
> 请查阅相关资料，简述各高压控制组件的诊断？
>
> _____
> _____
> _____

高压控制组件的功能及诊断

一、高压控制组件的功能

纯电动汽车高压控制组件在驱动系统中的功能说明见表 6-1-2。

表 6-1-2　高压控制组件功能说明

高压控制组件	功能
动力电池包	提供高压电流到高压配电箱
高压配电箱	分配高压电流给电机控制器
电机控制器	1）将动力电池包提供的高压直流电逆变成高压交流电，通过三相线供给驱动电机，同时通过低压 DC/DC 变换器，将高压电转化为 12V 的低压电，为整车所有低压电器供电 2）在起动电池亏电时，DC 会给起动电池充电，保证起动电池一直有电 3）主要是将外界输入的信号进行处理并转换成驱动电机功率信号
电机	将电机控制器传输过来的电能转换成机械能传输给减速器总成
减速器	将转矩经传动系统的传递作用于驱动轮，来驱动车轮行驶
电驱冷却系统	用于对整个电机驱动系统进行冷却，保证电机驱动系统温度在正常的工作范围内
动力线	用于所有高压电流的传递

二、高压控制组件诊断

当纯电动汽车高压控制系统出现故障时，由于高压部件高度集成，可能涉及的故障部件也较多，一般需要先通过解码器读取故障码和数据流，缩小故障范围，以秦 EV 为例，高压控制系统故障码见表 6-1-3。

表 6-1-3　高压控制系统故障码

编号	故障码（DTC）	描述	应检查部件
1	P1A0000	严重漏电故障	动力电池、电机驱动总成、充配电总成、空调压缩机和 PTC
2	P1A0100	一般漏电故障	动力电池、电机驱动总成、充配电总成、空调压缩机和 PTC
3	P1A0200	BIC1 工作异常故障	动力电池
4	P1A0300	BIC2 工作异常故障	动力电池
5	P1A0400	BIC3 工作异常故障	动力电池
6	P1A0500	BIC4 工作异常故障	动力电池
7	P1A0600	BIC5 工作异常故障	动力电池
8	P1A0700	BIC6 工作异常故障	动力电池
9	P1A0800	BIC7 工作异常故障	动力电池
10	P1A0C00	BIC1 电压采样异常故障	动力电池
11	P1A0D00	BIC2 电压采样异常故障	动力电池
12	P1A0E00	BIC3 电压采样异常故障	动力电池
13	P1A0F00	BIC4 电压采样异常故障	动力电池
14	P1A1000	BIC5 电压采样异常故障	动力电池
15	P1A1100	BIC6 电压采样异常故障	动力电池
16	P1A1200	BIC7 电压采样异常故障	动力电池
17	P1A2000	BIC1 温度采样异常故障	动力电池
18	P1A2100	BIC2 温度采样异常故障	动力电池
19	P1A2200	BIC3 温度采样异常故障	动力电池
20	P1A2300	BIC4 温度采样异常故障	动力电池
21	P1A2400	BIC5 温度采样异常故障	动力电池
22	P1A2500	BIC6 温度采样异常故障	动力电池
23	P1A2600	BIC7 温度采样异常故障	动力电池
24	P1A3400	预充失败故障	动力电池、电机驱动总成、充配电总成、空调压缩机和 PTC、漏电传感器
25	P1A3522	动力电池单节电压严重过高	动力电池
26	P1A3622	动力电池单节电压一般过高	动力电池
27	P1A3721	动力电池单节电压严重过低	动力电池
28	P1A3922	动力电池单节温度严重过高	动力电池
29	P1A3A22	动力电池单节温度一般过高	动力电池
30	P1A3B21	动力电池单节温度严重过低	动力电池

（续）

编号	故障码（DTC）	描述	应检查部件
31	P1A3C00	动力电池单节温度一般过低	动力电池
32	P1A3D00	负极接触器回检故障	动力电池包、低压线束
33	P1A3E00	主接触器回检故障	动力电池包、低压线束
34	P1A3F00	预充接触器回检故障	动力电池包、低压线束
35	P1A4000	充电接触器回检故障	动力电池包、低压线束
36	P1A4100	主接触器烧结故障	动力电池包、低压线束
37	P1A4200	负极接触器烧结故障	动力电池包、低压线束
38	P1A4800	电机控制器断开导致主接触器故障	电机驱动总成、低压线束
39	P1A4C00	漏电传感器失效故障	漏电传感器、低压线束
40	P1A4D04	电流霍尔传感器故障	电流霍尔传感器、低压线束
41	P1A5200	碰撞系统故障	安全气囊ECU、低压线束、电池管理器
42	U011000	与电机控制器通信故障	电机驱动总成、低压线束
43	U110387	与安全气囊ECU通信故障	安全气囊ECU、低压线束
44	P1A5C00	分压接触器1回检故障	动力电池包、低压线束
45	P1A6000	高压互锁1故障	电池管理器、充配电总成、维修开关、电机驱动总成、低压线束、PTC、电池加热器
46	U20B000	BIC1 CAN通信超时故障	动力电池包、低压线束
47	U20B100	BIC2 CAN通信超时故障	动力电池包、低压线束
48	U20B200	BIC3 CAN通信超时故障	动力电池包、低压线束
49	U20B300	BIC4 CAN通信超时故障	动力电池包、低压线束
50	U20B400	BIC5 CAN通信超时故障	动力电池包、低压线束
51	U20B500	BIC6 CAN通信超时故障	动力电池包、低压线束
52	U20B600	BIC7 CAN通信超时故障	动力电池包、低压线束
53	U029787	与车载充电机通信故障	车载充电机、低压线束
54	P1AC000	安全气囊ECU碰撞报警	安全气囊ECU、低压线束、电池管理器
55	P1AC800	正极接触器回检故障	动力电池包、低压线束
56	U029C00	电池管理器与VTOG通信故障	电池管理器、VTOG通信模块、低压线束
57	U029800	电池管理器与DC通信故障	电池管理器、DC、低压线束
58	U02A200	与主动泄放模块通信故障	电池管理器、主动泄放模块、低压线束
59	U016400	与空调通信故障	电池管理器、空调控制器、低压线束
60	U02A100	与漏电传感器通信故障	漏电传感器、低压线束

（续）

编号	故障码（DTC）	描述	应检查部件
61	U023487	与电池加热器通信故障	电池加热器、低压线束
62	P1ADE00	空调系统故障导致无法进行电池冷却	空调系统
63	P1ADF00	空调系统故障导致无法进行电池内循环	空调系统
64	P1AE000	空调系统故障导致无法进行电池加热	空调系统
65	P1AE100	电池加热器故障导致无法进行电池加热	电池加热器
66	P1AD44B	充电口温度一般过高 1	充电口、温度传感器
67	P1AD54B	充电口温度一般过高 2	充电口、温度传感器
68	P1AD698	充电口温度一般过高 3	充电口、温度传感器
69	P1AD900	充电口温度采样点异常	充电口、温度传感器
70	P1A5B00	双路电供电故障导致接触器断开	电池管理器、充配电总成、低压线束
71	P1A5500	电池管理器 12V 电源输入电压过高	电池管理器、充配电总成、低压线束
72	P1A5600	电池管理器 12V 电源输入电压过低	电池管理器、充配电总成、低压线束
73	P1AC200	高压互锁 2 故障	电池管理器、充配电总成、低压线束
74	P1AE800	直流充电正极接触器回检故障	电池管理器、充配电总成、低压线束
75	P1AE900	直流充电负极接触器回检故障	电池管理器、充配电总成、低压线束
76	U014087	与 BCM 通信故障	电池管理器、车身控制器、低压线束
77	U012187	与 ABS 通信故障	电池管理器、ABS、低压线束
78	U015587	与组合仪表通信故障	电池管理器、组合仪表、低压线束
79	P1AEA00	PTC 短路故障	PTC、低压线束、高压线束
80	U014B87	与直流充电机通信故障	电池管理器、直流充电机、低压线束
81	P1AEC00	直流充电机故障	电池管理器、直流充电机、低压线束
82	P1AF100	烧结光耦不导通	电池管理器、充配电总成、低压线束
83	P1AF000	烧结光耦误导通	电池管理器、充配电总成、低压线束
84	P1AF200	直流充电机电压输出异常	电池管理器、直流充电机、低压线束
85	P1AF300	直流充电机主动停止充电	电池管理器、直流充电机、低压线束
86	U014B87	与直流充电机通信故障	电池管理器、直流充电机、低压线束
87	P1AF400	直流充电机能力不足	电池管理器、直流充电机、低压线束

> **引导问题 6**
>
> 请查阅相关资料，简述出现 U20B000-U20B800 故障码时应如何检查排除。
> _____
> _____
> _____

> **引导问题 7**
>
> 请查阅相关资料，简述出现严重漏电故障时应如何处理。
> _____
> _____
> _____

故障诊断

一、P1A3400 预充失败故障

尝试清除故障码，多次上电，查看故障码能否清除，若能清除则为历史故障码。若故障码不能清除，则应完成下述检查步骤。

1）检查 IG3 配电是否正常，管理器、配电箱和电池包低压接插件针脚是否有歪斜或退针现象。

2）若配电正常，且无端子异常，则用 VDS 读取电池管理器数据流，进行动作测试查看各接触器是否动作。

①若无动作，则查询对应接触器供电及控制端电压是否正常。

②若接触器正常动作，则用 VDS 读取整车控制器的数据流，再一次上 OK 档电的过程中，观察母线电压是否到达正常值（HDE 约为 400V 及以上）。若正常，说明预充成功；若不正常，则更换高压配电箱。

③更换配电箱后，若还报预充失败，更换动力电池包。

二、P1A0200-P1A0A00 BIC 1-7 工作异常故障

1）尝试清除故障码，多次上电，查看故障码能否清除，若能清除则为历史故障码。

2）若故障码不能清除，则更换动力电池包。

三、U20B000-U20B800 BIC 1-7 CAN 通信超时故障

1）车辆上 ON 档电，先清除故障码，OFF 档电拔插低压蓄电池后重新上电。

2）若故障码还出现，查看驾驶人座椅下方电池包低压接插件是否正常。

3）ON 档电时，检测电池包到电池管理器之间的线束通信转换模块供电是否正常。

①检查管理器端通信转换模块供电是否正常，若不正常，检查电池管理器低压供

电是否正常。

②检查电池包对应线束端通信转换模块供电端对地电压是否约为12V，若不正常，更换该线束。

4）若以上电压均正常，需要检查CAN线，在ON档电时测量。此时K156-10对地电压是否为1.5~2.5V，K156-01对地电压是否为2.5~3.5V，若不正常，更换该线束。

5）若以上都正常，则更换动力电池包。

四、P1A0000 严重漏电故障

车辆置于OFF档，检查高压模块是否漏电。

1）断开动力电池直流母线。拔去前、后驱动电机控制器、车载充电机高压接插件，用绝缘电阻测试仪测量前、后电机控制器、车载充电机高压线端绝缘阻值，若阻值小于500kΩ，则该零部件漏电，需进行更换。

2）断开动力电池直流母线。测量PTC、压缩机和电池加热PTC线束端绝缘阻值，若小于500kΩ，则该零部件漏电，需进行更换。

3）断开高压配电箱处的高压接插件，用绝缘电阻测试仪分别测试高压配电箱端高压接插件接口端子对地的绝缘阻值，若小于500kΩ，则该零部件漏电，需进行更换。

4）若以上都正常，且在OK档时一直报严重漏电，更换动力电池包。

五、P1A4100 主接触器烧结故障

测量高压配电箱电池直流母线正极和前电控直流母线正极是否导通，若导通则为主接触器烧结，此时应更换配电箱。

六、P1AC6000 高压互锁1故障

若报"高压互锁1"，即驱动系统互锁，处理方法如下。

1）先观察相应高、低压接插件，若虚接，则处理接插件；若退针，则更换相应零部件。

2）若无明显虚接，则按上述驱动系统高压互锁原理图，检测图中各模块互锁输入、输出信号线是否导通，如果不导通，则更换相应的零部件或线束。

七、P1AC200 高压互锁2故障

若报"高压互锁2"，即充电系统互锁，处理方法如下。

1）先观察相应高、低压接插件，若虚接，则处理接插件；若退针，则更换相应零部件。

2）若无明显虚接，则按上述充电系统高压互锁原理图，检测图中各模块互锁输入、输出信号线是否导通，如果不导通，则更换相应的零部件或线束。

3）若以上正常，则检查高压配电箱空调熔断器是否熔断，若熔断，则更换高压配电箱。

拓展阅读

工匠精神简而言之就是一种"劳动精神",我国自古以来对工匠精神有着丰富的理解,它不仅包括坚持不懈、一丝不苟的制造精神,追求产品品质、精益求精的态度,还包括尊师重道的文化传统,勇于创新的精神。比如被尊为中华民族始祖的黄帝、炎帝发明了用泥盖房、用草治病,比如鲁班、庖丁、毕昇、黄道婆、蔡伦等曾制造了辉煌灿烂的成果,推动着我国古代文明的发展。

进入工业化社会以后,我国在一穷二白的基础上制造出了红旗牌轿车、南京长江大桥、人造地球卫星等,以及近年来,走出国门的高铁、潜入水底的"蛟龙号"深海载人探测器、走向太空的天宫一号等,这无不体现出我国在"工匠精神"带领下制造出的骄人成绩!

但是近年来,自主研发能力薄弱、核心技术缺失等原因使我国部分制造业竞争日益激烈,由互联网+、大数据、云计算等新技术带来的全球市场上的科技革命,也使得全球经济格局悄然发生着变化。要想在这种背景下在国际较量中占一席之地,我国制造业必须进行产业升级转型,这需要由中国制造到中国智造、中国创造的转变。在制造行业转型的过程中,只有大力弘扬精益求精的工匠精神,培养一批知识型、技术型、创新型的人才,才能配合结构性改革,在新一轮的经济全球化中体现强大的竞争力。

我国的新能源汽车行业的发展经历了两个阶段,第一个阶段是享受国家补贴发展阶段,第二个阶段是利用出租车、公共汽车发展新能源技术阶段,目前正向第三个阶段发展,即将步入创新驱动、加快发展的新阶段。新能源汽车的核心技术主要是指"三电(电池、电机和电控)"技术,我国的新能源汽车在这些关键技术方面还存在很多不足之处,只有本着精益求精的态度才能够攻克这些技术难关,使我国的新能源汽车技术得到突破性发展。大家都知道汽车是一种由上万个零部件组成的结构复杂的机器,每一个零部件的生产质量都关乎整车的质量,一辆合格的汽车制造出来需要生产零部件的制造厂商拥有大量认真负责、精益求精工作态度的工人。因此,需要发挥工匠精神,培养高技能人才,促进我国新能源汽车技术稳步向前发展。

新能源汽车是国家的发展战略之一,需要借助工匠精神对其发展起到助力作用,高校可以从营造校园工匠精神氛围、加强师资队伍建设、转变教学理念、加强校企合作等方面开展工作,从校园内开始对新能源汽车技术专业学生进行工匠精神的培养,这样才能与时俱进,为国家培养优秀的新能源汽车相关人才。

👥 任务分组

学生任务分配表见表6-1-4。

表6-1-4 学生任务分配表

班级		组号		指导老师	
组长		学号			
组员角色分配					
信息员		学号			
操作员		学号			
记录员		学号			
安全员		学号			
任务分工					
（就组织讨论、工具准备、数据采集、数据记录、安全监督、成果展示等工作内容进行任务分工）					

📝 工作计划

按照前面所了解的知识内容和小组内部讨论的结果，制定工作方案，落实各项工作负责人，如任务实施前的准备工作、实施中主要操作及协助支持工作、实施过程中相关要点及数据的记录工作等。

工作计划表见表6-1-5。

表6-1-5 工作计划表

步骤	工作内容	负责人
1		
2		
3		
4		
5		
6		
7		
8		

进行决策

1. 各组派代表阐述资料查询结果。
2. 各组就各自的查询结果进行交流,并分享技巧。
3. 教师对各组的计划方案进行点评。
4. 各组长对组内成员进行任务分工,教师确认分工是否合理。

任务实施

引导问题 8

查阅相关资料,简述动力电池系统高压线束及高电压接插件的检测要点是什么。

_____
_____

动力电池系统高压线束及高电压接插件的检测(秦EV)

根据所学的交直流充电系统的相关知识,完成秦 EV 动力电池系统高压线束及高电压接插件的检测。

实训准备见表 6-1-6。

表 6-1-6 实训准备

实训准备			
序号	设备及工具名称	数量	设备及工具是否完好
1	数字式万用表	1 台	□是 □否
2	诊断仪	1 台	□是 □否
3	绝缘防护套装	1 套	□是 □否
4	绝缘工具套装	1 套	□是 □否
5	常规工具套装	1 套	□是 □否
6	比亚迪秦 EV 整车	1 辆	□是 □否
质检意见	原因:		

前驱电动总成故障诊断与检修见表 6-1-7。

表 6-1-7 前驱电动总成故障诊断与检修

步骤	操作	完成情况
1	起动秦 EV 车辆,仪表"OK"指示灯不亮,仪表显示"EV 功能受限",上电不成功,如图所示 	已完成□ 未完成□

（续）

步骤	操作	完成情况
2	关闭点火开关，通过 OBDII 连接诊断仪，打开点火开关，选择车辆制造商—选择车型—选择诊断—自动扫描，并记录故障码，发现电池管理器存在故障，故障码为：预充失败故障、预充接触器回检故障，如图所示 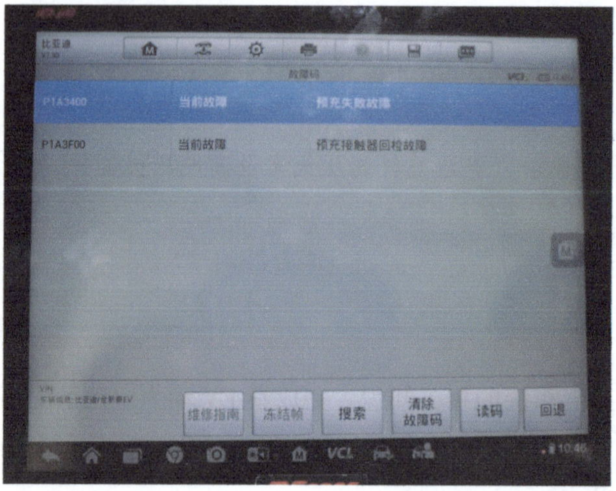	已完成☐ 未完成☐
3	读取电池管理模块数据流，发现预充状态是未预充、主接触器和负极接触器以及预充接触器都为"断开"状态。关闭点火开关，注意不要退出诊断界面，重新上电，观察电池管理系统中的预充数据流，若数据流中的预充状态按照未预充—正在预充—预充失败变化，说明电池包的正极接触器、预充接触器以及预充线路是正常的，如图所示 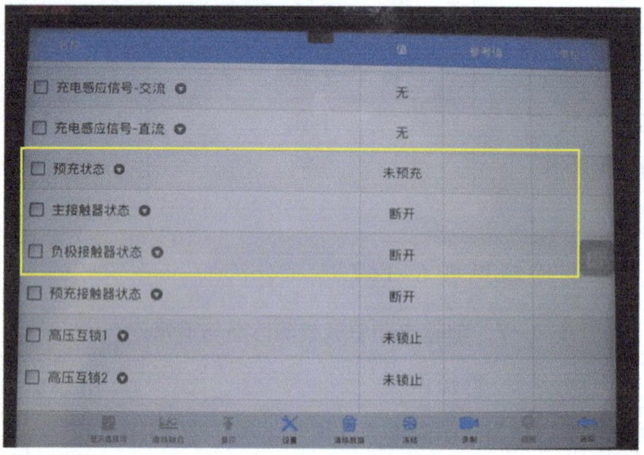 可以推断造成此故障的原因有：IG3 电源故障，读取电池管理器中的数据流可以排除 BMC 供电和 CAN 网络故障；预充/正极接触器电源故障，观察预充的数据变化，可以排除预充接触器、控制线路故障；预充接触器控制信号故障；负极接触器电源和控制信号故障	已完成☐ 未完成☐

（续）

步骤	操作	完成情况
4	查看电池管理器 B/ 直流充电口电气原理图，秦 EV 不管在上电或充电状态都必须有双路电，即 IG3 电，如图所示 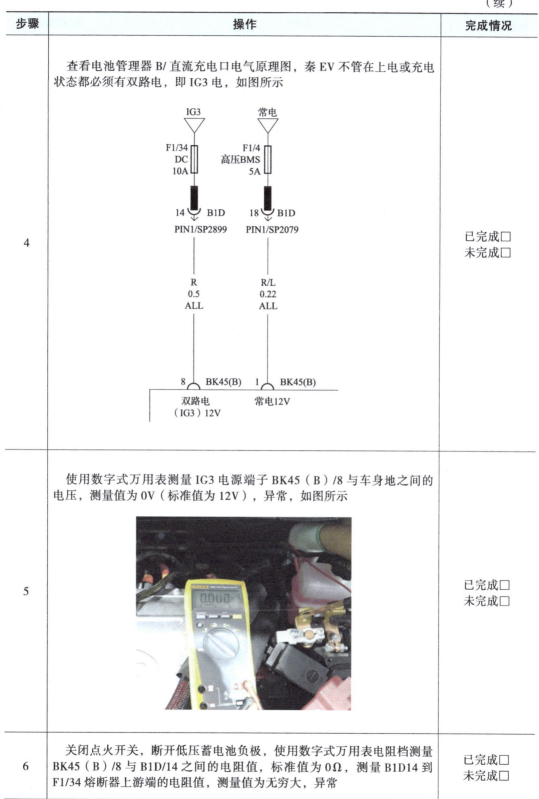	已完成□ 未完成□
5	使用数字式万用表测量 IG3 电源端子 BK45（B）/8 与车身地之间的电压，测量值为 0V（标准值为 12V），异常，如图所示	已完成□ 未完成□
6	关闭点火开关，断开低压蓄电池负极，使用数字式万用表电阻档测量 BK45（B）/8 与 B1D/14 之间的电阻值，标准值为 0Ω，测量 B1D14 到 F1/34 熔断器上游端的电阻值，测量值为无穷大，异常	已完成□ 未完成□

（续）

步骤	操作	完成情况
7	安装低压蓄电池负极，整车上电，使用数字式万用表直流电压档测量熔断器 F1/34 两端的电压，电压值分别为 13.62V 和 0V，如图所示 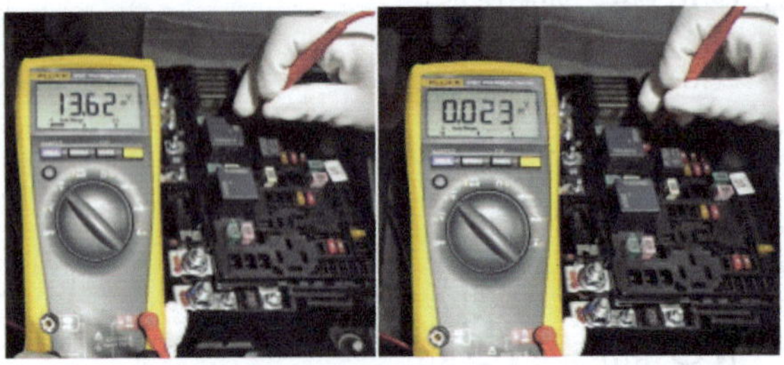	已完成□ 未完成□
8	关闭点火开关，断开低压蓄电池负极，拔下 F1/34 熔断器插片，使用数字式万用表电阻档测量熔断器 F1/34 两端导通性，测量值为无穷大，异常。车辆在量产前会经过耐久性测试，正常情况下，熔断器插片是不会轻易熔断的，因此需要增加测量熔断器插座的上游端与车身地之间的电阻，下游端与车身地之间的电阻，正常值应大于 10kΩ，如图所示 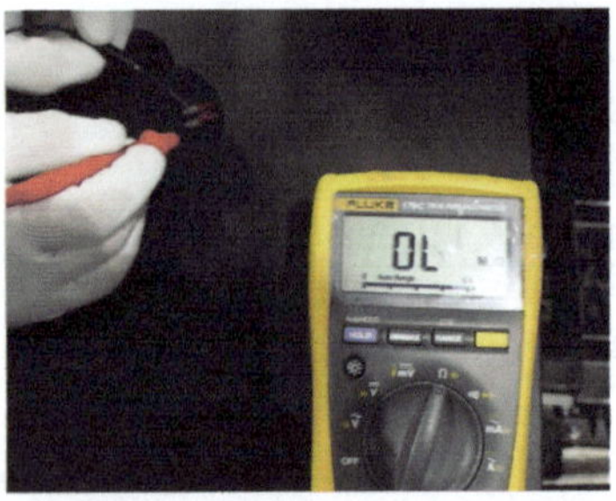	已完成□ 未完成□
9	结论：通过测量熔断器插座上下游端对车身地的电阻都大于 10kΩ，可以排除短路造成的熔断器插片熔断。车辆在运行过程中瞬间过大的电流同样也可能熔断熔断器插片。通过以上的诊断可以得出 IG3 电源熔断器 F1/34 因电流过大导致熔断的结论	已完成□ 未完成□
10	故障排除：更换熔丝后，汽车正常上电，仪表显示正常，故障排除，如图所示 	已完成□ 未完成□
11	实训现场整理	已完成□ 未完成□
总结提升		
质检意见	原因：	已完成□ 未完成□

📝 评价反馈

1. 各组代表展示汇报 PPT，介绍任务的完成过程。
2. 请以小组为单位，对各组的操作过程与操作结果进行自评和互评，并将结果填入表 6-1-8 中的小组评价部分。
3. 教师对学生工作过程与工作结果进行评价，并将评价结果填入表 6-1-8 中的教师评价部分。

表 6-1-8　综合评价表

班级		组别		姓名		学号	
实训任务							
评价项目		评价标准				分值	得分
小组评价	计划决策	制定的工作方案合理可行，小组成员分工明确				10	
	任务实施	能够正确检查并设置实训工位				5	
		能够准备和规范使用工具设备				5	
		能够正确检测秦 EV 的动力电池系统高压线束				20	
		能够正确检秦 EV 测高电压接插件				20	
		能够规范填写任务工单				10	
	任务达成	能按照工作方案操作，按计划完成工作任务				10	
	工作态度	认真严谨、积极主动，安全生产，文明施工				10	
	团队合作	小组组员积极配合、主动交流、协调工作				5	
	7S 管理	完成竣工检验、现场恢复				5	
		小计				100	
教师评价	实训纪律	不出现无故迟到、早退、旷课现象，不违反课堂纪律				10	
	方案实施	严格按照工作方案完成任务实施				20	
	团队协作	任务实施过程互相配合，协作度高				20	
	工作质量	能准确规范完成实训任务				20	
	工作规范	操作规范，三不落地，无意外事故发生				10	
	汇报展示	能准确表达、总结到位、改进措施可行				20	
		小计				100	
综合评分		小组评价分 ×50% + 教师评价分 ×50%					
总结与反思							

（如：学习过程中遇到什么问题→如何解决的/解决不了的原因→心得体会）

任务二　诊断与排除绝缘故障

学习目标

- 掌握绝缘故障的定义及原因。
- 掌握绝缘故障的诊断流程。
- 掌握绝缘故障的处理办法。
- 具备检测与排除整车综合绝缘故障的能力。
- 了解新能源汽车从业者们的先进事迹,学习前人的高尚品德与敬业精神。

知识索引

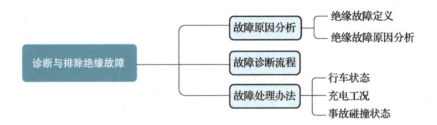

情境导入

小李几年前购买了一辆秦 EV 电动汽车,某天出行大雨倾盆,小李冒雨将车从公司开回了家,第二天车辆上电时发现仪表报绝缘故障,车辆无法高压上电。随后小李的车辆被送至新能源汽车服务站,售后技术人员经检查,初步确定是高压系统漏电故障,如果你是该技术人员,你会如何诊断与排除该故障呢?

获取信息

引导问题 1

请查阅相关资料,简述什么是绝缘故障。

_____

_____

> **引导问题 2**
>
> 请查阅相关资料，简述绝缘故障可以分为哪两个部分进行原因分析。
>
> _____
>
> _____
>
> _____

故障原因分析

一、绝缘故障定义

纯电动汽车整车结构与传统燃油车相似，但其动力源和驱动系统有很大区别。纯电动汽车是以纯电动力来驱动车辆运行的，其动力电池的输出电压大部分都在 DC 72V 至 DC 600V 之间甚至更高。根据 GB/T 3805—2008《特低电压（ELV）限值》的要求，人体的安全电压一般是 DC 36V。电动汽车动力电池输出的直流电压区间已远远超过了该安全电压，因此，整车电安全是纯电动汽车安全问题的一个重要方面，重点关注的是高压系统的绝缘故障。由于纯电动汽车存在高压部件，为防止绝缘失效造成的人身安全隐患，车辆设置有对整车高压部件绝缘电阻的监控装置，当绝缘电阻低于设定的阈值时确认为绝缘故障。

二、绝缘故障原因分析

针对纯电动汽车整车高压系统的绝缘故障可分为两个部分来进行分析，一部分为动力电池内部，包含动力电池模组、配电铜排、高压检测回路、配电盒等零部件；另一部分为电池外部的高压系统，包含高压配电箱、驱动电机、电机控制器、直流变换器、车载充电机、直流加热系统、制冷空调系统及外部高压线束等高压零部件。

1. 动力电池内部的绝缘故障原因

1）电解液泄漏、外部液体侵入、绝缘层被破坏等因素，造成动力电池模组或单体出现了异常的导电回路而导致绝缘故障。此类故障发生后可能会造成较严重的后果，如打火烧蚀、模块内单体短路等故障。

2）电池管理单元有大量线缆通过插接器接入，若出现凝露或电金属迁移等，容易在内部产生各种潜在导通路径，出现绝缘故障。

3）电池模组内部由于振动、冲击等导致磨损、错位，若引发绝缘纸、蓝膜失效等情况，亦会导致绝缘故障。

4）电池管理系统（BMS）和配电盒这两个部件由于是直接接入高压的，若出现隔离失效，也会出现绝缘故障。

2. 动力电池外部高压系统故障原因

1）外部高压配电回路主要包括高压插接器和高压电缆，该部分故障比较多的情况有两种：一种是配件的质量问题，供应商在处理高压电缆屏蔽层时工艺不当，导致屏蔽丝与功率端子异常接触，引起绝缘故障；另一种是绝缘层在长时间运行后容易老化，导致绝缘性能降低或绝缘层开裂，引起绝缘故障。

2）驱动电机、电机控制器、直流变换器、车载充电机、直流加热系统、制冷空调系统等高压用电部件内部出现绝缘故障。对于这类故障的处理，应先各部件系统内部的高压插接器及高压电缆绝缘故障排除，如故障现象仍未消失，再考虑部件内部的自身相关绝缘防护是否合理。

引导问题 3

请查阅相关资料，简述可能出现的绝缘故障现象有哪几种。

_____
_____
_____

引导问题 4

请查阅相关资料，简述绝缘故障排查的步骤要点是什么。

_____
_____
_____

故障诊断流程

结合现场故障具体表现，绝缘故障有着不同的种类，且故障部件呈多样表现，初步排查可按照以下步骤实施。

1）如车辆的仪表能正常显示，并正确反映是否有故障，那么说明 BMS 绝缘监测系统本身应该是正常工作的。

2）如车辆的仪表显示绝缘无连接（也有对应的故障码），此时应该检查低压控制线路是否正确或可靠连接。低压连接的线路问题排除时，同时需要将 CAN 线的总线通信故障排除，测量终端电阻的阻值是否正常，一般应为 60Ω 左右，若测得的电阻值与标准值偏差较大，推断信号可能被削弱，CAN 通信异常。

3）若车辆组合仪表显示绝缘故障，则车辆绝缘故障出现在高压回路中，高电压部件有绝缘电阻过低现象产生，务必及时检查高电压部件。由于绝缘故障的检测系统无法定位绝缘故障具体位置，故需现场人工逐步完成初步排查。

①排查高压回路前务必要求操作人员严格按照高压操作安全规程实施，穿戴好防护用品，对工具进行绝缘性细致检查。并且在实操期间，绝缘手套应戴好，绝缘靴务必穿好，站立于绝缘台上操作。放电 5min 左右，直至电压低于人体安全电压后方可操作。

②排查车辆底部电池高压分配盒，拔掉电池高压分配盒所连接的相应高压配电箱高压线束所有接插件，将高压回路分成前后两部分，前部分一般指向车辆前舱高压用

电部件；后部分指向车辆底部电池包。

③电池绝缘性检测：用绝缘测试仪测试电池的正负极对车身的绝缘电阻，若绝缘电阻值低于绝缘预警的电阻阈值，则可确定电池漏电，存在绝缘故障。否则，应检测前舱部分高压配电箱高压线束对车身的绝缘性。

④绝缘问题若发生于电池箱端，则拔掉所有电池组进入到电源分配盒的线束，确保电源分配盒为孤立装置，与电池无连接。测量电源分配盒的铜排对车身底盘的绝缘电阻，若电阻值过低，则表明电源分配盒存在故障，反之说明分配盒无故障；同样测量电池组部分正负极线束对车身底盘的绝缘电阻值，若绝缘电阻值过低，则表明所对应的电池组已发生了绝缘问题，此时需要对电池自身原因予以细致排查。

⑤绝缘问题若发现于前部分高压的配电箱端，则依次拔掉高压盒的高压电器负载接线，如驱动电机、DC/DC变换器、空调压缩机、PTC、充电机等，同时测量高压配电箱内的总正、总负对电底盘的绝缘电阻。如上述某个负载接线拔掉后，绝缘电阻值正常或者提升了，说明该负载存在绝缘问题，依次拔掉所有负载，即可确认故障点。

上述过程中提到的电动汽车绝缘等级与各高压部件的绝缘要求见表6-2-1~表6-2-3。

表6-2-1　电动汽车绝缘等级

绝缘等级	标准
绝缘等级差	低于100Ω/V
绝缘等级良	介于100~500Ω/V之间
绝缘等级优	大于500Ω/V

表6-2-2　高压线束绝缘性能要求

线束名称	测量部位	标准/MΩ
动力电池高压电缆	电源正极（B端子）绝缘阻值	21.4
	电源负极（A端子）绝缘阻值	21.0
电机控制器电缆	电源正极（B端子）绝缘阻值	2100
	电源负极（A端子）绝缘阻值	2100
快充线束	电源正极（B端子）绝缘阻值	无穷大
	电源负极（A端子）绝缘阻值	无穷大
慢充线束	电源正极（L端子）绝缘阻值	220
	电源负极（N端子）绝缘阻值	220
高压附件线束	DC/DC电源正极（A端子）绝缘阻值	220
	PTC电源正极（B端子）绝缘阻值	2500
	压缩机电源正极（C端子）绝缘阻值	25
	PTC-A组负极（D端子）绝缘阻值	2500
	充电机电源正极（E端子）绝缘阻值	220
	充电机电源负极（F端子）绝缘阻值	220

（续）

线束名称	测量部位	标准/MΩ
高压附件线束	充电机电源正极（E端子）绝缘阻值	≥ 20
	充电机电源负极（F端子）绝缘阻值	≥ 20
	DC/DC电源负极（G端子）绝缘阻值	≥ 20
	压缩机电源负极（H端子）绝缘阻值	≥ 5
	PTC-B组负极（J端子）绝缘阻值	≥ 500
慢充充电线	交流电源正极（L端子）绝缘阻值	≥ 20

表6-2-3 高压部件绝缘性能要求

高压零部件	标准值
动力电池	动力电池正极绝缘电阻值大于或等于1.4MΩ；负极绝缘电阻值大于或等于1.0MΩ
车载充电机	环境温度（23±2）℃和相对湿度45%~75%时，车载充电机正负极输出与车身（外壳）之间的绝缘电阻值大于或等于1000MΩ 环境温度（23±2）℃和相对湿度90%~95%时，车载充电机正负极输出与车身（外壳）之间的绝缘电阻值大于或等于20MΩ
DC/DC变换器	环境温度（23±2）℃和相对湿度80%~90%时，高压输入与车身（外壳）之间的绝缘电阻值大于或等于1000MΩ；环境温度-20~65℃和工作湿度5%~85%时，高压输入与车身（外壳）之间的绝缘电阻值大于或等于20MΩ
空调压缩机	向空调压缩机内充入（50±1）cm³的冷冻机油和（63±1）g的HFC-134a制冷剂后，空调压缩机正负极与车身（外壳）之间的绝缘电阻值大于或等于5MΩ 清空空调压缩机内部的冷冻机油后，空调压缩机正负极与车身外壳之间的绝缘电阻值大于或等于50MΩ
PTC	PTC正负极与车身（外壳）之间的绝缘电阻值大于或等于500MΩ
电机控制器、驱动电机	电机控制器正负极输入端子与车身（外壳）之间的绝缘电阻值大于或等于100MΩ
熔断器盒	高压分配盒端（动力电池输入，驱动电机控制器输出）与车身（外壳）之间的绝缘电阻值为无穷大

 引导问题5

请查阅相关资料，简述汽车电气线路中的导线包括哪些。

 引导问题6

请查阅相关资料，简述汽车开关有哪些类型。

故障处理办法

在电动汽车高压系统设计时，一般原则上应确保绝缘电阻值大于 $100\Omega/V$，当汽车发生绝缘电阻值低于规定值的情况时，高压管理系统应能够及时切断所有高压回路并发出声光报警，持续一定时间待故障消失后，汽车才能允许进行下一次上电。接下来以纯电动汽车在遇到绝缘故障时，电池管理系统（BMS）和整车控制器（VCU）系统的应对处理办法为例进行说明。

电池管理系统（BMS）的作用是监控与控制，反馈采集的信息并根据所采集信息调节参数；整车控制器（VCU），用于控制整车上电、驱动、运行、故障处理等功能。

根据纯电动汽车运行工况不同，大致可以分为行车状态、充电工况及事故碰撞等状态。在不同的工况下，考虑到车辆的使用安全，应采取不同的办法处理绝缘故障。

一、行车状态

在车速大于或等于 2km/h 的行车状态下，发生绝缘故障时，BMS 仅上报故障，VCU 不做任何处理。在车速小于或等于 2km/h 的行车状态下，故障处理机制有所不同，考虑到整车安全，BMS 在监测到绝缘故障时立即上报故障，并切断高压系统；VCU 即时高压下电，并同时禁止再次上高压电。

二、充电工况

充电工况是电动汽车特有的整车工况，根据充电模式的不同有直流快充和交流慢充两种不同形式。快充方式"简单粗暴"，直流电直接储存到动力电池内；而慢充则需要经过车载充电机将交流电转换成直流电再充入动力电池。慢充状态持续时间长，相对来说稳定性较高，快充状态持续时间短，稳定性差，更容易发生故障。BMS 对于充电状态下绝缘故障的处理方式是上报故障，立即切断高压系统；VCU 立即进行高压下电，同时解除充电状态。

三、事故碰撞状态

随着技术的进步，对于电动汽车续驶里程的要求越来越高。大多数汽车厂家所采用的电源是电池容量较大的锂电池，但锂电池碰撞起火的概率相对较大，对高压系统的设计要求也更严格。在碰撞工况下若高压系统出现绝缘故障，BMS 将立即进行上报和高压下电处理；VCU 进行高压下电，同时禁止上高压电。

另外，在任何工况下只要发生绝缘故障，仪表都应通过高压安全故障灯、整车系统故障灯、报警音给予驾驶员或维修员提示。

📖 拓展阅读

在高电压与绝缘技术服务国家经济社会发展的过程中，涌现出了许多杰出的科学家，他们潜心研究、呕心沥血、勇攀高峰，胸怀祖国、服务人民，以敢为人先的创新精神，引领了我国在特高压输电等关键科技领域的奋起直追和跨越赶超。

刘耀南教授，是西安交通大学第一位女教授、女博导，也是我国电气绝缘学科开拓者，电气绝缘测试技术奠基人之一。她把每天的工作分成四个单元，即上午、下午、傍晚和深夜，兼顾正常教学、行政工作、支部活动、教学备课、科研研究等工作，日复一日不停息地工作。她常说一句话：工作会带来快乐。工作期间她参加我国电气绝缘与电缆技术专业高等教育创建工作，研究建立了电气绝缘材料介质损耗因数测量表观负损耗的理论模型；系统地提出了绝缘薄膜电容率和介质损耗因数的空气隙不接触法测量技术的理论、技术条件，并提供了大量的实验数据，为建立相关中国国家标准和 IEC 方法标准奠定了基础。

张冶文师从刘耀南教授，获西安交通大学工学博士学位。他后赴法国，在法国巴黎高等物理化学学院（ESPCI）进行博士后研究。ESPCI 是一所很有特色的研究型学校，培养实用的创新型研究人才。学校的规模很小，但学校历史上有多名诺贝尔奖获得者，例如居里夫妇。张冶文虽然手上拿着诺贝尔奖获得者 Georges Charpak 与 Pierre-Gilles De Gennes 写的推荐信，但并没有信心能够在回国之后建立起相应的实验室与科研基地。1997 年他在同济大学任教，虽然得到了国家自然科学基金与上海市教委的资助，也只能够尝试做一些零星的科研项目。直到 2000 年之后，国家与学校的科研状况有了明显改变之后，他才成功建立起我国第一个研究绝缘电介质空间电荷行为的实验基地，比较快地取得了一些好成果。近年来，张冶文又开始了特异材料的研究，目前正在进行相关的国家"973"项目。张冶文和他的团队多次在国际学术会议上作相关研究内容的特邀报告，并与合作单位共同主办了国际电介质材料与应用会议。2009 年，他们还协同主办了以纳米电介质研究为主题的香山科学会议，为参与制定我国在该领域的科学发展规划出谋划策。

雷电防护领域的专家陈维江院士身怀矢志报国的爱国主义情怀，他长期在雷电放电及其过电压防护领域潜心钻研，带领团队勇闯无人区，攻克了防雷领域一个又一个世界难题，使得我国特高压输电工程能够顺利开展。

被业界称为"彭套管"的中国著名套管专家彭宗仁教授，他长期心无旁骛聚焦绝缘套管的材料、结构及特性研究，凭借自己精湛的学术造诣和宽广的学术视野，在解决受制于人的绝缘套管重大瓶颈问题上勇于担当，努力攻关，为我国特高压交直流工程建设做出了卓越贡献。

一个国家的发展，需要一代又一代人的共同努力与奋斗。前辈们的科学精神和强大的信念鼓舞着当代青年实现第二个百年奋斗目标。作为当代的建设者与继承者，更需要珍惜前辈创下的基石，明确自身责任担当，为实现中国伟大复兴不懈奋斗。

任务分组

学生任务分配表见表 6-2-4。

表 6-2-4 学生任务分配表

班级		组号		指导老师	
组长		学号			
组员角色分配					
信息员		学号			
操作员		学号			
记录员		学号			
安全员		学号			
任务分工					
（就组织讨论、工具准备、数据采集、数据记录、安全监督、成果展示等工作内容进行任务分工）					

工作计划

按照前面所了解的知识内容和小组内部讨论的结果，制定工作方案，落实各项工作负责人，如任务实施前的准备工作、实施中主要操作及协助支持工作、实施过程中相关要点及数据的记录工作等。

工作计划表见表 6-2-5。

表 6-2-5 工作计划表

步骤	工作内容	负责人
1		
2		
3		
4		
5		
6		
7		
8		

进行决策

1. 各组派代表阐述资料查询结果。
2. 各组就各自的查询结果进行交流，并分享技巧。
3. 教师对各组的计划方案进行点评。
4. 各组长对组内成员进行任务分工，教师确认分工是否合理。

任务实施

引导问题 7

查阅相关资料，检查电机控制器的绝缘电阻测量的要点及注意事项。

_____

_____

电机控制器的绝缘电阻测量

根据所学的电动汽车绝缘故障的内容，完成电机控制器绝缘电阻的测量。
实训准备见表 6-2-6。

表 6-2-6　实训准备

实训准备			
序号	设备及工具名称	数量	设备及工具是否完好
1	数字式万用表	1 台	□是　□否
2	绝缘测试仪	1 台	□是　□否
3	绝缘防护套装	1 套	□是　□否
4	绝缘工具套装	1 套	□是　□否
5	常规工具套装	1 套	□是　□否
6	比亚迪秦 EV 整车	1 辆	□是　□否
质检意见	原因：		

绝缘故障注意事项见表 6-2-7。

表 6-2-7　绝缘故障注意事项

步骤	操作	完成情况
1	实训开始前应摘掉首饰，换上实训服，长发应挽起固定于脑后	已完成□ 未完成□
2	对高压部件进行作业时必须佩戴高压绝缘手套	已完成□ 未完成□
3	非专业维修人员或实训教师离场时，严禁自行拆卸高压部件	已完成□ 未完成□

（续）

步骤	操作	完成情况
4	在测量高压部件绝缘阻值前需先将低压蓄电池负极断开，用万用表测量所测部位确认无高压后再进行操作	已完成□ 未完成□
5	整车高压部件高、低压接插件插拔时必须按照规定解锁方法操作，严禁暴力拆卸	已完成□ 未完成□
6	每次使用完绝缘电阻测试仪后都需将旋钮置于 OFF 档	已完成□ 未完成□
7	作业完毕应清除杂物，使实训场地恢复整洁	已完成□ 未完成□
总结提升		
质检意见	原因：	已完成□ 未完成□

整车绝缘故障诊断与排除见表 6-2-8。

表 6-2-8　整车绝缘故障诊断与排除

步骤	操作	完成情况
1	故障现象描述：车辆无法高压上电，仪表报绝缘故障 故障原因分析：当车辆报绝缘故障时，证明高压部件出现了绝缘电阻值过低的情况，首先需确定绝缘故障是发生在动力电池端还是负载端，然后再进行下一步排查	已完成□ 未完成□
2	测量动力电池正极对车身的绝缘电阻：整车下电，然后将绝缘电阻测试仪的黑表笔与车身搭铁点相连，红表笔搭在动力电池高压端口正极针脚处，读取绝缘电阻测试仪数值。正常情况下动力电池的正极绝缘电阻值需大于 1.4MΩ，本次测量结果为 0.8GΩ，符合要求，证明动力电池正极无绝缘故障	已完成□ 未完成□
3	测量动力电池负极对车身的绝缘电阻：安装维修开关，恢复辅助蓄电池负极连接，将钥匙打到 ON 档，将绝缘电阻测试仪的黑表笔与车身搭铁点相连，红表笔搭在动力电池高压端口负极针脚处，读取数值。正常情况下动力电池的负极绝缘电阻值需大于 1.0MΩ，本次测量结果为 0.7GΩ，符合要求，证明动力电池负极无绝缘故障	已完成□ 未完成□
4	测量负载端正负极对车身的绝缘电阻：整车下电，将绝缘电阻测试仪的黑表笔与车身搭铁点相连，红表笔分别搭在动力电池高压电缆的正极、负极针脚处，读取绝缘电阻测试仪数值。正负极绝缘阻值均不符合绝缘电阻值要求，证明负载端存在绝缘故障，排查以确定故障发生位置	已完成□ 未完成□
5	测量动力电池高压电缆的绝缘电阻：断开动力电池高压电缆与高压控制盒的连接，将绝缘电阻测试仪的黑表笔与电缆的外壳相连，红表笔分别搭在动力电池高压电缆的正负极针脚处，读取数值。正常情况下动力电池高压电缆的绝缘电阻值需大于 550MΩ，本次测得的正负极绝缘阻值符合要求，证明动力电池高压电缆无绝缘故障	已完成□ 未完成□
6	测量高压控制盒的绝缘电阻：断开高压控制盒与各个插件的连接，将绝缘电阻测试仪的黑表笔接于车身，红表笔逐个连接高压控制盒上的动力电池输入端口正负极、电机控制器输出端口正负极，读取数值。正常情况下高压控制盒的绝缘电阻值为无穷大，本次的测量结果近似为无穷大，证明高压控制盒无绝缘故障	已完成□ 未完成□

（续）

步骤	操作	完成情况
7	测量快充线束的绝缘电阻：断开快充线束与高压控制盒的连接，将绝缘电阻测试仪的黑表笔与车身搭铁点相连，红表笔分别搭在快充口高压正负极针脚处，读取数值。正常情况下快充线束的绝缘电阻值需大于550MΩ，本次测得的正负极绝缘阻值均符合要求，证明快充线束无绝缘故障	已完成□ 未完成□
8	测量电机控制器的绝缘电阻：断开电机控制器电缆与高压控制盒的连接，将绝缘电阻测试仪的黑表笔与车身搭铁点相连，红表笔分别搭在电机控制器电缆的正负极针脚处，读取数值。电机控制器电缆的正负极对地的绝缘阻值均符合绝缘要求，证明电机控制器电缆至电机的高压线路无绝缘故障	已完成□ 未完成□
9	测量车载充电机、PTC、空调压缩机和DC/DC的绝缘电阻：断开高压附件线束与高压控制盒的连接，将绝缘电阻测试仪的黑表笔与车身搭铁点相连，红表笔分别搭在高压附件线束的各个针脚处。若测得某一高压部件的绝缘阻值不符合要求，则断开该部件与高压附件线束的连接，测量线束端和高压部件对应端口的绝缘阻值，找出绝缘故障发生的具体位置	已完成□ 未完成□
10	高压附件线束有效针脚个数 11　PTC 正极绝缘阻值 2.2GΩ 车载充电机正极绝缘阻值 2.2GΩ　PTC A 组负极绝缘阻值 2.2GΩ 车载充电机负极绝缘阻值 2.2GΩ　PTC B 组负极绝缘阻值 2.2GΩ 空调压缩机正极绝缘阻值 207MΩ　DC/DC 正极绝缘阻值 0.19MΩ 空调压缩机负极绝缘阻值 270MΩ　DC/DC 负极绝缘阻值 0.27MΩ	已完成□ 未完成□
11	经检测，发现 DC/DC 的正负极绝缘阻值均不符合绝缘要求，经排查确定 DC/DC、高压线束端存在绝缘故障	已完成□ 未完成□
12	DC/DC 绝缘故障诊断排查，断开 DC/DC 与高压输入端线束的连接，在 DC/DC 高压输入端口和对应线束插件端口测量正负极对地绝缘阻值	已完成□ 未完成□
13	DC/DC 高压输入端正极对地绝缘阻值　0.16MΩ DC/DC 高压输入端负极对地绝缘阻值　0.21MΩ 线束端口正极对地绝缘阻值　0.14MΩ 线束端口负极对地绝缘阻值　0.13MΩ	已完成□ 未完成□
14	绝缘故障的处理办法应视情况而定，一般情况下需更换整条与该用电器连接的高压线束；如果发现插头有明显油污，需先进行清洗再用气枪吹干；如发现插头上有水渍，则需用软布擦拭后再用气枪吹干。处理后再次测量绝缘阻值，确保绝缘阻值符合要求	已完成□ 未完成□
	整车上电操作，以验证故障现象是否消除。记录整车上电仪表信息数据。仪表显示：无提示语，无故障灯	已完成□ 未完成□
15	实训现场整理	已完成□ 未完成□
总结提升		
质检意见	原因：	已完成□ 未完成□

📝 评价反馈

1. 各组代表展示汇报 PPT，介绍任务的完成过程。

2. 请以小组为单位，对各组的操作过程与操作结果进行自评和互评，并将结果填入表 6-2-9 中的小组评价部分。

3. 教师对学生工作过程与工作结果进行评价，并将评价结果填入表 6-2-9 中的教师评价部分。

表 6-2-9　综合评价表

班级		组别		姓名		学号	
实训任务							
评价项目		评价标准				分值	得分
小组评价	计划决策	制定的工作方案合理可行，小组成员分工明确				10	
	任务实施	能够正确检查并设置实训工位				5	
		能够准备和规范使用工具设备				5	
		能够正确对电机控制器的绝缘电阻进行测量				20	
		能够判断出各高压部件的绝缘阻值范围				20	
		能够规范填写任务工单				10	
	任务达成	能按照工作方案操作，按计划完成工作任务				10	
	工作态度	认真严谨、积极主动，安全生产，文明施工				10	
	团队合作	小组组员积极配合、主动交流、协调工作				5	
	7S 管理	完成竣工检验、现场恢复				5	
		小计				100	
教师评价	实训纪律	不出现无故迟到、早退、旷课现象，不违反课堂纪律				10	
	方案实施	严格按照工作方案完成任务实施				20	
	团队协作	任务实施过程互相配合，协作度高				20	
	工作质量	能准确规范完成实训任务				20	
	工作规范	操作规范，三不落地，无意外事故发生				10	
	汇报展示	能准确表达、总结到位、改进措施可行				20	
		小计				100	
综合评分		小组评价分 ×50% + 教师评价分 ×50%					
总结与反思							
（如：学习过程中遇到什么问题→如何解决的 / 解决不了的原因→心得体会）							

参 考 文 献

[1] 吴立新. 新能源汽车维护与故障诊断 [M]. 北京：机械工业出版社，2018.
[2] 谭婷，李健平. 新能源汽车电池及管理系统检修 [M]. 北京：机械工业出版社，2020.